旅游产业创新与发展丛书

中华

餐饮老字号

北京联合大学规划教材建设资助

朱 莉◎主 编

黄 丽◎副主编

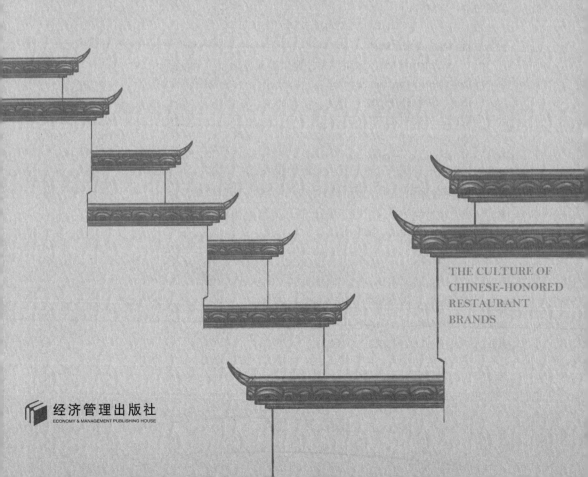

THE CULTURE OF
CHINESE-HONORED
RESTAURANT
BRANDS

经济管理出版社
ECONOMY & MANAGEMENT PUBLISHING HOUSE

图书在版编目（CIP）数据

中华餐饮老字号 / 朱莉主编 . — 北京：经济管理出版社，2017. 5

ISBN 978-7-5096-5419-4

Ⅰ.①中…　Ⅱ.①朱…　Ⅲ.①饮食业—老字号—介绍—中国—教材　Ⅳ.① F719.3

中国版本图书馆 CIP 数据核字（2017）第 249168 号

组稿编辑：王光艳
责任编辑：李红贤
责任印制：黄章平
责任校对：陈晓霞

出版发行：经济管理出版社
　　　　　（北京市海淀区北蜂窝 8 号中雅大厦 A 座 11 层　100038）
网　　址：www.E-mp.com.cn
电　　话：（010）51915602
印　　刷：北京晨旭印刷厂
经　　销：新华书店
开　　本：710mm×1000mm/16
印　　张：15.25
字　　数：265 千字
版　　次：2020 年 11 月第 1 版　2020 年 11 月第 1 次印刷
书　　号：ISBN 978-7-5096-5419-4
定　　价：68.00 元

前言 PREFACE

本书是由北京联合大学旅游学院从事旅游教育、餐饮文化课题组的相关老师与中国全聚德股份有限公司工作人员通过调研、分析入选商务部中华餐饮老字号企业案例共同撰写的一本教材。本书是学校与企业产学研合作的成果，入选了北京联合大学"十三五"产学研规划教材。本书也获得了北京联合大学人才强校项目（BPHR2017ES02）的资助。

本书共分为 12 个单元，介绍了中华老字号的概念、基本特征、研究体系；中华老字号餐饮文化的区域特征；中华餐饮老字号的经典文化、品牌传承与创新；一些著名的中华老字号企业的历史、特点、品牌文化、产品文化以及品牌经营状况。

本书是面向烹饪营养与管理、酒店管理、旅游管理以及财经类高职、中职学生而开设的一门通识课程教材，旨在培养学生了解中华餐饮老字号的特点、分布区域，著名老字号的历史和产品种类，有助于加强学生对中华餐饮老字号的认识和保护以及提升学生的综合素养和职业能力。

本书由主编朱莉、副主编黄丽负责全书统稿；李白编写单元 1、单元 2、单元 4，高山编写单元 3 中的主题 3.1、单元 10、单元 11、单元 12，丁于思编写单元 5、单元 7，修宇编写单元 8、单元 9，乔支红编写单元 3 中的主题 3.2、单元 6。

感谢中华老字号协会企业为本书提供的相关素材。

目录 CONTENTS

单元①

中华餐饮老字号概况

学习目标

1. 了解餐饮老字号的种类与品牌。

2. 理解餐饮老字号的地域分布与菜系流派的关系。

3. 掌握中华老字号、中华餐饮老字号的概念、特点。

导入案例

首届中华老字号品牌价值百强榜公布

中国品牌研究院于 2006 年 8 月 22 日公布的《首届中华老字号品牌价值百强榜》显示，老字号的品牌价值有天壤之别，即使是 100 强之间差距也很大，中华老字号 100 强第一名同仁堂的品牌价值为 29.55 亿元，100 强末位的老杨明远品牌价值只有 0.15 亿元，高低相差近 200 倍。

这是首次有机构对中华老字号品牌价值进行专业评价和研究。根据中国品牌研究院的调查，新中国成立初期全国中华老字号企业大约有 16000 家，涉及餐饮、医药、食品、零售、烟酒、服装等行业。但是，出于种种原因，老字号企业经营不善，频频破产。1990 年以来，由国家商业主管部门评定的中华老字号只有 1600 多家，仅相当于新中国成立初期老字号总数的 10%。现在，即使这 1600 多家中华老字号企业，也多数出现经营危机，其中 70% 经营十分困难，20% 勉强维持经营，只有 10% 蓬勃发展。那些蓬勃发展的老字号，对于经营困难的老字号有相当的标杆意义，中国品牌研究院推出中华老字号品牌价值百强榜，正是为了强化这种标杆意义，以呼应商务部振兴中华老字号的行动。

【思考题】

为什么商务部要评选中华老字号品牌？

主题 1.1　中华老字号的由来

一、中华老字号简介

老字号是数百年商业和手工业竞争中留下的极品。过去老北京人谝富有句口头禅：头顶马聚源，脚踩内联升，身穿八大祥，腰缠四大恒。这里说的"脚踩内联升"，意思是穿上内联升做的鞋。它创建于清咸丰三年（公元 1853 年），是为皇亲国戚、朝廷文武百官制作朝靴的"中国布鞋第一家"，是对身份的一种炫耀。老字号不仅是一种商贸景观，更重要的是一种历史传统文化现象。老字号都各自经历了艰苦奋斗的发家史而最终统领一行。其品牌也是人们公认的质量的同义语。现代经济的发展，使老字号显得有些失落，但它仍以自己的特色独树一帜。在这些闻名遐迩的老店中，有始于清朝康熙年间提供中医秘方秘药的同仁堂，有 1870 年应京城达官贵人穿戴讲究的需要而发展起来的瑞蚨祥绸布店，有明朝中期开业以制作美味酱菜而闻名的六必居，这些老字号都是中华悠久历史的一部分。

中华老字号（China Time-honored Brand）是指历史悠久，拥有世代传承的产品、技艺或服务，具有鲜明的中华民族传统文化背景和深厚的文化底蕴，取得社会广泛认同，形成良好信誉的品牌。它们都是由中华人民共和国原国内贸易部认定的中国大陆的老牌企业。在 1991 年全行业的认定中，经原国内贸易部认定的"中华老字号"企业有 1600 多家。2005 年 6 月，中商合公布中华老字号认定范围征求意见稿，表明中华老字号的认定工作在暂停 14 年后再次启动。2006 年 4 月，国家商务部发布了《关于实施"振兴老字号工程"的通知》（商改发〔2006〕171 号），全面实施了"振兴老字号工程"，表示在 3 年内由国家商务部在全国范围认定 1000 家"中华老字号"，并以中华人民共和国商务部名义授予牌匾和证书。

2006 年 11 月，商务部认定了第一批 430 家中华老字号。2010 年，保护和促进中华老字号振兴发展（专家）委员会按照《中华老字号认定规范（试行）》

要求，经过企业自愿申报、地方初审推荐、专家审核确定、面向社会公示等程序，确定了第二批中华老字号名录（零售、食品类）345 家和第二批保护与促进的中华老字号名录（餐饮、中药、工艺品及其他类）358 家，共 1133 家。

二、中华老字号的申请条件

中华老字号是指在长期的生产经营活动中，沿袭和继承了中华民族优秀的文化传统，具有鲜明的地域文化特征和历史痕迹、具有独特的工艺和经营特色的产品、技艺或服务，取得了社会广泛认同，赢得了良好商业信誉的企业名称以及老字号产品品牌。涉及的企业包括百货、中药、餐饮、服装、调味品、酒、茶叶、烘焙食品、肉制品、民间工艺品和其他商业、服务行业。较为著名的有全聚德、狗不理、内联升等。老字号企业必须具备下列条件才能申请中华老字号企业：①拥有商标所有权或使用权。②品牌创立于 1956 年（含）以前。③传承独特的产品、技艺或服务。④有传承中华民族优秀传统的企业文化。⑤具有中华民族特色和鲜明的地域文化特征，具有历史价值和文化价值。⑥具有良好信誉，得到广泛的社会认同和赞誉。⑦资本相对控股，经营状况良好，且具有较强的可持续发展能力。目前全国各行业共有老字号商家一万多家，到今天仍在经营的却不到千家。

三、中华老字号徽标

老字号企业授予中华老字号徽标，徽标由"字号"连接组合而成，贴切表达出中华老字号的意义。印章造型、金石篆刻手法显示老字号的历史久远。上下融会贯通体现出商业流通与老字号之间相互影响共同发展的美好前景。

四、第一批中华老字号企业

1. 北京市

（1）北京吴裕泰茶业股份有限公司（注册商标：吴裕泰）。

（2）北京稻香村食品有限责任公司（注册商标：稻香村）。

（3）北京同升和鞋店（注册商标：同升和）。

（4）北京王府井百货（集团）股份有限公司东安市场（注册商标：东安）。

（5）北京盛锡福帽业有限责任公司（注册商标：盛锡福）。

（6）北京大明眼镜股份有限公司（幸福大街精益店，注册商标：精益）。

（7）北京来今雨轩饭庄（注册商标：来今雨轩）。

（8）北京大明眼镜股份有限公司（注册商标：大明）。

（9）北京中国照相馆有限责任公司（注册商标：中国照相馆）。

（10）中国茶叶股份有限公司（注册商标：中茶）。

（11）北京工美集团有限责任公司王府井工美大厦（注册商标：工美）。

（12）北京馄饨侯有限责任公司（注册商标：馄饨侯）。

（13）北京四联美发美容有限责任公司（注册商标：四联）。

（14）北京六必居食品有限公司（注册商标：六必居）。

（15）聚德华天控股有限公司北京柳泉居饭庄（注册商标：柳泉居）。

（16）聚德华天控股有限公司北京聚德烤肉宛饭庄（注册商标：烤肉宛）。

（17）北京六必居食品有限公司（桂馨斋食品厂，注册商标：桂馨斋）。

（18）北京天福号食品有限公司（注册商标：天福号）。

（19）聚德华天控股有限公司北京砂锅居饭庄（注册商标：砂锅居）。

（20）北京华天饮食集团公司（同和居饭庄，注册商标：同和居）。

（21）聚德华天控股有限公司北京烤肉季饭庄（注册商标：烤肉季）。

（22）北京鸿宾楼餐饮有限责任公司（注册商标：鸿宾楼）。

（23）北京六必居食品有限公司天源酱园（注册商标：天字牌）。

（24）北京金象复兴医药股份有限公司白塔寺药店（注册商标：白塔寺药店）。

（25）北京元长厚茶叶有限公司（注册商标：元长厚）。

（26）北京桂香村食品有限公司（注册商标：桂香村）。

（27）聚德华天控股有限公司北京玉华台饭庄（注册商标：首都玉华台）。

（28）北京市西单商场股份有限公司（注册商标：XDSC）。

（29）北京同春园饭店（注册商标：同春园）。

（30）北京成文厚账簿卡片有限公司（注册商标：成文厚）。

（31）北京华天延吉餐厅有限责任公司（注册商标：华天延吉）。

（32）聚德华天控股有限公司北京又一顺饭庄（注册商标：又一顺）。

（33）聚德华天控股有限公司北京峨嵋酒家（注册商标：峨嵋）。

（34）北京便宜坊烤鸭集团有限公司（注册商标：便宜坊）。

（35）中国北京同仁堂（集团）有限责任公司（注册商标：同仁堂牌）。

（36）北京前门都一处餐饮有限公司（注册商标：都一处）。

（37）北京月盛斋清真食品有限公司（注册商标：月盛斋）。

（38）北京壹条龙清真餐饮有限公司（注册商标：壹条龙）。

（39）北京天兴居炒肝店（注册商标：天兴居）。

（40）北京华鹏食品有限公司（注册商标：通三益）。

（41）北京大北服务有限责任公司大北照相馆（注册商标：大北）。

（42）北京市糖业烟酒公司（注册商标：京糖）。

（43）北京市珐琅厂有限责任公司（注册商标：京珐牌）。

（44）北京王致和食品集团有限公司（注册商标：王致和）。

（45）北京内联升鞋业有限公司（注册商标：内联升）。

（46）北京一得阁墨业有限责任公司（注册商标：一得阁）。

（47）北京步瀛斋鞋帽有限责任公司（注册商标：步瀛斋）。

（48）中国全聚德（集团）股份有限公司（注册商标：全聚德）。

（49）北京瑞蚨祥绸布店有限责任公司（注册商标：瑞蚨祥）。

（50）荣宝斋（注册商标：荣宝斋）。

（51）北京张一元茶叶有限责任公司（注册商标：张一元）。

（52）中盐北京市盐业公司（注册商标：京晶）。

（53）北京义利食品公司（注册商标：义利）。

（54）北京戴月轩湖笔徽墨有限责任公司（注册商标：戴月轩）。

（55）北市市丰泽园饭店（注册商标：丰泽园）。

（56）北京王致和食品集团有限公司（龙门醋业有限公司，注册商标：龙门）。

（57）北京王致和食品集团有限公司（金狮酿造厂，注册商标：金狮）。

（58）北京茶叶总公司（注册商标：TP）。

（59）北京菜市口百货股份有限公司（注册商标：菜百）。

（60）北京稻香春食品有限公司（注册商标：稻香春）。

（61）北京市颐和园听鹂馆饭庄（注册商标：听鹂馆）。

（62）北京龙徽酿酒有限公司（注册商标：中华）。

（63）北京豆制品二厂（注册商标：白玉）。

（64）北京顺鑫农业股份有限公司牛栏山酒厂（注册商标：牛栏山）。

（65）北京百花蜂产品科技发展有限责任公司（注册商标：百花）。

（66）北京红星股份有限公司（注册商标：红星）。

（67）北京东来顺集团有限责任公司（注册商标：东来顺）。

2. 天津市

（1）天津狗不理集团有限公司（注册商标：狗不理）。

（2）天津市桂发祥十八街麻花总店有限公司（注册商标：桂发祥十八街）。

（3）天津劝业场（集团）股份有限公司（注册商标：劝业场）。

（4）天津渤海化工有限责任公司天津碱厂（注册商标：红三角）。

（5）天津中新药业集团股份有限公司隆顺榕制药厂（注册商标：隆顺榕）。

（6）天津市春合体育用品厂（注册商标：中华牌）。

（7）天津市天立独流老醋股份有限公司（注册商标：天立）。

（8）天津中新药业集团股份有限公司乐仁堂制药厂（注册商标：乐仁堂）。

（9）天津宏仁堂药业有限公司（注册商标：红花牌）。

（10）天津同仁堂股份有限公司（注册商标：太阳）。

（11）天津耳朵眼炸糕餐饮有限责任公司（注册商标：耳朵眼）。

（12）天津市登瀛楼饭庄有限公司（注册商标：登瀛楼）。

（13）天津市天宝楼食品有限公司（注册商标：天宝楼）。

（14）果仁张（天津）食品有限公司（注册商标：果仁张）。

（15）天津市崩豆张食品有限公司（注册商标：崩豆张）。

（16）天津老美华鞋店（注册商标：老美华）。

（17）天津起士林大饭店（注册商标：起士林）。

（18）天津市飞鸽集团有限公司（注册商标：飞鸽）。

（19）天津食品进出口股份有限公司（注册商标：金星牌）。

（20）天津市鸵鸟墨水有限公司（注册商标：鸵鸟）。

（21）天津天女化工集团股份有限公司（注册商标：天女牌）。

（22）天津中鸥表业集团有限公司（注册商标：海鸥）。

（23）天津长芦汉沽盐场有限责任公司（注册商标：芦花牌）。

（24）天津中纺抵羊纺织有限公司（注册商标：抵羊牌）。

（25）天津市鸿起顺餐饮有限责任公司（注册商标：鸿起顺）。

（26）天津市玉川居酱菜厂（注册商标：玉川居）。

（27）天津鹦鹉乐器有限公司（注册商标：鹦鹉）。

（28）天津市康乐饮料有限公司（注册商标：康乐）。

（29）天津市盛锡福帽业公司（注册商标：三帽）。

（30）天津真美电声器材有限责任公司（注册商标：真美）。

3. 河北省

（1）石家庄洛杉奇食品有限公司（注册商标：金凤）。

（2）河北保定槐茂有限公司（注册商标：槐茂）。

（3）河北刘伶醉酒厂（注册商标：刘伶）。

（4）河北裕丰实业股份有限公司（注册商标：衡水老白干）。

（5）承德乾隆醉酒业有限责任公司（注册商标：板城烧锅）。

（6）唐山鸿宴饭庄（注册商标：鸿宴）。

（7）河北省刘美实业有限公司（注册商标：刘美）。

（8）玉田县鸿源酒业有限公司（注册商标：丰年牌）。

4. 山西省

（1）山西老陈醋集团有限公司（注册商标：东湖）。

（2）太原六味斋实业有限公司（注册商标：六味斋）。

（3）山西省平遥牛肉集团有限公司（注册商标：冠云）。

（4）山西广誉远国药有限公司（注册商标：远）。

（5）太原双合成食品有限公司（注册商标：双合成）。

（6）太原市宁化府益源庆醋业有限公司（注册商标：益源庆）。

（7）山西太谷荣欣堂食品有限公司（注册商标：荣欣堂）。

（8）山西云青牛肉有限公司（注册商标：云青）。

（9）山西省平遥县延虎肉制品有限公司（注册商标：延虎）。

（10）太原市古灯调味食品有限公司（注册商标：古灯）。

5. 内蒙古自治区

内蒙古河套酒业集团股份有限公司（注册商标：河套）。

6. 辽宁省

（1）沈阳萃华金银珠宝制品实业有限公司（注册商标：萃华）。

（2）沈阳市甘露饺子馆（注册商标：甘露）。

（3）鸿兴泰抚顺饮食文化有限公司（注册商标：鸿兴泰）。

（4）沈阳老边饺子馆（注册商标：老边）。

（5）丹东市老天祥大药房（注册商标：老天祥）。

（6）葫芦岛市高桥陈醋厂（注册商标：高桥）。

（7）沈阳市沈河区马烧麦馆（注册商标：百年马烧麦）。

（8）沈阳市宝发园名菜馆（注册商标：宝发园）。

（9）鞍山市上海信利熏腊店（注册商标：信利）。

7. 吉林省

（1）吉林福源馆食品集团有限公司（注册商标：福源馆）。

（2）吉林省杨麻子大饼餐饮管理有限责任公司（注册商标：杨麻子）。

（3）长春市鼎丰真食品有限公司（注册商标：鼎丰真）。

（4）四平市李连贵风味大酒楼（注册商标：李连贵）。

（5）长春积德泉酿酒厂（注册商标：积德泉）。

（6）长白山酒业集团公司（注册商标：长白山）。

（7）松原市松花江老醋酿造有限公司（注册商标：松江）。

8. 黑龙江省

（1）哈尔滨大众肉联集团有限公司（注册商标：大众肉联）。

（2）哈尔滨老都一处餐饮有限责任公司（注册商标：老都一处）。

（3）哈尔滨老鼎丰食品有限公司（注册商标：老鼎丰）。

（4）哈药集团世一堂制药厂（注册商标：世一堂）。

（5）哈尔滨正阳河调味食品有限公司（注册商标：正阳河）。

（6）哈尔滨正阳楼肉类食品公司（注册商标：正阳楼）。

（7）哈尔滨联强商业发展有限公司（注册商标：八杂市）。

（8）黑龙江省双城花园酒业有限公司（注册商标：花园）。

9. 上海市

（1）上海三阳南货店（注册商标：羊牌）。

（2）上海老大同调味品有限公司（注册商标：老大同）。

（3）上海群力草药店（注册商标：群力）。

（4）上海蔡同德堂药号（注册商标：蔡同德堂）。

（5）上海王宝和酒店（注册商标：王宝和）。

（6）上海培罗蒙西服公司（注册商标：培罗蒙）。

（7）上海宝大祥青少年儿童购物中心（注册商标：宝大祥）。

（8）上海王开摄影有限公司（注册商标：王开）。

（9）杏花楼食品餐饮股份有限公司（注册商标：杏花楼）。

（10）上海杏花楼（集团）有限公司老半斋酒楼（注册商标：老半斋）。

（11）上海杏花楼（集团）有限公司燕云楼（注册商标：燕云楼）。

（12）上海杏花楼（集团）有限公司老正兴菜馆（注册商标：老正兴）。

（13）上海小绍兴餐饮经营管理公司小绍兴大酒店（注册商标：小绍兴）。

（14）上海功德林素食有限公司（注册商标：功德林）。

（15）上海全泰服饰鞋业总公司（注册商标：全泰）。

（16）上海老饭店（注册商标：上海老饭店）。

（17）上海豫园旅游商城股份有限公司南翔馒头店（注册商标：南翔）。

（18）上海万有全（集团）有限公司（注册商标：万有全）。

（19）恒源祥（集团）有限公司（注册商标：恒源祥）。

（20）上海老凤祥有限公司（注册商标：老凤祥）。

（21）上海张小泉刀剪总店有限公司（注册商标：泉字牌）。

（22）上海卧室用品有限公司（注册商标：上卧）。

（23）上海人立服饰有限公司（注册商标：人立）。

（24）上海亚一金店有限公司（注册商标：亚一）。

（25）上海老庙黄金有限公司（注册商标：老庙）。

（26）上海朵云轩（注册商标：朵云轩）。

（27）上海古今内衣有限公司（注册商标：古今牌）。

（28）上海黄山茶叶有限公司（注册商标：叙友）。

（29）上海沧浪亭餐饮管理有限公司（注册商标：沧浪亭）。

（30）上海开开实业股份有限公司（注册商标：开开牌）。

（31）上海立丰食品有限公司（注册商标：立丰牌）。

（32）上海蓝棠—博步皮鞋有限公司（注册商标：蓝棠牌、博步牌）。

（33）上海凯司令食品有限公司（注册商标：凯司令）。

（34）上海绿杨村酒家有限公司（注册商标：绿杨村）。

（35）上海新长发栗子食品有限公司（注册商标：新长发）。

（36）上海亨生西服有限公司（注册商标：亨生）。

（37）上海乔家栅饮食食品发展有限公司乔家栅食府（注册商标：乔家栅）。

（38）上海鼎丰酿造食品有限公司（注册商标：鼎丰）。

（39）上海百联集团股份有限公司上海妇女用品商店（注册商标：漂亮妈妈）。

（40）上海三联（集团）有限公司（吴良材眼镜公司，注册商标：吴良材）。

（41）上海三联（集团）有限公司（茂昌眼镜公司，注册商标：茂昌）。

（42）上海菊花纺织有限公司（注册商标：菊花牌）。

（43）上海萃众毛巾总厂（注册商标：钟牌414）。

（44）上海华元实业总公司（注册商标：飞机牌）。

（45）冠生园（集团）有限公司（注册商标：冠生园）。

（46）上海轮胎橡胶（集团）股份有限公司（注册商标：双钱）。

（47）上海凤凰毯业有限公司（注册商标：凤凰）。

（48）上海家化联合股份有限公司（注册商标：美加净）。

（49）凤凰股份有限公司（注册商标：凤凰牌）。

（50）上海白猫（集团）有限公司（注册商标：白猫）。

（51）上海亚明灯泡厂有限公司（注册商标：亚字）。

10. 江苏省

（1）南京中央商场股份有限公司（注册商标：中央）。

（2）无锡市三凤桥肉庄有限公司（注册商标：三凤桥）。

（3）江苏仙鹤食品酿造有限公司（注册商标：仙鹤）。

（4）江苏恒顺醋业股份有限公司（注册商标：恒顺）。

（5）扬州富春饮服集团有限公司富春茶社（注册商标：富春）。

（6）南京清真马祥兴菜馆（注册商标：马祥兴）。

（7）苏州市得月楼餐饮有限公司（注册商标：得月楼）。

（8）镇江宴春楼有限公司（注册商标：宴春）。

（9）苏州松鹤楼饮食文化有限公司（注册商标：松鹤楼）。

（10）扬州三和四美酱菜有限公司（注册商标：三和、四美）。

（11）南京金都饮食服务有限公司（注册商标：绿柳居）。

（12）南京云锦研究所有限公司（注册商标：吉祥牌）。

（13）南京四明眼镜有限责任公司（注册商标：四明）。

（14）南京韩复兴清真食品有限公司（注册商标：韩复兴）。

（15）常熟市王四酒家（注册商标：王四酒家）。

（16）徐州恒顺万通食品酿造有限公司（注册商标：万通）。

（17）南京宝庆银楼首饰有限责任公司（注册商标：宝庆牌）。

（18）苏州乾生元食品有限公司（注册商标：乾）。

（19）南京白敬宇制药有限责任公司（注册商标：白敬宇）。

（20）苏州乾泰祥丝绸有限公司（注册商标：乾泰祥）。

（21）苏州稻香村食品厂（注册商标：禾）。

（22）徐州市老同昌茶叶有限责任公司（注册商标：老同昌）。

（23）扬州市光明眼镜有限公司（注册商标：光明）。

（24）南京新街口百货商店股份有限公司（注册商标：新百）。

（25）南京金都饮食服务有限公司（注册商标：永和园）。

（26）苏州市朱鸿兴饮食有限公司（注册商标：朱鸿兴）。

（27）镇江存仁堂医药连锁有限责任公司（注册商标：存仁堂）。

（28）苏州玉露春茶叶有限公司（注册商标：玉露春）。

（29）苏州市春蕾茶庄有限公司（注册商标：汪瑞裕）。

（30）苏州市石家饭店（注册商标：石家饭店）。

（31）常州糖烟酒股份有限公司瑞和泰副食品商场（注册商标：瑞和泰）。

（32）扬州谢馥春化妆品有限公司（注册商标：谢馥春）。

（33）扬州玉器厂（注册商标：玉缘）。

（34）扬州漆器厂（注册商标：漆花）。

（35）南京同仁堂药业有限公司（注册商标：乐家老铺）。

11. 浙江省

（1）杭州胡庆余堂国药号有限公司（注册商标：胡庆余堂）。

（2）杭州张小泉集团有限公司（注册商标：张小泉）。

（3）瑞安李大同（老五房）茶食品店（注册商标：李大同）。

（4）浙江五芳斋实业股份有限公司（注册商标：五芳斋）。

（5）湖州玉一品斋笔庄有限责任公司（注册商标：天官牌）。

（6）绍兴市咸亨酒店有限公司（注册商标：咸亨）。

（7）浙江雪舫工贸有限公司（注册商标：雪舫蒋）。

（8）衢州市邵永丰成正食品厂（注册商标：邵永丰）。

（9）浙江龙泉市官窑瓷业公司（注册商标：官）。

（10）浙江省粮油食品进出口股份有限公司（注册商标：塔牌）。

（11）杭州金星铜世界装饰材料公司（注册商标：炳新）。

（12）瑞安市百好乳业有限公司（注册商标：擒雕牌）。

（13）嘉兴三珍斋食品有限公司（注册商标：三珍斋）。

（14）湖州丁莲芳食品有限公司（注册商标：丁莲芳）。

（15）绍兴女儿红酿酒有限公司（注册商标：女儿红）。

（16）中国绍兴黄酒集团有限公司（注册商标：沈永和）。

（17）杭州方回春堂国药馆有限公司（注册商标：方回春堂）。

（18）杭州民生药业集团有限公司（注册商标：民生）。

（19）杭州王星记扇业有限公司（注册商标：王星记）。

（20）杭州楼外楼实业有限公司（注册商标：楼外楼）。

（21）杭州毛源昌眼镜厂（注册商标：毛源昌）。

（22）杭州饮食服务集团有限公司杭州知味观（注册商标：知味观）。

（23）会稽山绍兴酒有限公司（注册商标：会稽山）。

（24）杭州华东大药房连锁有限公司（注册商标：张同泰）。

（25）杭州万隆肉类制品有限公司（注册商标：万隆）。

（26）杭州西泠印社有限公司（注册商标：西泠印社）。

（27）杭州邵芝岩笔庄（注册商标：芝兰图）。

（28）杭州山外山菜馆有限公司（注册商标：山外山）。

（29）杭州朱养心药业有限公司（注册商标：朱养心）。

（30）杭州信源首饰店有限公司（注册商标：信源）。

（31）浙江致中和酒业有限公司（注册商标：致中和）。

（32）杭州市食品酿造有限公司（注册商标：五味和）。

（33）杭州解百集团股份有限公司（注册商标：解百）。

（34）杭州卷烟厂（注册商标：利群）。

（35）浙江震元医药连锁有限公司（注册商标：震元堂）。

（36）浙江新昌同兴食品实业有限公司（注册商标：同兴）。

（37）宁波市楼茂记食品有限公司（注册商标：楼茂记）。

（38）宁波华天投资有限公司（注册商标：升阳泰）。

12. 安徽省

（1）中国宣纸集团公司（注册商标：红星）。

（2）安徽口子酒业股份有限公司（注册商标：口子）。

（3）安徽省黄山市屯溪胡开文墨厂（注册商标：胡开文）。

（4）安徽同庆楼餐饮发展有限公司（注册商标：同庆楼）。

（5）安庆市胡玉美酿造食品有限责任公司（注册商标：胡玉美）。

（6）芜湖市耿福兴酒楼（注册商标：耿福兴）。

（7）安徽寿春堂大药房有限公司（注册商标：寿春堂）。

（8）安徽安科余良卿药业有限公司（注册商标：余良卿号）。

13. 福建省

（1）漳州片仔癀药业股份有限公司（注册商标：片仔癀）。

（2）泉州市灵源药业有限公司（注册商标：灵源）。

（3）福建泉州市春生堂酒厂有限公司（注册商标：春生堂）。

（4）福州民天集团有限公司（注册商标：民天）。

（5）福州回春医药连锁有限公司（注册商标：回春）。

（6）惠安县集泉茶叶工贸有限公司（注册商标：龙雀牌）。

（7）厦门好清香大酒楼（注册商标：好清香）。

（8）厦门市黄则和食品有限公司（注册商标：黄则和）。

（9）厦门市陈有香调味品有限公司（注册商标：陈有香）。

（10）厦门市南普陀寺实业社（注册商标：南普陀）。

14. 江西省

（1）江西友家食品有限公司（注册商标：德福斋）。

（2）九江市清真梁义隆饼店（注册商标：梁义隆）。

15. 山东省

（1）济南大观园股份有限公司（注册商标：大观园）。

（2）山东福胶集团东阿镇阿胶有限公司（注册商标：福字牌）。

（3）济南宏济堂制药有限责任公司（注册商标：宏济堂）。

（4）山东周村烧饼有限公司（注册商标：周村）。

（5）烟台张裕集团有限公司（注册商标：张裕）。

（6）济宁玉堂酱园有限责任公司（注册商标：玉堂）。

（7）山东德州扒鸡集团有限公司（注册商标：德州）。

（8）潍坊瑞福油脂调料有限公司（注册商标：崔字牌）。

（9）济南市饮食服务总公司聚丰德饭店（注册商标：聚丰德）。

（10）山东黄河龙集团有限公司（注册商标：强恕堂）。

（11）淄博石蛤蟆餐饮有限公司（注册商标：石蛤蟆）。

（12）淄博清梅居食品有限责任公司（注册商标：清梅居）。

（13）德州通德酿造有限公司（注册商标：通德）。

（14）山东景芝酒业股份有限公司（注册商标：景芝）。

（15）德州市又一村饭店（注册商标：又一村）。

（16）淄博博山聚乐村食品有限责任公司（注册商标：聚乐村）。

（17）济南德馨斋食品有限公司（注册商标：德馨斋）。

（18）济南奇美美发美容有限公司（注册商标：奇美）。

（19）微山县湖产品加工总厂（注册商标：微山湖）。

（20）青岛灯塔酿造有限公司（注册商标：灯塔）。

（21）青岛盛锡福实业有限公司（注册商标：环球）。

（22）青岛天真摄影有限公司（注册商标：天真）。

（23）青岛海滨食品有限公司（注册商标：海滨）。

（24）青岛青联万香斋食品厂（注册商标：万香斋）。

（25）利群集团股份有限公司（注册商标：利群）。

（26）青岛台东五金商店（注册商标：台东五金）。

（27）青岛万和春商贸有限公司（注册商标：万和春）。

（28）青岛维客集团股份有限公司（注册商标：崂百）。

（29）山东即墨黄酒厂（注册商标：即墨老酒）。

（30）青岛啤酒股份有限公司（注册商标：青岛啤酒）。

（31）青岛崂山矿泉水有限公司（注册商标：崂山）。

（32）青岛孚德鞋业有限公司（注册商标：孚德）。

（33）青岛金大鸡味素有限公司（注册商标：鸡牌）。

（34）青岛一木集团有限责任公司（注册商标：金菱）。

（35）青岛即发集团控股有限公司（注册商标：即发）。

（36）青岛紫信实业有限公司（注册商标：金锚）。

16. 河南省

（1）开封第一楼有限责任公司（注册商标：第一楼）。

（2）洛阳市真不同饭店有限责任公司（注册商标：真不同）。

（3）河南商丘大有丰酱园（注册商标：归德大有丰）。

（4）洛阳酒家有限责任公司洛阳酒家（注册商标：八景）。

17. 湖北省

（1）武汉马应龙药业集团股份有限公司（注册商标：马应龙）。

（2）武汉五芳斋食品贸易有限公司（注册商标：五芳斋）。

（3）武汉曹祥泰食品有限责任公司（注册商标：曹祥泰）。

（4）武汉市长生堂理发总店（注册商标：长生堂）。

（5）孝感麻糖米酒有限责任公司（注册商标：孝感牌）。

（6）湖北省赵李桥茶厂（注册商标：川）。

（7）云梦县楚河鱼面厂（注册商标：楚河）。

18. 湖南省

（1）长沙饮食集团长沙火宫殿有限公司（注册商标：火宫殿）。

（2）长沙饮食集团长沙玉楼东有限公司（注册商标：玉楼东）。

（3）九芝堂股份有限公司（注册商标：九芝堂）。

（4）长沙饮食集团长沙杨裕兴有限公司（注册商标：杨裕兴）。

（5）长沙饮食集团长沙又一村有限公司（注册商标：又一村）。

（6）长沙市凯旋门摄影有限责任公司（注册商标：凯旋门）。

（7）湖南省老杨明远眼镜有限公司（注册商标：老杨明远）。

（8）长沙玉和酿造有限公司（注册商标：玉和）。

（9）长沙市九如斋食品开发有限公司（注册商标：九如斋）。

（10）常德市清真第一春餐饮有限公司（注册商标：第一春）。

（11）沅江億昌食品有限公司（注册商标：億昌）。

（12）衡阳市杨裕兴实业有限公司（注册商标：杨裕兴）。

19. 广东省

（1）广州王老吉药业股份有限公司（注册商标：王老吉）。

（2）佛山冯了性药业有限公司（注册商标：冯了性）。

（3）广州敬修堂（药业）股份有限公司（注册商标：敬修堂）。

（4）广东宏兴集团股份有限公司（注册商标：宏兴）。

（5）广州市致美斋酱园（注册商标：致美斋）。

（6）广州潘高寿药业股份有限公司（注册商标：潘高寿）。

（7）广东明珠珍珠红酒业有限公司（注册商标：珍珠）。

（8）佛山市海天调味食品有限公司（注册商标：海天）。

（9）广州酒家企业集团有限公司（注册商标：广州酒家）。

（10）鹤山市东古调味食品有限公司（注册商标：东古牌）。

（11）广州星群（药业）股份有限公司（注册商标：群星）。

（12）广州市药材公司（注册商标：采芝林）。

（13）广州市莲香楼（注册商标：莲香楼）。

（14）英德市权祥凉茶有限公司（注册商标：徐其修）。

（15）广东益和堂制药有限公司（注册商标：沙溪）。

（16）广州白云山何济公制药有限公司（注册商标：何济公牌）。

（17）广州陶陶居饮食有限公司（注册商标：陶陶居）。

（18）广州食品企业集团有限公司皇上皇肉食制品厂（注册商标：皇上皇）。

（19）汕头市广德泰酒厂实业有限公司（注册商标：广德泰牌）。

（20）中山市咀香园食品有限公司（注册商标：咀香园）。

（21）广州市爱群大酒店（注册商标：爱群）。

（22）广州市新亚大酒店（注册商标：新）。

20. 广西壮族自治区

（1）广西玉林制药有限责任公司（注册商标：玉林）。

（2）南宁百货大楼股份有限公司（注册商标：南百）。

21. 重庆市

（1）重庆市商务集团饮食服务有限公司（注册商标：老四川）。

（2）重庆桥头火锅饮食服务有限公司（注册商标：桥头）。

（3）重庆华华实业有限公司（注册商标：华华）。

（4）重庆市商务集团饮食服务有限公司（注册商标：颐之时）。

（5）重庆金星股份有限公司（注册商标：金角）。

（6）重庆市江津米花糖有限责任公司（注册商标：玫瑰牌）。

（7）重庆市江津酿造调味品有限责任公司（注册商标：迈进）。

（8）重庆桂楼食品股份有限公司（注册商标：桂楼）。

（9）重庆精益高登眼镜连锁有限公司（注册商标：精益高登）。

22. 四川省

（1）四川省成都市饮食公司（龙抄手店，注册商标：龙）。

（2）四川省成都市饮食公司（陈麻婆豆腐店，注册商标：陈麻婆）。

（3）四川省成都市饮食公司（赖汤圆店，注册商标：赖）。

（4）四川省成都市饮食公司（钟水饺店，注册商标：钟）。

（5）四川省成都市饮食公司（夫妻肺片店，注册商标：夫妻）。

（6）四川省成都市饮食公司（荣乐园，注册商标：荣乐园）。

（7）四川省成都市饮食公司（盘飧市，注册商标：盘飧市）。

（8）四川省成都市饮食公司（耗子洞鸭店，注册商标：耗子洞）。

（9）四川保宁蒸馍有限公司（注册商标：保宁）。

（10）四川省成都市饮食公司（注册商标：带江草堂）。

（11）四川省宜宾五粮液集团有限公司（注册商标：五粮液）。

（12）泸州老窖股份有限公司（注册商标：泸州老窖）。

（13）四川剑南春（集团）有限责任公司（注册商标：剑南春）。

（14）四川全兴股份有限公司（注册商标：全兴）。

（15）四川省古蔺郎酒厂（注册商标：郎牌）。

（16）四川沱牌曲酒股份有限公司（注册商标：沱牌）。

（17）四川保宁醋有限公司（注册商标：保宁）。

（18）四川省郫县豆瓣股份有限公司（注册商标：鹃城牌）。

（19）四川省资阳市临江寺豆瓣有限公司（注册商标：临江寺）。

（20）四川省文君酒厂有限责任公司（注册商标：文君）。

（21）四川江口醇酒业（集团）有限公司（注册商标：江口醇）。

（22）四川烟山味业有限责任公司（注册商标：烟山）。

（23）四川雄健实业有限公司（注册商标：雄健丰田）。

（24）自贡三木调味品酿造有限公司（注册商标：太源井）。

（25）成都市郫县绍丰和调味品实业有限公司（注册商标：绍丰和）。

（26）四川鼎兴食品工业有限公司（注册商标：鼎兴）。

（27）四川德仁堂药业连锁有限公司（注册商标：德仁堂）。

23. 贵州省

中国贵州茅台酒厂有限责任公司（注册商标：茅台）。

24. 云南省

（1）昆明吉庆祥食品有限责任公司（注册商标：吉庆牌）。

（2）昆明冠生园食品有限公司（注册商标：梅花牌）。

（3）昆明酿造总厂（注册商标：昆湖牌）。

（4）昆明桂美轩食品有限公司（注册商标：桂美轩）。

（5）昆明福林堂药业有限公司（注册商标：福林堂）。

（6）昆明老拨云堂药业有限公司（注册商标：老拨云堂牌）。

（7）云南省腾冲制药厂（注册商标：腾药）。

（8）昭通月中桂食品有限责任公司（注册商标：月中桂）。

（9）云南通海宏斌绿色食品有限公司（注册商标：调鼎斋）。

（10）云南通海民族银饰制品有限公司（注册商标：孔雀牌）。

（11）昆明饮食服务有限公司（注册商标：建新园）。

25. 陕西省

（1）西安饮食服务（集团）股份有限公司西安饭庄（注册商标：西安饭庄）。

（2）西安饮食服务（集团）股份有限公司德发长酒店（注册商标：德发长）。

（3）西安饮食服务（集团）股份有限公司五一饭店（注册商标：五一饭店）。

（4）西安西北眼镜行有限责任公司（注册商标：西北眼镜行）。

（5）西安贾三清真灌汤包子馆（注册商标：贾三）。

（6）西安市德懋恭食品商店（注册商标：德懋恭）。

（7）咸阳张记餐饮有限公司（注册商标：张记）。

（8）陕西西凤酒股份有限公司（注册商标：西凤）。

26. 甘肃省

（1）兰州景扬楼餐饮有限责任公司（注册商标：景扬楼）。

（2）兰州佛慈制药股份有限公司（注册商标：佛慈）。

（3）兰州天生园食品工业有限公司（注册商标：天生园）。

（4）天水飞天雕漆工艺家具有限责任公司（注册商标：飞天牌）。

（5）甘肃红川酒业有限责任公司（注册商标：红川）。

27. 宁夏回族自治区

（1）银川市协力厚医药连锁总店（注册商标：协力厚）。

（2）宁夏敬义泰清真食品有限公司（注册商标：敬义泰）。

主题 1.2　中华餐饮老字号概述

一、中华餐饮老字号的定义

关于中华餐饮老字号的定义没有一个统一的解释。侯式亨认为，老字号不仅具有独特的传统文化特色，包含深厚的古都文化内容，而且具有独到的经营思想、经营之道和独特的加工技术和高超的产品质量，俗称"绝活"，并且大多数老字号的工艺是经几代人继承和传续下来的。[①]

李相五认为，老字号具有展示中国民族文化创造力的价值，具有鲜明的中华民族传统文化和地域文化背景以及一定商业价值和文化价值，而且是在1956年前开设、拥有50年以上的经营店史、世代相传的独特烹饪产品、饮食品或经营特色，提供饮食消费设施，供应顾客各种餐饮食品，生产、销售和服务过程中取得了社会广泛认同和良好商业信誉，并符合中华人民共和国有关部门规定的饮食企业或餐饮产品品牌。[②]

高飞认为，老字号是具有50年以上的发展历史，有固定的名称或商号，具有独特的传统文化特色以及独到的经营思想、经营之道，工艺、技术考究，产品质量好，能体现地方特色及产品品牌声誉高，在国内外仍享有较高知名度的传统特色商铺、企业或产品品牌。[③]

---

① 侯式亨. 北京老字号［M］. 北京：中国对外经济贸易出版社，1998.

② 李相五. 中国餐饮业老字号的民族文化研究［D］. 中央民族大学，2006.

③ 高飞. 老字号品牌形象设计研究［D］. 江南大学，2005.

二、中华餐饮老字号的历史发展

关于中国餐饮业老字号的历史研究，陈光新教授在《从"老字号"看"楼外楼"》一文中的调查结果如下：1898 年以前开设、店史 100 年以上、至今仍在经营的老字号店铺的建店时间顺序如表 1-1 所示。

表 1-1　老字号店铺建店时间

嘉靖年间（1522~1566 年）	北京六必居、太原益源庆
崇祯年间（1628~1644 年）	北京大顺斋、太原清和元
康熙年间（1662~1722 年）	苏州的陆稿荐、北京的致美斋和烤肉苑
乾隆年间（1736~1795 年）	北京的天福号、北京的砂锅居、苏州的稻乡春、北京的月盛斋、苏州的松鹤楼、苏州昊县的乾生元、武汉的老锦春、西安的荦止坡老童家、北京的都一处、苏州昊县的石家饭店
嘉庆年间（1796~1820 年）	上海的老人和
道光年间（1821~1850 年）	苏州的黄天源、北京的同和居、安庆的胡玉美、武汉的老大兴、杭州的楼外楼、济南的汇泉饭店、南京的马祥兴和、绍兴的兰香馆
咸丰年间（1851~1861 年）	上海的邵万生、北京的便宜坊、上海的杏花楼、天津的狗不理、上海的五芳斋、北京的烤肉季和宝兰斋、杭州的奎元馆
同治年间（1862~1874 年）	上海的万升、成都的陈麻婆豆腐店、上海的老正兴、北京的全聚德、开封的马豫兴、福州的聚春园、北京的天源、上海的三阳、沈阳的那家馆、杭州的杭州酒家、无锡的聚丰园、梅县的白渡
光绪年间（1875~1908 年）	北京的泰丰楼、如皋的老松林、上海的上海老饭店、广州的陶陶居、上海的沈大成、合肥的张顺兴、武汉的曹祥泰、苏州的采芝、扬州的富春茶社、广州的蛇餐馆、常熟的王四酒家、广州的莲香楼、上海的德兴菜馆、上海的洪长兴、青岛的春和楼、武汉的老会宾、北京的东兴楼、天津的耳朵眼和思义成、长春的太盛园、洛阳的真不同、江陵的聚珍园、九江的道生、安庆的迎江寺茶楼和麦陇香、杭州的天香楼和状元馆、绍兴的咸亨酒店、上海的浦江状元楼和真老大房、广州的惠如楼和太平馆

三、中华餐饮老字号的种类和品牌

在已经公布的两批中华老字号名录中，共有餐饮类中华老字号 216 家[①]，如表 1-2 所示。

---

① 此餐饮类"中华老字号"只包括以经营菜肴为主的饭店、饭庄和以经营小吃等堂吃类餐厅企业，不包括食品生产、加工和销售类企业。

表1-2　第一批和第二批中华老字号餐饮名录

批次	省份	企业名称	注册商标
第一批	北京	北京来今雨轩饭庄	来今雨轩
		北京馄饨侯餐饮有限责任公司	馄饨侯
		聚德华天控股有限公司北京柳泉居饭庄	柳泉居
		聚德华天控股有限公司北京聚德烤肉宛饭庄	烤肉宛
		聚德华天控股有限公司北京砂锅居饭庄	砂锅居
		北京华天饮食集团公司同和居饭庄	同和居
		聚德华天控股有限公司北京烤肉季饭庄	烤肉季
		北京鸿宾楼餐饮有限责任公司	鸿宾楼
		聚德华天控股有限公司北京玉华台饭庄	首都玉华台
		北京同春园饭店	同春园
		北京华天延吉餐厅有限责任公司	华天延吉
		聚德华天控股有限公司北京又一顺饭庄	又一顺
		聚德华天控股有限公司北京峨嵋酒家	峨嵋
		北京便宜坊烤鸭集团有限公司	便宜坊
		北京前门都一处餐饮有限公司	都一处
		北京壹条龙清真餐饮有限公司	壹条龙
		北京天兴居炒肝店	天兴居
		中国全聚德（集团）股份有限公司	全聚德
		北京市丰泽园饭店	丰泽园
		北京市颐和园听鹂馆饭庄	听鹂馆
		北京东来顺集团有限责任公司	东来顺
	天津	天津狗不理集团有限公司	狗不理
		天津耳朵眼炸糕餐饮有限责任公司	耳朵眼
		天津市登瀛楼饭庄有限公司	登瀛楼
		天津起士林大饭店	起士林
		天津市鸿起顺餐饮有限责任公司	鸿起顺
	河北	唐山鸿宴饭庄	鸿宴

续表

批次	省份	企业名称	注册商标
第一批	辽宁	沈阳市甘露饺子馆	甘露
		鸿兴泰抚顺饮食文化有限公司	鸿兴泰
		沈阳老边饺子馆	老边
		沈阳市沈河区马烧麦馆	百年马烧麦
		沈阳市宝发园名菜馆	宝发园
	吉林	吉林省杨麻子大饼餐饮管理有限责任公司	杨麻子
		四平市李连贵风味大酒楼	李连贵
	黑龙江	哈尔滨老都一处餐饮有限责任公司	老都一处
	上海	上海杏花楼食品餐饮股份有限公司	杏花楼
		上海杏花楼（集团）有限公司老半斋酒楼	老半斋
		上海杏花楼（集团）有限公司燕云楼	燕云楼
		上海杏花楼（集团）有限公司老正兴菜馆	老正兴
		上海小绍兴餐饮经营管理公司小绍兴大酒店	小绍兴
		上海功德林素食有限公司	功德林
		上海老饭店	上海老饭店
		上海沧浪亭餐饮管理有限公司	沧浪亭
		上海绿杨村酒家有限公司	绿杨村
		上海乔家栅饮食食品发展有限公司乔家栅食府	乔家栅
	江苏	扬州富春饮服集团有限公司富春茶社	富春
		南京清真马祥兴菜馆	马祥兴
		苏州市得月楼餐饮有限公司	得月楼
		镇江宴春酒楼有限公司	宴春
		苏州松鹤楼饮食文化有限公司	松鹤楼
		南京金都饮食服务有限公司	绿柳居
		常熟市王四酒家	王四酒家
		南京金都饮食服务有限公司	永和园
		苏州市朱鸿兴饮食有限公司	朱鸿兴
		苏州市石家饭店	石家饭店

批次	省份	企业名称	注册商标
第一批	浙江	绍兴市咸亨酒店有限公司	咸亨
		湖州丁莲芳食品有限公司	丁莲芳
		杭州楼外楼实业有限公司	楼外楼
		杭州饮食服务集团有限公司杭州知味观	知味观
		杭州山外山菜馆有限公司	山外山
	安徽	安徽同庆楼餐饮发展有限公司	同庆楼
		芜湖市耿福兴酒楼	耿福兴
	福建	厦门好清香大酒楼	好清香
		厦门市黄则和食品有限公司	黄则和
		厦门市南普陀寺实业社	南普陀
	江西	九江市清真梁义隆饼店	梁义隆
	山东	济南市饮食服务总公司聚丰德饭店	聚丰德
		淄博石蛤蟆餐饮有限公司	石蛤蟆
		淄博清梅居食品有限责任公司	清梅居
		德州市又一村饭店	又一村
		淄博博山聚乐村食品有限责任公司	聚乐村
	河南	开封第一楼有限责任公司	第一楼
		洛阳市真不同饭店有限责任公司	真不同
		洛阳酒家有限责任公司洛阳酒家	八景
	湖南	长沙饮食集团长沙火宫殿有限公司	火宫殿
		长沙饮食集团长沙玉楼东有限公司	玉楼东
	湖南	长沙饮食集团长沙杨裕兴有限公司	杨裕兴
		长沙饮食集团长沙又一村有限公司	又一村
		常德市清真第一春餐饮有限公司	第一春
	广东	广州酒家企业集团有限公司	广州酒家
		广州市莲香楼	莲香楼
		广州陶陶居饮食有限公司	陶陶居
	重庆	重庆市商务集团饮食服务有限公司	老四川
		重庆桥头火锅饮食服务有限公司	桥头
		重庆市商务集团饮食服务有限公司	颐之时

续表

批次	省份	企业名称	注册商标
第一批	四川	四川省成都市饮食公司（龙抄手店）	龙
		四川省成都市饮食公司（陈麻婆豆腐店）	陈麻婆
		四川省成都市饮食公司（赖汤圆店）	赖
		四川省成都市饮食公司（钟水饺店）	钟
		四川省成都市饮食公司（夫妻肺片店）	夫妻
		四川省成都市饮食公司（荣乐园）	荣乐园
		四川省成都市饮食公司（盘飧市）	盘飧市
		四川省成都市饮食公司（耗子洞鸭店）	耗子洞
		四川省成都市饮食公司	带江草堂
	云南	昆明饮食服务有限公司	建新园
	陕西	西安饮食服务（集团）股份有限公司西安饭庄	西安饭庄
		西安饮食服务（集团）股份有限公司德发长酒店	德发长
		西安饮食服务（集团）股份有限公司五一饭店	五一饭店
		西安贾三清真灌汤包子馆	贾三
		咸阳张记餐饮有限公司	张记
	甘肃	兰州景扬楼餐饮有限责任公司	景扬楼
第二批	北京	北京市北京饭店	北京饭店
		北京市仿膳饭庄	仿膳
		北京谭家菜餐饮有限责任公司	谭家菜
		聚德华天控股有限公司（护国寺小吃店）	京饮华天小吃
		聚德华天控股有限公司（老西安饭庄）	西安饭庄
		聚德华天控股有限公司（新路春饭庄）	新路春
		聚德华天控股有限公司（西四大地餐厅）	华天大地
		聚德华天控股有限公司（西来顺饭庄）	西来顺
		聚德华天控股有限公司（曲园酒楼）	曲园
		北京壹条龙清真餐饮有限公司锦芳小吃店	锦芳
		北京西德顺饭馆	西德顺
		北京小肠陈餐饮有限责任公司	小肠陈
		北京前门都一处餐饮有限公司力力豆花庄	力力
		北京市隆福寺小吃有限公司	隆福寺小吃店

续表

批次	省份	企业名称	注册商标
第二批	北京	北京市远东饭店	远东
		北京市爆肚冯饮食服务有限责任公司	爆肚冯
		北京清真白魁老号饭庄有限公司	白魁老号饭庄
		北京翔达南来顺饭庄有限公司	南来顺
	天津	天津利顺德大饭店	利顺德
		天津市石头门坎素包餐饮食品有限公司	石头门坎
		天津大福来餐饮商贸有限公司	大福来
		天津市和平区饮食公司天津烤鸭店	正阳春
		天津市白记餐饮有限责任公司	白记
		天津红旗饭庄有限公司	红旗
	河北	石家庄市中和轩饭庄	中和轩
		昌黎县赵家馆	赵家馆
		张家口市宣化区朝阳楼饭庄有限责任公司	朝阳楼
		邯郸市一篓油餐饮有限公司	一篓油
	山西	太原市清和元饭店	清和元
	辽宁	沈阳鹿鸣春饭店有限公司	鹿鸣春
		沈阳市三盛轩回民饺子馆	三盛轩
		沈阳西塔大冷面餐饮有限公司	西塔
		沈阳市明湖春酒店	明湖春
		大连群英楼食品有限公司	群英楼
	吉林	吉林市春发实业有限责任公司西春发饭店	西春发
		吉林市春发实业有限责任公司新兴园饺子馆	新兴园
	黑龙江	哈尔滨华梅西餐有限公司	华梅
		哈尔滨友谊宫	哈尔滨友谊宫
		哈尔滨源盛东餐饮有限公司	源盛东
		哈尔滨市香庆饮食有限公司	香庆
	上海	上海杏花楼（集团）有限公司新雅粤菜馆	新雅
		上海清真洪长兴餐饮食品有限公司	洪长兴
		上海沈大成餐饮速食有限公司	沈大成
		上海鲜得来排骨年糕餐饮有限公司	鲜得来

续表

批次	省份	企业名称	注册商标
第二批	上海	上海德兴面馆有限公司	德兴面馆 DX
		上海德大西餐有限公司	DEDA
		上海德兴馆	德兴
		上海大富贵酒楼	大富贵
		上海梅龙镇酒家有限公司	梅龙镇
		青浦金泽赵家豆腐店	赵瑞兰
		上海王家沙餐饮有限公司	王家沙
		上海红房子西菜馆	红房子
		上海凯福发展公司西湖饭店	西湖牌
		上海锦江饭店有限公司	图形
		上海和平饭店有限公司	PH 和图形
		上海锦江国际饭店有限公司	国际饭店
		上海锦江金门大酒店有限公司	金门大酒店
	江苏	南京清真安乐园菜馆	安乐园
		南京夫子庙饮食有限公司奇芳阁菜馆	奇芳阁
		南京刘长兴餐饮有限公司	刘长兴
		无锡市王兴记有限公司	王兴记
		徐州市金悦饮服有限公司两来风酒楼分公司	两来风
		徐州市金悦饮服有限公司马市街汤分公司	马市街汤
		苏州市吴中区藏书老庆泰羊肉馆	老庆泰
		苏州市义昌福酒店	义昌福
		苏州市近水台面馆	近水台
		常熟市山景园菜馆	辛峰牌
		无锡市真正老陆稿荐肉庄有限公司	真正老陆稿荐
		无锡聚丰园大酒店有限责任公司	聚丰园
		无锡市穆桂英美食广场有限责任公司	穆桂英
		扬州共和春饮食文化发展有限公司	共和春
		常州市义隆素菜馆有限公司	义隆
		昆山奥灶馆有限公司奥灶馆	奥灶馆

续表

批次	省份	企业名称	注册商标
第二批	浙江	杭州羊汤饭店有限公司	西乐园羊汤
		杭州饮食服务集团有限公司杭州奎元馆	奎元馆
		温州市县前汤团店	县前
		宁波市海曙缸鸭狗汤团有限责任公司	缸鸭狗
	安徽	寿县饮食服务公司聚红盛大酒店	聚红盛
		芜湖市四季春大酒店	四季春
	福建	福州聚春园集团有限公司	聚春园
		福州鼓楼区同利肉燕老铺	同利
		福州市鼓楼区老卤酱鸭店	老卤
		福州市鼓楼区永和鱼丸店	永和
		福州依海肉燕老铺	依海
	山东	济南燕喜堂饭庄	燕喜堂
		青岛春和楼饭店有限责任公司	春和楼
	河南	郑州市饮食有限责任公司（合记烩面）	合记
		郑州市饮食有限责任公司	马豫兴
	湖北	武汉谈炎记饮食有限公司	谈炎记
		武汉市四季美饮业有限责任公司	四季美
	湖南	长沙饮食集团长沙银苑有限公司	银苑
	广东	广州市泮溪酒家有限公司	泮溪
		佛山市粤鸿餐饮食品有限公司	应记
		广州市北园酒家	北园
		广州市新华大酒店	新华
		湛江市口衣记鸡饭店	口衣记
	重庆	重庆小洞天饮食（集团）有限责任公司小洞天饭店	小洞天
	四川	成都九远饮食有限责任公司	韩
		四川川北（凉粉）饮食文化有限公司	川北
		成都新通惠实业有限责任公司（张老五凉粉）	张老五
		成都新通惠实业有限责任公司（痣胡子龙眼包子宾隆店）	痣胡子

续表

批次	省份	企业名称	注册商标
第二批	四川	成都市通锦达商贸有限责任公司（洞子口张凉粉）	洞子口张
	陕西	西安饮食服务（集团）股份有限公司同盛祥饭庄	同盛祥
		咸阳老王家饮食有限公司	老王家
		西安饮食服务（集团）股份有限公司老孙家饭庄	老孙家
		西安饮食服务（集团）股份有限公司老孙家饭庄白云章风味小吃城	白云章
		西安饮食服务（集团）股份有限公司西安烤鸭店聚丰园分店	JFY
		西安饮食服务（集团）股份有限公司东亚饭店	DY
		西安饮食服务（集团）股份有限公司东亚饭店春发生分店	春发生
		西安饮食服务（集团）股份有限公司西安烤鸭店	369
		西安饮食服务（集团）股份有限公司桃李村饭店	桃李村
		西安市大华餐饮有限责任公司樊记腊汁肉店	樊记
	甘肃	兰州悦宾楼餐饮娱乐有限公司	悦宾楼
		兰州马子禄牛肉面有限公司	马子禄
	海南	海口龙华沿江饭店	沿江

四、中华餐饮老字号的显著特点

据孔令仁《中国老字号》一书介绍，饮食业老字号的显著特点有如下四个：

一是地域分布很广，地方特色鲜明，全国范围内呈现出百花齐放、精彩纷呈的局面。分布于各地的饮食企业，其产品的选料、配制、火候、口味、选型，都有自己的规范，形成独特的风味。而且，随着社会经济的发展，各地区交往频度的提高，在饮食习惯和口味适应性方面，异地间和民族间的交流融合与相互影响也不断加剧，使饮食业流派日益增多，花色品种日益丰富，饮食结构日趋合理。

二是特别讲究文化品位。饮食环境方面讲究高雅整洁，许多店堂家具古色古香或别具一格，有的还悬挂名人字画，置放文物古玩，气氛安静祥和。饮食器具方面，讲究质地精良，色调素雅，系列配套，风格一致。饮食程序方面，讲究落座有序，致敬在先，茶酒菜饭，秩序井然。

三是制作工艺极为复杂、精细，由此产生的许多绝技及其继承、发扬，又是许多独家产品质量和特色的保证，一般不易被假冒和仿制。

四是经济实惠的风味小吃和豪华高档的丰盛筵席并存，并各自都有大量的消费者。[①]

主题1.3　中华餐饮老字号的地方风味流派

中国的饮食文化极为发达，讲究实用功能和审美功能兼备，色香形味俱佳。长期以来，在原料、器具、制作工艺以及文化内涵等方面，经过不断的研制、发展和提炼，形成了不同的菜系和风味。

一、地方风味流派的标准和成因

1. 地方风味流派的含义

我国地域辽阔，民族众多。各地的地理、气候、物产、经济、文化、信仰以及烹饪技法等的不同，导致了各地的菜肴文化的不同。

从菜肴的口味上来看，不同地区人们的口味不同，是由于用当地原料烹制的菜肴符合当地人的口味，如山东菜咸鲜、四川菜麻辣、广东菜清爽等。从菜肴的风格上看，不同地区、不同民族的历史和文化的差异，影响人们独特的品位和表现手法，如色调是清淡还是浓重，手法是粗犷还是精致等所有这些特点，是各不相同的。我们把这些称为"菜肴的地方风味"。流派是指学术、文化艺术等方面有独特风格的派别。在中国饮食历史上，处于同一时代、同一地区的人，在长期的烹饪实践中，由于原料选择、加工切配、烹调技法、盛装手法等方面相同或相近，所烹制的菜肴风味也往往表现出鲜明的一致性。我们把这种烹调个性相近、风味特色相近的集合体，称为"菜肴流派"。

---

① 孔令仁，李德征，苏位智，李岫．中国老字号·一卷［M］．北京：高等教育出版社，1998：17－18.

2. 地方风味流派的认定标准

（1）特异的乡土原料。原料是构成菜品的基本要素。如果原料特异，乡土气息浓郁，菜品风味往往别具一格，颇具吸引力。所以，不少风味流派所在地，都十分注重当地名特菜肴原料的开发和运用。而且某种原料一经选用，如确有特色而使人嗜食，就坚持长期选用，从而保持了地方风味流派的相对稳定性。

（2）独到的烹调风格。不同的风味流派，都有自己独到（精于或偏于）的烹调风格。例如，鲁菜擅长爆、扒、塌等烹调方法，菜品普遍水准卓越，其风格大方高贵，旷达洒脱；川菜善用小炒、干煸、干烧等烹调方法，味型较多，富于变化，菜品的家常性较强，其风格大众气息最为浓郁等。所有这些独到的烹调风格就成为各地方风味流派的重要特点。

（3）风味鲜明的特色菜肴。中国菜肴品种繁多，不同的地方风味流派，无不具有自己个性鲜明的菜肴。例如，广东人喜欢吃海鲜，山西人喜欢吃面食。

（4）一定数量的有影响的厨师群体。菜肴地方风味流派的形成，必须要有一个以一定数量且有影响的高水平厨师群体的开创、创新，没有一批有共同或相近风味特色的菜肴，也就谈不上风味流派的形成。①

3. 地方风味流派的成因

（1）封建社会农业开发和经济重心的南移。食料生产基地的开发，提供了基本的物质基础。秦汉以来，以水利工程为杠杆，大力开发秦岭以南的广大地区。隋唐以后，重点开发了四川盆地、两湖地区、江南和岭南等地区。水利工程的发展促使江南成了中国的鱼米之乡。

此外，从我国历史上看，凡是作为国家政治、经济和文化中心的一些古城名邑，人口相对集中，商业较繁荣，更由于历代统治者都讲究饮食生活，各种皇宫御宴、官府宴饮、商贾请客，无不刺激当地的饮食消费，客观上促进了烹调技术的提高和发展，并使该地的饮食向高质量、高水平、高标准发展，如驰名古都西安、洛阳、杭州、南京、北京等，繁华的商埠广州、上海、成都、济南等。

（2）封建社会后期商品经济的影响。隋唐以前，中国的城市主要是作为封建城堡和贵族乐土而存在，那时商品经济微弱，权贵都有专业家厨。只是交通要道和手工业城镇有少量的邸栈和饮食店档，城镇建设和管理都较简单。从唐

---

① 　冯玉珠，沈博．饮食文化概论［M］.北京：中国纺织出版社，2009：54－55.

代到宋代，由于商品经济的发展，中国城市的管理发生了显著的变化，从封闭型转向了开放型。宋代打破了坊市分割的界限，住宅区和市区连成一气，又增加了夜市，打破了饮食供应的日夜界限，饮食业使整个城市的气氛都活跃起来，为适应五方杂处的需要，出现了南食店、北食店、川食店、羊食店（清真店）、素食店等不同类型的饭馆，形形色色的茶肆和小食摊档不计其数。

（3）地区、民族、中外之间交流的加强。中国地大物博，民族众多，自古以来，各地区各民族之间的交流就十分频繁。这种交流对菜肴和流派的形成都有影响。如客家菜酿豆腐（有肉馅的豆腐），源于北方的饺子，因岭南产麦少，思乡的中原客家移民便以豆腐替代面粉，将肉塞入豆腐中，犹如面粉裹着肉馅。因其味道鲜美，于是便成了客家名菜。又如饺子，创始于华北，传到岭南，把粉皮和馅料加以改进，繁衍出美味的鲜虾饺和鱼皮水饺。

（4）气候、生态环境和风俗习惯的影响。不同地区的食俗与各地域所处的方位、气候、生态环境密切相关。地域物产决定人们的饮食范围，因而也就制约了那些地区的菜肴技术、饮食习惯和口味。如粤闽地处岭南，"地之长养，阳之所盛"，各种食物特别丰富，其民嗜生猛、奇馔异食居多，也就不足为奇了。至于地处江淮的扬帮菜，湖泊星罗，江海相连，水产特别丰富；有笋有桔，水果鲜蔬也多，这对于扬帮菜的风味形成，也是不可忽视的因素。总之，一方水土养一方人。

不同的风俗及其嗜好反映在饮食菜肴习尚方面尤为明显。《清稗类钞》中这样记载清末饮食风俗："各处食性不同——食品之有专嗜者，食性不同，由于习尚也，则北人嗜葱蒜，滇黔湘蜀嗜辛辣品，粤人嗜淡食，苏人嗜糖。"直至今日，这种习尚仍然变化不大。此外，在我国各种宗教教义不同，教徒的饮食生活也有显著区别。[①]

二、地方风味流派的划分

地方风味流派，也被称为"菜系"。现有理论存在"四大菜系说""八大菜系说""十大菜系说"。主流学者认为"八大菜系说"是最为科学的分类方法。"八大菜系"即鲁菜、川菜、苏菜、粤菜、闽菜、湘菜、浙菜和徽菜。

---

① 乔淑英.中国饮食文化概论［M］.北京：北京理工大学出版社，2011：41-45.

三、中国菜肴地方风味流派简介

1. 鲁菜

（1）鲁菜的历史。鲁菜是黄河流域烹饪文化的代表。更确切的含义应是齐、鲁菜，它的发祥地是临淄和曲阜，即齐、鲁的古都。齐国位于山东半岛的东部，地濒黄海和渤海，临淄衰落以后，青岛和烟台继承和发展了齐都的饮食传统，齐厨善于做海菜。曲阜则继承了周代的宫廷菜，以后的孔府菜就是周代宫廷菜的发展，孔府菜还吸收了齐菜、苏菜和粤菜做海味的本领。曲阜衰落后，济南又继承和发展了鲁菜的传统。

鲁菜形成于秦汉，宋代后成为"北食"的代表，明清时发展达到鼎盛。清末民初山东风味的高档菜称霸北京城，被称为"京鲁菜"。如老字号丰泽园、萃华楼、同春楼，对北京、天津、华北、东北地区烹调技术的发展影响很大。

（2）鲁菜的特点。鲁菜的原料多选畜禽、海产、蔬菜，善用爆、炒、烧、塌等烹调方法，偏重于酱、葱、蒜调味，善用清汤、奶汤增鲜，口味咸鲜、脆嫩。善于烹制海鲜，红烧海螺、炸蛎黄。

著名菜品有烤乳猪、锅烧肘子、九转大肠、糖醋黄河鲤鱼、芙蓉干贝等。

2. 川菜

（1）川菜的历史。川菜的发祥地是巴（今重庆）、蜀（今成都），巴和蜀是两个古老的方国。《华阳国志》记载，巴国"土植五谷，牲具六畜"，并出产鱼盐和茶蜜；蜀国则"山林泽鱼，园圃瓜果，四代节熟，靡不有焉"。当时巴国和蜀国的调味品已有卤水、岩盐、川椒、"阳朴之姜"。在战国时期墓地出土文物中，已有各种青铜器和陶器食具，川菜的萌芽可见一斑。川菜系的形成，大致在秦始皇统一中国到三国鼎立之间。当时四川政治、经济、文化中心逐渐移向成都。

古典川菜在西汉晚期时已经初具规模，而且中原烹饪文化的精神——"五味调和"已经出现。三国时，成都作为其中一国的首都，登上了中国的政治舞台，古典川菜显现出与西汉时代风格不同的特色。

宋代，汴京的餐馆已分为南味、北味和川味。当时川味还不是辣，而是甜。元、明、清建都北京后，随着入川官吏增多，大批北京厨师前往成都落户，经营饮食业，使川菜又得到进一步发展，逐渐成为我国的主要地方菜系。明中晚期，辣椒传入我国。明末清初，川菜用辣椒调味，使巴蜀时期就形成的"尚滋味""好香辛"的调味传统，进一步有所发展。

（2）川菜的特点。川菜以麻、辣、鲜、香为特色。原料多选山珍、江鲜、野蔬和畜禽。善用小炒、干煸、干烧和泡、烩等烹调法。以"味"闻名，味型较多，富于变化，以鱼香、红油、怪味、麻辣较为突出。川菜的风格朴实又清新，具有浓厚的乡土气息。

川菜分为宴席菜、大众便餐菜、家常风味菜、火锅和风味小吃。宴席菜多山珍海味，辣味少；大众便餐菜菜式多种多样，以小煎小炒、辣味浓烈为主。

3. 苏菜

（1）苏菜的历史。苏菜也称淮扬菜、江苏菜，以淮安菜、扬州菜和苏州菜为代表。苏州是吴国的都城，春秋时候，吴、楚的经济文化交流较密切。汉武帝统一闽越，又迁徙四万多闽越人散居于江淮地带，当然又给苏菜增加了闽菜的成分。隋炀帝开凿京杭大运河，又繁荣了淮安、扬州和杭州，当然也大大丰富了苏菜。南宋期间，大量中原厨师从汴京迁到临安，又使苏菜吸收了不少北方菜的成分。

扬州自秦汉以来就是东南重镇。南朝梁《殷芸小说》中有"腰缠十万贯，骑鹤下扬州"之说。唐代，它成为极其繁华的都会，富商大贾奢侈的消费必然会刺激饮食行业的繁荣和烹调技艺的发展。明、清两代这里又是大盐商聚居之所。每个大盐商家都有一位手艺高超的厨师擅长某种菜肴或点心，盐商请客，往往互借厨师，每位厨师都献出他最拿手的菜肴，凑成极精美的一桌筵席。这样，厨师也得以互相交流厨艺，在整体上提高了扬州烹饪水平。

（2）苏菜的特点。苏菜的主要特点如下：一是选料严谨，制作精细，因材施艺，按时治肴。二是擅长炖、焖、煨、焐、蒸、烧、炒等烹饪方法，且精于泥煨、叉烤。三是口味清鲜，咸甜得宜，浓而不腻，淡而不薄。四是注重调汤，保持原汁。

著名菜肴有金陵盐水鸭、三套鸭、狮子头、煮干丝、霸王别姬。

4. 粤菜

（1）粤菜的历史。粤菜的发祥地是广州，2000多年来，广州是岭南政治经济文化的中心，秦、汉、东吴、东晋、南朝和唐、宋、元、明、清各代，都有一批又一批中原人落籍岭南；卢循和黄巢，又先后带领华东的农民军到过广州，这都使岭南和岭北的饮食习惯得到一次又一次的交流，使粤菜吸收了中原和华东菜的成分。广东的潮州，很多是闽越的移民，善于做海菜；客家人又带来了中原人的饮食和做菜本领，这两个支系，逐渐变成粤菜的组成部分。广州是中国最古老的海港与海外通商地，最少已有2000多年的历史，许多朝代都有不少外国人定居广州，这又使广东移植了不少外国蔬果，使粤菜吸收了外国菜，尤其是东南亚菜的一些成分。

（2）粤菜的特点。广州菜是粤菜的主要组成部分。广州菜以鸟兽虫鱼为原料，采用即开刀、即烹和即席烹制的烹饪方法，呈现出味美色鲜、菜式丰盛、夏秋清淡、冬春浓郁的特点。潮州菜主要以海鲜、河鲜、畜禽、蔬菜为原料，汤菜有特色。客家菜主要以肉类为主，注重火攻，炖、烤、煲、焗，呈现出酥、软、香、浓的特点，原汁原味，以砂锅菜见长。

5. 闽菜

（1）闽菜的历史。闽菜，经历了中原汉族文化和当地古越族文化的混合、交流而逐渐形成。根据闽侯县甘蔗镇恒心村的昙石山新石器时代遗址中保存的新石器时期福建先民使用过的炊具陶鼎和连通灶，证明福州地区在 5000 年之前就已从烤食进入煮食时代了。

早在两晋、南北朝时期的"永嘉之乱"以后，大批中原衣冠士族入闽，带来了中原先进的科技文化，与闽地古越文化的混合和交流，促进了当地的发展。

晚唐五代，河南光州固始的王审知兄弟带兵入闽建立"闽国"，对福建饮食文化的进一步开发、繁荣，产生了积极的促进作用。例如，在唐代以前中原地区已开始使用红曲作为烹饪的作料。唐朝徐坚的《初学记》云："瓜州红曲，参糅相半，软滑膏润，入口流散。"这种红曲由中原移民带入福建后，由于大量使用红曲，红色也就成为闽菜烹饪美学中的主要色调，有特殊香味的红色酒糟也成了烹饪时常用的作料，红糟鱼、红糟鸡、红糟肉等都是闽菜主要的菜肴。

清末民初，福建先后涌现出一批富有地方特色的名店和真才实艺的名厨。当时福建是对外贸易的一个重要区域，福州和厦门一度出现了一种畸形的市场繁荣景象。为了满足官僚士绅、买办阶层等上流社会应酬的需要，福州出现了"聚春园""惠如鲈""广裕楼""嘉宾""另有天"，厦门出现了"南轩""乐琼林""全福楼""双全"等多家名菜馆。这些菜馆或以满汉席著称，或以官场菜见长，或以地方风味享有盛誉，促进了地方风味的形成和不断完善。

（2）闽菜的特点。闽菜起源于福建省闽侯县，其中福州菜是闽菜的代表，但也根据地域分为漳州菜、厦门菜、泉州菜三种类型。闽菜长于烹饪海鲜，口味咸、甜、酸、辣、香具备。闽菜除了一般调味料外，还有虾油、虾酱、酸杏等；又较突出"糟"味，有红糟、白糟等之别。烹调方法上以熘、蒸、炒、煨、燉最为常见；讲究制汤。

著名的菜肴有佛跳墙、包心鱼丸、红糟鸡、闽生果、淡糟香螺片、鸡汤氽海蚌。

6. 湘菜

（1）湘菜的历史。湘菜历史悠久。从湖南的新石器遗址中出土的大量精美的陶食器和酒器，以及出土的谷物和动物骨骸的残存来测算，证实潇湘先民早在八九千年前就开始吃熟食了。中国最早的一批古代竹简菜单就是在湖南省内发现的。

春秋战国时期，湖南主要是楚人和越人生息的地方，多民族杂居，饮食风俗各异，祭祀之风盛行。汉代王逸在《楚辞章句》中解释《九歌》时说："昔楚国南郢文邑，沅湘之间，其俗信鬼好祠，其祠必作歌乐鼓舞以乐诸神"，每次祭祀活动总是宴饮伴随着舞乐的形式出现。对菜肴的品种有严格要求，在色、香、味、形上也很讲究。

秦汉两代，湖南的饮食文化逐步形成了一个从用料、烹调方法到风味风格都比较完整的体系，其使用原料之丰盛，烹调方法之多彩，风味之鲜美，都是比较突出的。

（2）湘菜的特点。湘菜的特点是注重刀工、调味，尤以酸辣菜和腊制品著称。烹饪技法擅长煨、蒸、煎、炖、溜、炒等。湘菜又分为湘江流域、洞庭湖区和湘西山区三个地方流派。

湘菜的代表菜肴有剁椒鱼头、红烧肉、东安仔鸡、十景湘莲、干锅鸡、腊味合蒸、剁辣椒炒肉、怀化鸡等。湖南小吃有长沙臭豆腐、刮凉粉、长沙米粉、常德（津市）米粉、口味虾、浏阳火焙鱼。

7. 浙菜

（1）浙菜的历史。据浙江余姚河姆渡文化遗址的实物表明，浙江先民早在7000多年前，就以稻米脱壳炊煮为主食。至先秦，用以调味的绍兴酒已经产生。秦汉直至唐宋的浙菜一直以味为本，并进一步讲究精巧烹调，注重菜品的典雅精致。唐代的白居易、宋代的苏东坡和陆游等关于浙菜的名诗绝唱，更把历史文化名家同浙江饮食文化联系到一起，增添了浙菜典雅动人的文采。特别是南宋，中原厨手随宋室南渡，黄河流域与长江流域的饮食文化交流配合，浙菜引进中原烹调技艺之精华，发扬本地名物特产丰盛的优势，南料北烹，创制出一系列有自己风味特色的名馔佳肴，成为"南食"风味的典型代表。

（2）浙菜的特点。菜式讲究小巧精致，菜品鲜美、滑嫩、脆软清爽。烹调技法擅长于炒、炸、烩、溜、蒸、烧。

8. 徽菜

（1）徽菜的历史。徽菜起源于南宋时的古徽州（今安徽歙县一带），原是徽州山区的地方风味。由于徽商的崛起，这种地方风味逐渐进入城市，流传于南方沿海以至长江中、下游区域。明清时期，徽商在扬州、武汉盛极一时，两地的徽菜发展也极为迅速。抗日战争前后，徽菜馆遍布上海、南京、苏州、扬州、芜湖、武汉等大中城市。

（2）徽菜的特点。徽菜基本味型是咸鲜微甜，擅长烧、炖、蒸。

知识拓展

表 1-3　2006 年中华老字号品牌价值百强榜

排名	品牌名称	品牌价值（亿元）	商标荣誉	行业	省份
1	同仁堂	29.55	驰名商标	医药	北京
2	恒源祥	25.52	驰名商标	纺织服装	上海
3	云南白药	25.19	驰名商标	医药	云南
4	冠生园	24.76	驰名商标	食品	上海
5	王老吉	22.44	省著名商标	医药	广东
6	全兴	20.56	驰名商标	酒业	四川
7	老凤祥	20.08	驰名商标	珠宝首饰	上海
8	锦江	19.77	驰名商标	酒店 / 饮食	上海
9	桐君阁	18.65	驰名商标	医药	重庆
10	全聚德	15.36	驰书商标	餐饮	北京
11	老庙	15.05	驰名商标	珠宝首饰	上海
12	西凤酒	13.68	驰名商标	酒业	陕西
13	九芝堂	13.55	驰名商标	医药	湖南
14	雷允上	11.53	市著名商标	医药	上海
15	片仔癀	9.66	驰名商标	医药	福建
16	东来顺	9.34	驰名商标	餐饮	北京
17	马应龙	8.83	驰名商标	医药	湖北
18	狗不理	7.57	驰名商标	餐饮	天津
19	牛栏山	5.82	驰名商标	酒业	北京
20	亚一	5.54	市著名商标	珠宝首饰	上海
21	咸亨	5.27	驰名商标	餐饮	浙江

排名	品牌名称	品牌价值（亿元）	商标荣誉	行业	省份
22	五芳斋	4.98	驰名商标	餐饮	浙江
23	中央商场	4.56		零售	江苏
24	胡庆余堂	4.52	驰名商标	医药	浙江
25	文君	4.31	省著名商标	酒业	四川
26	乾隆醉	4.28	驰名商标	酒业	河北
27	西单	4.27		零售	北京
28	潘高寿	4.15	省著名商标	医药	广东
29	中一	3.88	省著名商标	医药	广东
30	福	3.82	省著名商标	医药	山东
31	培罗蒙	3.78	驰名商标	纺织服装	上海
32	古今	3.76	中国名牌产品	纺织服装	上海
33	震元	3.63	省著名商标	医药	浙江
34	塔牌	3.33	省著名商标	酒业	浙江
35	广州酒家	3.29	省著名商标	餐饮	广东
36	同济堂	3.03		医药	贵州
37	桂发祥	2.95	驰名商标	食品	天津
38	解百	2.86		零售	浙江
39	劝业场	2.55	市著名商标	零售	天津
40	杏花楼	2.47	驰名商标	餐饮	上海
41	利群	2.31	省著名商标	零售	山东
42	德仁堂	2.12		医药	四川
43	世一堂	2.08	省著名商标	医药	黑龙江
44	陈李济	1.96	省著名商标	医药	广东
45	何济公	1.89	省著名商标	医药	广东
46	达仁堂	1.86	市著名商标	医药	天津
47	冯了性	1.85	省著名商标	医药	广东
48	沈永和	1.83	省著名商标	酒业	浙江
49	敬修堂	1.83	省著名商标	医药	广东
50	宏济堂	1.81	省著名商标	医药	山东
51	德众	1.78	省著名商标	医药	广东

续表

排名	品牌名称	品牌价值（亿元）	商标荣誉	行业	省份
52	隆顺榕	1.75	市著名商标	医药	天津
53	王致和	1.69	市著名商标	食品	北京
54	保宁醋	1.63	驰名商标	食品	四川
55	雪舫蒋	1.61	省著名商标	食品	浙江
56	宝生园	1.56	中国名牌产品	食品	广东
57	冠云	1.54	驰名商标	食品	山西
58	吴良材	1.53	驰名商标	眼镜	上海
59	中亚	1.49	省著名商标	医药	山东
60	华天宝	1.38		医药	广东
61	致美斋	1.35	省著名商标	食品	广东
62	火宫殿	1.28	驰名商标	餐饮	湖南
63	张小泉	1.25	驰名商标	剪刀	浙江
64	三珍斋	1.22	省著名商标	食品	浙江
65	六必居	1.21	市著名商标	食品	北京
66	便宜坊	1.19		餐饮	北京
67	西安饭庄	1.17		餐饮	陕西
68	福源馆	0.96	驰名商标	食品	吉林
69	莲香楼	0.93	省著名商标	餐饮	广东
70	六味斋	0.91	省著名商标	食品	山西
71	楼外楼	0.89	省著名商标	餐饮	浙江
72	老孙家饭庄	0.85		餐饮	陕西
73	皇上皇	0.83	中国名牌产品	食品	广东
74	广誉远	0.81	省著名商标	医药	山西
75	陈麻婆	0.79	省著名商标	餐饮	四川
76	福林堂	0.78		医药	云南
77	安泰堂	0.77		医药	甘肃
78	天立	0.66	中国名牌产品	食品	天津
79	周村	0.65	驰名商标	食品	山东
80	天福号	0.63	市著名商标	食品	北京
81	玉堂	0.61	省著名商标	食品	山东

排名	品牌名称	品牌价值（亿元）	商标荣誉	行业	省份
82	丰泽园	0.56		餐饮	北京
83	普兰德	0.55		洗染	北京
84	果仁张	0.52	市著名商标	食品	天津
85	第一楼	0.52	省著名商标	餐饮	河南
86	德馨斋	0.46	省著名商标	食品	山东
87	同庆楼	0.43		餐饮	安徽
88	老大昌	0.43		食品	浙江
89	鹃城牌	0.42	省著名商标	食品	四川
90	生生堂	0.41		医药	山东
91	美和居	0.41	省著名商标	食品	山西
92	丁莲芳	0.39	省著名商标	食品	浙江
93	聚春园	0.36		餐饮	福建
94	得月楼	0.35		餐饮	江苏
95	龙抄手	0.33		餐饮	四川
96	老拨云堂	0.33	省著名商标	医药	云南
97	吉庆祥	0.28		食品	云南
98	老鼎丰	0.25	省名牌产品	食品	黑龙江
99	春生堂	0.21		酒业	福建
100	老杨明远	0.15		眼镜	湖南

【作业】

讨论题

（1）什么是菜肴流派？

（2）饮食业老字号的显著特点有哪些？

（3）地方风味流派的认定标准是什么？

（4）八大菜系各有哪些特点？

（5）中华餐饮老字号的定义是什么？

中华餐饮老字号的文化概述*

学习目标

1. 了解中华餐饮老字号的品牌经营与保护。
2. 理解餐饮老字号的非遗文化。
3. 掌握餐饮老字号品牌文化的发展现状与创新的必要性。

导入案例

全聚德连锁扩张过程中的文化传承与创新

全聚德是一家有着百年历史的餐饮老字号，"不到万里长城非好汉，不吃全聚德烤鸭真遗憾"！全聚德经过百年传承，享誉海内外，已经从过去的烤鸭单店品牌扩展成为餐饮行业的高端品牌，集团拥有 90 余家成员企业，营业收入 19 亿元，利润总额超过两亿元，成为全国最大的餐饮集团之一。在这个"互联网＋"的时代，餐饮业也要顺应时代发展的大流，才能谋得更好的生存和发展。

自 2015 年以来，全聚德经营理念发生了变化，借助互联网思维，更加关注顾客需求和感受，以用户思维来审视全聚德的经营活动：以 Mini 店铺形式挺进商业综合体，争夺休闲餐饮市场；同时推出既适合外卖又具有全聚德特色的产品"小鸭哥"；在新版全聚德

---

* 本单元图片来自"新浪新闻"中的"小鸭哥"。

菜单中，对设置的 10 道"必点菜品"还设计了相对应的二维码……

通过积极思索、不断创新，有计划地拓宽大众餐饮消费市场，全聚德集团不断提高抵御市场风险的能力，摆脱市场困境，为今后健康发展奠定了良好基础。

【思考题】

全聚德老字号的文化特点是什么？为什么要进行餐饮文化的传承与创新？

主题 2.1　中华餐饮老字号的经典文化

中国的老字号蕴含着丰厚的商业元素和传统文化。老字号是在数百年商业和手工业竞争中留下的精品，各自经历了艰苦奋斗的发家史而最终统领一行，其品牌是人们公认的质量的同义语。

老字号企业在上百年的发展历程中，经历了无数磨难，禁住了历史的考验，至今仍经久不衰、欣欣向荣，成为中国历史发展的见证。几乎每一个百年老字号都有历尽艰辛、可歌可泣的生存发展史。多数老字号都曾濒临倒闭，或规模大大缩小到几个人，处于崩溃的边缘，然而老字号的经营者却有着坚忍不拔的意志，只要有一线希望，就绝不放弃努力；在任何情况下坚持良好的信用、优良的产品质量，为顾客提供周到的服务，做到了千辛万苦、千方百计、忍辱负重和坚持勤俭办企业；关心团结和依靠企业的职工，严于律己、宽以待人，做到同舟共济，患难与共。在最困难的时候得以坚持下来，在外部环境好转时能东山再起。可以这样说，每个老字号，就是一块闪闪发光的金字招牌，就是一个蜚声中外的传统名牌，就是一份祖国的珍贵遗产。它们都有着上百年甚至数百年的艰苦创业、苦心经营、历经风霜的光辉历程，塑造了一个个久负盛名、经久不衰、驰名中外的光辉形象。无数的坎坷和沧桑铸造了在历史中存留下来的每一个老字号，也为这些老字号写下了许多美丽的传说与故事，这些故事中有成功的经验，有经商的秘诀，有失败的教训，更有做人处事的道理……商道人情其实往往合二为一。当然，老字号企业之所以能够存留至今而仍然昌盛，这与老字号的传统文化和经营者的经营智慧是密不可分的。例如，老字号流传下来的"勤俭创业""顺时应变""不断改良""谋求恒远""诚信为本""顾客至上""保证质量""服务第一"等经营理念，这些宝贵的传统营销经验永远值得我们很好地继承和借鉴。

其实，很多老字号的经营智慧都很简单，也很实际，因为它们能够持之以恒，坚持百年而不变，因此赢得了信誉。赢得信誉就是经营智慧。"信誉"是中国人处事立业的根本，是人际交往中的重要美德，所以孔子说"民无信不立"，"言而无信，不知其可也"。讲究信誉是中华民族的优良传统，也是老字号存留下来的主要原因。深受传统文化影响的老字号商铺，恪守"信誉"二字，并自觉地将"信誉"引入商业交往中，遵循先儒的教导，先义后利，故而财源广进，长久发展。

老字号还有一个特点，就是文化底蕴浓郁，这也成为吸引顾客的一种途径。每当漫步于商业文化繁华之地，老字号门楣上那一方各具风采、古色古香的精美牌匾，字体或端庄饱满，或清秀俊雅，或古朴拙正，或洒脱飘逸，无不令人驻足欣赏。它既是一幅美妙绝伦的书法作品，更是一个展示老字号深厚商业文化的标志性符号。

主题 2.2　中华餐饮老字号的品牌保护与创新

一、中华老字号的生存现状

中华老字号是中华文明的瑰宝，在我国经济发展和文明进程中曾起到举足轻重的作用。随着历史变迁、经济发展、环境变化和竞争加剧，在生物进化论"优胜劣汰，适者生存"规律的作用下，中华老字号兴衰成败之命运却不尽相同。当前，中华老字号的生存发展主要呈现以下特点：

1. 数量锐减

历经风雨沧桑，中国老字号数量持续减少。据有关统计，新中国成立初期，我国拥有中华老字号企业约 16000 家；1990 年，原国内贸易部认定并授予金字招牌的中华老字号企业仅 1600 多家；2006 年，国家商务部重新认定的第一批中华老字号仅有 430 家；2011 年认定的第二批中华老字号也只有 699 家。

2. 规模较小

中华老字号企业的生产经营规模大多较小，市场规模日渐萎缩，老字号企业中，企业注册资金小于 100 万元的约占 63.4%，100 万~1000 万元的约占

19.7%，1000 万~10000 万元的约占 13.3%，超过 1 亿元的约占 3.6%。员工人数在 100 人以下的约占 35.1%，100~1000 人的约占 55.7%，1000 人以上的约占 9.2%。[①]

3. 大多惨淡经营

中国商业联合会中华老字号工作委员会主任安惠民在 2011 年中国中华老字号博览会发布会上称，中国目前究竟有多少家老字号，尚没有一个准确的统计数据。其中，大多只能勉强维持现状，效益好的仅 10% 左右，其他的则或是长期亏损，或面临倒闭、破产。江苏省政协文史委员会 2003 年 10 月对老字号现状的专题调查显示，南京 41 家老字号中，勉强维持生计的有 10 家，占总数的 24.4%，惨淡经营的有 13 家；在近代历史上，长沙老字号在鼎盛时期，曾超过 200 家，但现今长沙老字号盛况不再。中国驰名商标中，老字号只占了 10%。

4. 差距倍增

在这些传承下来的老字号之间，品牌价值也有天壤之别。中国品牌研究院 2010 年 7 月发布的《第二届中华老字号品牌价值百强榜》中，居榜首的茅台品牌价值为 145.26 亿元；排在榜单的最后一位品牌价值与榜首茅台的品牌价值相差 1450 多倍。本次评估以国家商务部 2006 年首批认定的 430 个中华老字号为对象，有 72 个中华老字号落榜。

二、餐饮老字号发展困境分析

龙凡在《试论餐饮老字号企业的创新》一文中，剖析了餐饮老字号企业发展存在的问题和解决办法。

1. 品牌观念落后

老字号无形资产的含金量在衰减。目前，许多餐饮老字号企业的经营者和管理者仍旧停留在生产、产品等观念上，对于老字号的品牌观念和品牌意识不强，甚至远远落后于时代的发展步伐。一些餐饮老字号企业往往是效仿其他的老字号，打出百年老字号、诚信经营等旗号，却缺乏特色，千篇一律的广告使消费者无法区分。

---

① 联商博客 . 老字号困境［J］. 现代商业，2008（Z1）：112-114.

2. 体制陈旧，缺乏竞争力

在过去的几十年里，老字号餐饮企业存在着我国大多数国有企业的共同管理问题，如决策慢、权责划分不清、跨职能协调困难等，不是真正意义上的现代企业，没有建立"产权清晰、权责明确、政企分开、管理科学"的现代企业制度，餐饮老字号企业已越来越难以适应当今快速发展的市场经济的要求。

3. 生产效率低下，产品缺乏创新

餐饮老字号企业产品的生产最初往往是作坊式生产，是小批量的手工制作，时至今日，大多数餐饮老字号企业的标准化生产仍未到位，所以产品的质量缺乏稳定性。这种低效率导致产能落后。从产品上看，餐饮老字号企业的产品一直是"几十年一贯制"，在市场变化的情况下，未能及时更新、开拓、发展，很难有创新产品。

4. 经营观念落后

目前，许多餐饮老字号企业的经营理念仍然停留在工业经济时代，没有基于现代知识经济的市场需求将知识作为资本，进而影响了新产品的开发进程。另外，没有充分认识到知识经济时代的餐饮企业管理职责已不仅是传统上的计划、组织、协调、指挥和控制，还需要创造良好的学习环境，引导知识交流、积累和使用，重视和发挥知识资本和智力资源，关注人才建设和员工培训，实施创意经营。

三、餐饮老字号企业创新的必要性

1. 有利于增强餐饮老字号企业的核心竞争力

创新是企业发展的主题，更是企业核心竞争力的基本要素。企业的可持续盈利能力是企业创新能力追求的目标，企业利润是企业创新能力的回报。目前我国大部分企业只重视产品（服务）创新，忽视了其他方面（如组织、制度、管理）的创新。众所周知，系统因素是企业创新成功的决定性因素。

2. 有助于满足更广层面的消费者的需求

经济和文化的全球化给我国的餐饮业带来了发展机遇和空前的挑战。中国的餐饮市场经过20多年的改革与发展，在不断发展过程中，餐饮老字号企业向着多层次、多元化的方向发展，从更广、更宽的层面满足了消费者的需求。

3. 有利于促进餐饮老字号的可持续发展

餐饮老字号企业要想达到可持续发展的目的，更为重要的是要将创新作为

企业经营决策中的一个重要内容，加以重视、研究和运用。把创新放在首位，使创新符合不同层次、不同需求的消费者的消费要求，以创新赢得回头客，以创新赢得社会认同，以创新赢得企业可持续发展的机遇。

四、餐饮老字号创新发展的策略

1. 品牌文化建设与创新

（1）坚持特色，延伸品牌。一个成功的品牌首先应独具特色，如全聚德烤鸭店在 144 年的发展历史中形成了其中国特色和京味儿特色。全聚德的品牌延伸坚持两条原则：一是纵向一体化，即品牌的延伸要能形成上下游的产业关联；二是要紧紧围绕餐饮主业，形成服务于主业的横向关联。集团公司与红星股份公司合作定制销售"全聚德·红星二锅头"，与北京邮政速递局合作推出了"185 速递全聚德烤鸭"业务，与国际航空公司联手推出"全聚德烤鸭飞上蓝天"的创新策略，大大延伸了全聚德的品牌。

（2）质量管理，确保品牌。品牌的生命在于质量，质量是一个品牌可持续发展的保障。如全聚德在发展过程中始终不变的是对品质的承诺。为了能进一步规范企业管理，集团公司先后引进了 ISO 质量 / 环境 / 食品安全管理体系，编制了 43 万字的体系文件，并投资 30 多万元建立了属于自己的食品安全实验室。"三合一"管理体系的建立，使全聚德在现代化、标准化、科学化的企业管理道路上迈上了一个新台阶。集中采购统一配送，不仅可以提高采购效率、降低采购成本，更是保障品质的重要举措。为此，集团公司成立了配送中心和半成品加工基地，制订了统一配送品种及质量标准，统一配送执行的采购制度、督导检查制度等。

（3）特色文化，丰富品牌。全聚德的百年发展史奠定了其深厚的企业文化根基。充分挖掘这些文化底蕴，可以丰富全聚德品牌的内涵，扩大全聚德品牌的社会影响力。全聚德不仅因其作为国家宴请贵宾的重要场所而驰名，还因精品烤鸭和全鸭席而著名。

（4）运用法律，保护品牌。传统老字号企业应该注重商号权的知识产权法保护。商号权是一种无形财产权，属工业产权，应受到知识产权法保护。传统老字号企业应采取下列几种保护措施：一是在企业变更中保护；二是在企业合资、合并、转让时，通过无形资产评估作价参股和注册商标等手段将其利用或保护起来；三是通过国际公约实现域外保护；四是将传统老字号直接注册为商标，通过《中华人民共和国商标法》来保护；五是通过注册域名保护。

2. 体制创新，建立现代企业制度

产权清晰是现代企业制度建立与运作的基础。全聚德抓住组建集团的有利时机，从改革企业产权关系入手，逐步建立起产权明确、两权分离、政府授权、分层管理的资产运营管理体制，为企业发展奠定了基础。以公有制为主体不仅表现为是否在量上占绝对优势，企业的所有制性质是否是国有，更重要的表现为国有资本控制力。全聚德组建集团后即着手组建了北京全聚德烤鸭股份有限公司，集团公司作为股份公司的第一大股东，通过占有 35% 的股权，有效地调动了 20 余家法人股东的资本量，不仅使企业可支配存量资产迅速扩大，解决了企业发展带来的资金需求问题，而且推动了企业经济效益的提高，实现了股民得益，企业获利，国有资产增值。全聚德建立现代企业制度必须解决的一个重要问题是，以全聚德商标为代表的无形资产产权如何规范。全聚德集团按照有形资产投入与无形资产使用两线运营的原则，明确了有形资产投入获取股权并以其股权分享利润、承担风险，明确了无形资产投入授权经营、有偿使用的管理方式。同时将"全聚德"商标统一在国家工商局和世界 37 个国家和地区注册，确立了以全聚德商标为代表的无形资产唯一合法持有人的法律地位，有效地保护了"全聚德"的无形资产权益，给企业带来了可观的经济效益。

3. 产品创新

转变餐饮产品生产观念。餐饮产品是由菜肴、菜谱、环境、活动构成的，是产品和文化的结合。菜肴开发应注重科技，注重原料、辅料、色料、造型，注重保健、天然，注重制作方法反映民族文化。创新产品要注重营养搭配、口味搭配等，避免单一，满足市场变化的需求。

4. 经营方式和经营理念创新

连锁经营、规模发展，这些现代经营理念并不是国外企业的专利。研究老字号的历史可以发现，许多老字号企业在鼎盛时期，在全国甚至在国外有十几、几十个分店，经营范围涉及相关行业或不相关行业等多个领域，产品多达几十种。大部分企业创始人都富有冒险精神和创新意识，许多经营方法都是他们在实践中摸索、总结出来的。所以，在经营方式上要做到不断创新，紧跟市场需求，多品种经营，开设分号，以实现市场扩张。①

---

① 龙凡.试论老字号餐饮企业的创新［J］.辽宁经济管理干部学院学报，2012（3）.

主题2.3　中华餐饮老字号与非物质文化遗产

一、非物质文化遗产的定义

联合国教科文组织《保护非物质文化遗产公约》给出的非物质文化遗产（Intangible Cultural Heritage）的定义是指被各群体、团体、有时为个人所视为其文化遗产的各种实践、表演、表现形式、知识体系和技能及其有关的工具、实物、工艺品和文化场所。范围包括各种以非物质形态存在的与群众生活密切相关、世代相承的传统文化表现形式，包括口头传统、传统表演艺术、民俗活动和礼仪与节庆、有关自然界和宇宙的民间传统知识和实践、传统手工艺技能等以及与上述传统文化表现形式相关的文化空间。

二、非物质文化遗产的特点

非物质文化遗产是以人为本的活态文化遗产，是不脱离民族特殊的生活生产方式，是民族个性、民族审美习惯的"活"的显现。它强调的是以人为核心的技艺、经验、精神，其特点是活态流变，因此它依托于人本身而存在，以声音、形象和技艺为表现手段，并以身口相传作为文化链而得以延续，是"活"的文化及其传统中最脆弱的部分。对于非物质文化遗产传承的过程来说，人的传承就显得尤为重要。所以在非物质文化遗产的实际工作中，认定非物质文化遗产的标准是由父子（家庭）或师徒或学堂等形式传承三代以上，传承时间超过100年，且要求谱系清楚、明确。

三、中华餐饮老字号与非物质文化遗产

老字号是中华优秀传统文化的一部分，其字号本身就是宝贵的无形资产。中华餐饮老字号有很多手工艺，是通过一代一代相传流传下来的，有许多都有上百年的历史。在首批国家非物质文化遗产名录中，列入了少数酿酒、酿醋、制茶的技艺和凉茶，饮食文化申遗的大门打开了，第二、第三批申报时更是势

如潮涌，除了酿酒、制茶相关项目外，还包括一大批闻名遐迩的老字号传统饮食制作技艺，如王致和腐乳、六必居酱菜、涪陵榨菜、山西面食、广式月饼、金华火腿、全聚德烤鸭、羊肉泡馍、东来顺涮羊肉等。现阶段，老字号的文化内涵更多地通过非物质文化遗产的形式加以肯定。以北京为例，有 36 个老字号项目入选市级"非遗"名录，其中 22 个入选国家级"非遗"名录*。其中，饮食行业主要有北京便宜坊焖炉烤鸭技艺、全聚德挂炉烤鸭技艺、月盛斋酱烧牛羊肉制作技艺、壹条龙清真涮羊肉技艺、北京烤肉制作技艺、鸿宾楼全羊席制作技艺、天福号酱肘子制作技艺、东来顺饮食文化、都一处烧麦制作技艺、北京豆汁习俗。这些入选项目多为技艺或工艺，是经过发明者与继承者几代人甚至十几代人的努力创造出来的绝活、绝技和绝艺（以下简称"三绝"）。它们能够入选"非遗"名录，主要是因为它们具有独特性，难以复制，它们在老字号的发展过程中起了决定性的作用，正因为有些商号具有"三绝"，才能在激烈的商业竞争中存活下来，成为百年老字号。

中国的餐饮老字号蕴含着丰富的独创内容，有很好的技艺、流程和传统，蕴含丰厚的文化底蕴，是中国传统文化的精髓，包含着中华民族的创新精神，体现了传统科学价值、人文价值、经济价值，承载着劳动人民智慧的结晶，是中国文化的原创部分。餐饮老字号"非遗"保护，不仅是保护表面的技术工艺，老字号生存的环境，还要加大对传承人的支持，协助老字号培养传承人。传统的技艺要发扬下去，传承人在其中起了重要作用。老字号"非遗"不是化石，它具有鲜活的载体。餐饮老字号"非遗"的认定与保护，具有深刻的文化价值、技术价值与市场价值。

餐饮老字号蕴含着中华民族特有的精神价值，体现着中华民族的生命力和创造力。每一个老字号独特的创业史和技艺，都承载着城市的记忆，是城市文明的无形资产。餐饮老字号非物质文化遗产有助于我们创造自己的品牌，弘扬中华文明。

知识拓展

楼外楼传统菜肴工艺与非遗

杭州楼外楼传统菜肴流传千年而不衰，是因为有代代相传的一整套科学、

---

* 姚伟钧.武汉饮食老字号与非物质文化遗产保护［J］.武汉文博，2012（3）.

完备的制作技艺。在过去，这套技艺使杭州菜以"京杭大菜"的美名而名扬天下，在今天，杭州菜走向全国，使更多的人在更多地方都能一尝杭州菜之美味。传统楼外楼菜肴制作技艺保证了杭州传统菜肴的文化内涵和地域特色，使杭州传统菜肴在中国各大菜系中独树一帜。特别是杭州楼外楼传统菜肴及制作技艺大多和杭州、西湖的历史人文有关，如东坡肉、宋嫂鱼羹、西湖醋鱼、炸响铃、西湖莼菜汤等。保存了这门技艺，也保存了这些美好的人文传说。

但是目前楼外楼传统菜肴的制作技艺正在慢慢消失，技艺传承后继乏人，由于各种菜系、菜肴的融入，菜肴的口味正慢慢被其他菜式所融合，楼外楼传统菜肴制作技艺面临濒危状态。

杭州传统菜肴制作技艺作为民间传统技艺的一部分，是人们创造的非物质文化财富。因此，我们需要对其进行研究保护，将全人类共享的财富留给后代，丰富充实我国的民间非物质文化遗产库。

【作业】

讨论题

（1）中华老字号的生存现状怎样？

（2）餐饮老字号发展的困境有哪些？

（3）餐饮老字号企业创新的必要性有哪些？

（4）餐饮老字号企业品牌文化建设与创新的途径有哪些？

（5）餐饮老字号与非物质文化遗产的关系是什么？

鲁菜系老字号餐饮文化案例

主题 3.1　便宜坊*

"便宜坊"的来历

1416 年，明朝永乐年间，郑和船队正在远航，便宜坊创始人王姓商人，响应明成祖朱棣繁荣北方、发展经济、巩固国防、建设祖国的号召，从江浙迁至北京，落户在北京宣武门外囤积大米的米市口（清朝后改称米市胡同，在北京西城区东南部，北起骡马市大街，南至南横东街），利用"塌坊"（今粮库旅馆的房子）创办了前铺后家的小作坊。明清以来在此居住许多官僚、文人。这里有许多会馆，胡同南口建有关帝庙。最初，他每天起早摸黑干活儿，从市场上买来活鸭、活鸡，宰杀后，褪去羽毛，收拾干净，给饭馆和有钱的"大宅门"送去，后来增加了金陵的板鸭、金陵焖炉烤鸭和桶子鸡等，慢慢发展成为熟食店，但并没有店名牌匾的记载。1551 年（明嘉靖年间），任兵部车驾司员外郎将杨继盛，因上书弹劾奸相严嵩之事，气郁难平。为解烦闷，他从达智桥的家中出来溜达南行，到了米市胡同，忽闻扑鼻的香气，便顺着香气来到小店，随即点了烤鸭等酒菜，自斟自饮起来。烤鸭的美味和开怀的烈酒暂时冲淡了他心中

---

* 本主题图片来自企业官网：http://www.bianyifang.com./home.html。

的烦恼，他略感畅快，起身结账时发现价钱非常便宜，忙问掌柜的："此店何名？"掌柜的躬身拱手道："鸡毛小店，未曾有名。"杨继盛便让掌柜的取来纸墨笔砚，一挥而就写了苍劲有力的"便宜坊"三个大字。掌柜的送走杨继盛后，立刻叫人精心制作了一块匾额，挂在了门厅之上。从此，便宜坊声名远扬。

【思考题】

便宜坊烤鸭技艺有什么特点？

便宜坊烤鸭店是北京著名的中华老字号饭庄，至今已有 600 年的历史，在北京商业老字号中堪称鼻祖。北京便宜坊烤鸭集团有限公司是国有控股餐饮集团，旗下拥有 10 家京城餐饮老字号和 1 家三星级饭店的品群集团：建于明永乐十四年（1416 年），以焖炉烤鸭技艺独树一帜的便宜坊烤鸭店；建于清乾隆三年（1738 年），乾隆皇帝亲赐蝠头匾的都一处烧麦馆；建于清乾隆五十年（1785 年），光绪皇帝御驾光临的壹条龙饭庄；建于清道光二十三年（1843 年），北京八大楼之一的正阳楼饭庄；建于民国十一年（1922 年），经营佛家净素菜肴的功德林素菜饭庄；建于民国十五年（1926 年），以经营北京小吃著称的锦芳小吃店等众多老字号餐饮品牌。经营门店 36 家。便宜坊经营的"焖炉烤鸭"是北京烤鸭两大流派之一。因其烤制过程中鸭子不见明火，保证烤鸭表面无杂质，而被誉为"绿色烤鸭"。2002 年被中国国内贸易局评定为中国名菜，便宜坊焖炉烤鸭绝艺已进入北京市非物质文化遗产保护名录。

集团自 2002 年组建以来，以市场需求为本整合技术；以提升效益为本整合管理；以品牌建设为本整合文化；以市场化、专业化为本整合队伍，走出一条"在整合中振兴，在振兴中做强"的发展之路，经济效益连续四年保持两位数稳步增长，并以骄人的业绩跻身于中华老字号品牌企业百强单位行列。

一、发展历程

1. 发展初期

1755 年（清乾隆二十年），乾隆皇帝爱吃便宜坊的焖炉烤鸭，御膳房专设了"巴哈房"（满语，即"便宜坊"的音译），将烤鸭引入皇家，入主宫廷光禄寺的主厨房，成为皇家御用食馔，而得到快速推崇。

1827 年，清道光年间，已经到了东家孙子久时代，他扩大作坊经营，白条鸡、白条鸭和桶子鸡熟食等，货色好，卖价低，一时间，南北城的大饭庄、大饭铺，大都愿用孙子久的食货，因此生意做得很火，逢年过节米市胡同人满为患。

1855 年，清咸丰初年，大股东古玩商王少甫与米市胡同的老号合股，在前门外鲜鱼口大街便宜坊老铺开业，虽然晚于米市胡同的老便宜坊，但后来居上，不论是焖炉烤鸭的技术，还是盒子菜、桶子鸡和清酱肉等菜品，都有了更大程度的发展，100 多年来独树一帜。当时八旗子弟宴请成风，店前经常停满达官显贵们乘坐的大轿，西太后也曾差人把便宜坊的烤鸭送进宫内。那时经营的是南京（金陵）传来的焖炉烤制法，故称南炉鸭，有的店铺牌匾上甚至刻有金陵二字。

民国初年，多家因为时局动荡，米市胡同老便宜坊也走向了衰败，仅鲜鱼口便宜坊保持繁荣。在店堂里开始卖座，有了落座式的经营服务。

1938 年，日军入侵北平，日伪汉奸对支持过抗战的商铺加以迫害，老便宜坊经营艰难。在这种情况下，曲述文禀明东家，誓死不在日寇的铁蹄下苟活。东柜两家商议，对外宣布老便宜坊正式歇业，米市胡同老便宜坊关门大吉，拥有 500 多年的老铺焖炉烤鸭面临失传的危险，他们来到鲜鱼口便意坊，与店主共话两家合作的前缘，言明民族危难之中，不分老号新号，老号人纷纷加入了，共同
携手保护中华烹饪绝技，将老号所存鲁菜菜谱及烤焖技法毫无保留地留给了鲜鱼口便意坊。鲜鱼口便意坊同仁不负嘱托，将店名正式更为便宜坊。

1953 年公私合营后，北京焖炉烤鸭幸存下来的只剩下鲜鱼口便宜坊，在"文化大革命"时期改名为首都烤鸭店；1979 年鲜鱼口恢复老店号便宜坊烤鸭店；1974 年，从鲜鱼口首都烤鸭店迁出部分人员到崇文门外大街路东京鲁餐厅组建成崇文门烤鸭店；1978 年崇文门新店正式冠名便宜坊烤鸭店。20 世纪 80 年代，便宜坊再次扩大，在天坛建起了另一处现代风格的便宜坊西号，

1996 年初在朝阳区潘家园店等陆续开业。

2. 发展现状

自便宜坊发展成为北京国有控股餐饮集团——便宜坊烤鸭集团有限公司以来，旗下拥有众多新老字号餐饮品牌：便宜坊烤鸭店、都一处烧麦馆、壹条龙饭庄、正阳楼饭庄、天兴居、功德林素菜饭庄、锦芳小吃店、御膳饭庄、老正兴饭庄、力力豆花庄等经营门店。

便宜坊品牌已被认定为中国驰名商标，都一处、锦芳被认定为北京市著名商标。便宜坊焖炉烤鸭技艺、都一处烧麦制作技艺已经列入"国家级非物质文化遗产保护名录"，壹条龙涮肉制作技艺、北京豆汁习俗列入"北京市级非物质文化遗产保护名录"。都一处炸三角制作技艺、都一处马莲肉制作技艺、正阳楼传统蟹宴制作技艺、老正兴寿桃制作技艺、锦芳元宵制作技艺、天兴居炒肝制作技艺被列入"北京市东城区非物质文化遗产保护名录"。

这些年，便宜坊集团荣获了多项称号：被中国商业联合会、中国烹饪协会评选为"中国餐饮百强企业"，被中国饭店协会评选为"中国十大餐饮品牌"，被北京市国家税务局评选为"北京市纳税信用 A 级企业"，被共青团北京市委员会评选为"青年就业创业见习基地"，目前分别被中国饭店协会、北京烹饪协会、北京餐饮协会、北京老字号协会推荐为副会长单位。

3. 传承人物

（1）李维琢。北京烤鸭名师，崇文门便宜坊烤鸭店经理，还应美国华盛顿喜临门餐厅的邀请，于 1981 年前去文化交流传播烤鸭文化技艺。之后，便宜坊的焖炉烤鸭也在美国大受欢迎，从而从国内走向了世界。

（2）苏德海。1945 年开始在便宜坊烤鸭店做厨师长，便宜坊的烤鸭传人、鲁菜烹饪高手，五十余载的厨艺生涯中培养出了数十名厨师技师，为便宜坊厨艺的承前启后、发扬光大做出了杰出的贡献。

（3）白永明。便宜坊烤鸭第六代传人，作为国家级非物质文化遗产的传承人，他掌握着焖炉的秘籍，便宜坊使用的是焖炉烤鸭，烤鸭不直接和明火接触，炉子里藏有很多"秘密"。便宜坊的每一块炉门老砖都是秘制的，温度高时它能够吸收热量；温度低时则可释放热量，这些都是焖炉的魅力所在。

（4）孙立新。全国五一劳动奖章、首都劳动奖章获得者，国际烹饪艺术大师，中国烹饪大师，中国十佳烹饪大师，擅长川、鲁、粤、西餐等菜肴的制作，代表菜品有蔬香酥烤鸭、酒醉空心龙虾球、宝蓝竹笙翅、蜜制野山菌鲍翅汤、金牌一品鲍等。

二、传承创新

1. 特色产品

（1）焖炉烤鸭系列。

1）传统烤鸭。焖炉烤制的特点是鸭子不见明火，即将秫秸等燃料放入炉内，点燃后将烤炉内壁烧热到一定温度后将火熄灭，然后将鸭子放入烤炉内，关闭炉门，全凭炉壁的热力将鸭子烘烤而熟。中间不打开炉门，不转动鸭身，一次放入一次出炉。便宜坊烤鸭店秉承这一传统工

艺。焖炉也叫地炉，炉身用砖砌成，一米见方，焖烤鸭子前，先用秫秸秆炭火将炉膛烘烤烧热，转用暗火，技术性强，掌炉人必须掌握好炉内的温度。这与挂炉不同，挂炉用的是明火烧烤，容易掌握。入炉前鸭膛内灌入特制老汤，形成外烤内煮之势，故而减少了明火烤制易产生致癌物的现象。焖炉烤鸭的独特风味

在于由于鸭胚在烤制过程中受热均匀，油脂和水分消耗少，鸭子烤成后皮肉不脱离，色泽红亮，外皮酥，内层嫩，一咬流油，入口即化，口感不腻、回味无穷、口齿留香。焖炉烤出的鸭子，体状丰满，出肉多。

2）傲韵烤鸭。便宜坊的顶级烤鸭，鸭胚提前入味，不用蘸酱的烤鸭。配套的有两种鸭饼，还有一壶松茸汤。

3）花香酥烤鸭。将莲子、名茶、红枣的营养成分浸入鸭肉，使烤鸭味型独特并具有营养保健价值。莲香型烤鸭的味道极为清雅馨香，适合夏季食用。茶香型烤鸭的味道清鲜爽口。枣香型烤鸭把枣的甜美与烤鸭的甘香融合，冬季食用极佳。

4）蔬香酥烤鸭。根据人们追新求异的饮食需求，通过特殊工艺，用 10 种蔬菜将鸭坯脱油、入味，降低了烤鸭的脂肪含量，给北京烤鸭文化注入了新的生命。

（2）香酥脱骨鸭。用七种中药熬汤，加入十一种调味品，将纯正的北京填鸭腌制数小时后，入炉焖制成熟取出，放入油锅炸酥。味道鲜美、柔香酥骨，瘦而不柴，自然脱骨，京城独一份。

（3）桶子鸡。选用当年的雏母鸡，做桶子鸡的

桶是用深底大铁锅和没有底的缸圈套在一起，加固制成的特制锅，其形状就像桶一样。在静膛鸡中放进荷叶，投入桶子锅中，并把葱、姜、蒜、花椒、大料、盐等佐料放入锅水里。先大火，后小火，焖煮而成。把桶子鸡切成丝，拌鲜黄瓜丝，吃到口中，味清淡鲜美。

（4）清酱肉。选取上好的精猪肉，切成适度的肉块，洗净，先用花椒、盐腌七天，再放入酱油中，酱八天，就是"盐七、酱八"，最后用清水煮熟。这种清酱肉比一般酱肉味道更鲜美、利口，越嚼越香，后味浓。

（5）全鸭席。尤其是利用鸭舌、鸭掌、鸭肠、鸭胗、鸭肝、鸭膀、鸭心制作的全鸭席更是便宜坊的又一特色。像芫爆鸭四宝、金鱼鸭掌、双作鸭心卷、果仁鸭肝等。

（6）招牌菜。便宜坊招牌菜有焖炉烤鸭、盐水鸭肝、水井鸭舌、芥末鸭掌、葱烧海参、酒香鸭心、干烧四宝、肉丝拉皮、酥香鲫鱼、醋熘鱼片、浓汁鱼肚、乌鱼蛋汤 12 道。

2. 品牌经营

老字号一代又一代的经营，克服了创业、守业、兴业的重重困难，保持了老字号的长盛不衰，便宜坊集团这些年秉承"便利人民，宜室宜家"的经营理念，奉行"建设企业文化、成就个人、奉献社会、追求多赢"的价值观，传承弘扬品牌文化，并转化成更多的经济价值，为每个人的进步搭建平台，人尽其用，主动承担社会责任，依法纳税，扶贫济弱，节能减排；兼顾政府、股东、集团、员工、供应商、客人等关联各方的利益，谋求和谐共赢，共同发展。以振兴中华老字号为己任，致力于传承发扬餐饮文化精髓，采取以直营店为主、以加盟店为辅的经营策略，向现代化、规模化、连锁化、精细化、流程经营转型，提炼经营技术，创新特色菜肴、提升品牌价值，实施多元化发展模式，加速对外扩张，不断壮大规模。从根本上维护品牌集团的长远利益，实现可持续发展，追求集团宽广的未来。

三、品牌故事

1. 杨继盛

1551 年（明嘉靖年间），蒙古首领俺答汗数次带兵入侵明朝北部边境，奸臣严嵩死党大将军仇鸾请开马市以和之，任兵部车驾司员外郎（相当于今天负责后勤部门师旅长），他生性耿直，嫉恶如仇，上书《请罢马市疏》，请求罢免仇鸾，遭到严嵩庇护，上书弹劾奸相严嵩事。

1553 年（明嘉靖年间），虽以《请诛贼臣疏》历数严嵩"五奸十大罪"，直言上疏严词弹劾严嵩专权惑政，反遭诬陷下狱。

1555 年（明嘉靖年间），严嵩假传圣旨，年仅 40 岁的杨继盛蒙冤。人们听说杨继盛要处斩，四城百姓蜂拥赶到西市，为他送行。沿街人山人海，哭声震天，晴朗的天空突然天昏地暗。杨继盛临刑，神态安详，昂首挺胸，视死如归，杨刑前，从容赋诗："浩气还太虚，丹心照千古；生平未报国，留作忠魂补。"为天下传诵。之后，严嵩得知便宜坊是杨继盛书写的，便让便宜坊的东家把匾额摘下，东家不允。后严嵩派人强行摘除匾额，老板以身护匾，被打至死不从，用生命保下了这块宝贵的匾额，杨继盛的夫人上书皇帝请求代丈夫一死，皇帝未准，之后在杨继盛死的同一天，其夫人自缢而死，一样壮烈。后人为她特意编演了一出大戏《鸣凤记》，至今还在演出。

1567 年，明朝隆庆皇帝为他昭雪，追谥"忠愍"，建"旌忠祠"于保定。杨家宅子改庙以奉，尊为城隍。杨继盛为便宜坊题写店名，匾额历经 500 多年的沧桑，一直保存到"文化大革命"，不幸被红卫兵砸烂。

2. 戚继光

1555 年（明嘉靖年间），调任名将戚继光浙江都司充参将，负责抗倭斗争。东南沿海倭寇作乱，奉命抗倭。因便宜坊鸭饼可提前制作，又便于携带，可作随军口粮，临行之前，掌柜的心中十分敬仰戚继光，遂将一千斤鸭饼相送，充作军粮，戚继光亦十分感慨百姓的劳军心意，决心荡平倭寇，不负民望，遂赋诗曰："封侯非我意，但愿海波平！"

3. 盒子铺

民国之后北京才有了烤鸭店的叫法，历史上的早期烤鸭店一般叫鸡鸭店、炉肉铺，也就叫盒子铺，盒子是一个直径约一尺二，厚四寸、圆形没有棱角的木质盒子，外上黑色或红色大漆。盒子里分成十或十一个不等的小格子，每个格内可放一种食品，一般要放酱肉、香肠、驴肉等食品。顾客要盒子，多是铺里派学徒送去，等人家用完，再把空盒子取回。当时，便宜坊经营的品种有生猪肉、生鸡鸭坯、驴肉、香肠、丸子、鸡块、鸭块、桶子鸡、清酱肉、焖炉烤鸭等十几种。便宜坊的焖炉烤鸭、桶子鸡、清酱肉等几种商品，独具特色，多年来深受人们的欢迎。时过境迁，便宜坊给一代又一代的北京人增添了生活的快乐，留下了文化记忆，增强了民族自豪、自尊和自信。

4. 周总理与便宜坊

1958年6月1日，与众多平常日并无两样。但就是在这一天，便宜坊烤鸭店走进来一位伟人，是他的一席话刷新了便宜坊经营理念的里程碑。他就是我们敬爱的周恩来总理。1958年时值"大跃进"，全国上下大炼钢铁，一派如火如荼的热烈场面。而便宜坊也刚刚完成了由私有向公私合营、国营的蜕变，新形势，新变化，使这个初夏的日子呈现出欣欣向荣、不同寻常的景象。

周总理一行人在用餐中，看到了便宜坊的变化，感触颇深。餐罢，总理起身，沉思片刻，指着堂内便宜坊的字号，语重心长地说："便宜坊是我们老祖宗留下的老字号，'便宜'两字当以'便利人民、宜室宜家'作为核心，服务人民、服务大众。"

从此，"便宜坊"有了新的解意，其经营宗旨有了更准确的内涵。

如今，便宜坊人铭记周总理的教诲："便利人民、宜室宜家。"踏踏实实地服务于百姓家庭欢宴、朋友聚餐，默默地用心烹制健康，用情创造快乐。便宜坊将在传承中发展，在发展中壮大，在弘扬中华老字号的道路上不断前行。

5. 抗击日寇

1937年卢沟桥事变爆发，在民族危难面前，便宜坊再一次表现出中华老字号的深厚德义之风。当时掌柜的曲述文，率12名店伙计持大饼、鸭肉、馒头犒劳二十九军某团，并共同抵抗妄图从右安门、广安门冲进城来的日寇。后来其中有7名伙计随二十九军开赴保定地区，继续与日寇作战。

知识拓展

便宜坊烤鸭历史

烤鸭最早见于唐代的文字记载。唐人张鷟在《朝野佥载》中，记述了笼炙鸭的做法：将活鸭关进铁笼，边炙边喂作料，"毛尽脱落，未死而肉已熟矣"。到了宋代，炙鸭工艺有了改进，不过这种鸭，表皮焦脆，而肉并不嫩。至元代，在忽思慧的《饮膳正要》中，有"烧鸭子"方，并有烤炉烤鸭的记载。明初，南京烧鸭子的烤制方法有了创新，烤鸭外焦里嫩。明朝的迁都，将南京的鸭子品种，南京烤鸭文化，南京的饮食文化传播到北京。

关于京城最早的烤鸭店，一说出现在1522～1566年明朝嘉靖年间，一说出现在1785年清乾隆五十年。清朝杨米人作了首《都门竹枝词》，里面有一句："两绍三烧要满壶，焖炉鸭子与烧猪。"梁实秋有篇《烧鸭》里也说："北平烧鸭，除了专门卖鸭的餐馆以外，都是由便宜坊发售的。在馆子里亦可吃烤鸭，例如在福全馆宴客，就可以叫右边邻近的一家便宜坊送过来。"到了清末，朝廷的一些官员每宴封疆大吏、会议等，也都要吃烤鸭。《都门琐记》中有载："北京膳填鸭，有至八九斤者，席中心必以全鸭为主菜，著名者为便宜坊。"有些人看着便宜坊生意红火，纷纷冒牌、套用"便宜坊"或略改一字挂起"便宜舫""便意坊"等招牌。京城里焖炉烤鸭、鸡鸭店、炉铺充满魅力，遍地开花，曾经多达32家，天津、济南和南京也都有与"便宜坊"相同的字号。

【作业】

1. 判断题

（1）北京便宜坊烤鸭集团有限公司，拥有都一处烧麦馆、壹条龙饭庄、正阳楼饭庄、天兴居、功德林素菜饭庄、锦芳小吃店、御膳饭庄、老正兴饭庄、力力豆花庄等经营门店。　　　　　　　　　　　　　　　　　　（　　）

（2）焖炉烤鸭不见明火，即将木材等燃料放入炉内，点燃后将烤炉内壁烧热到一定温度后将火熄灭，然后将鸭子放入烤炉内，关闭炉门，全凭炉灰的热力将鸭子烘烤而熟。　　　　　　　　　　　　　　　　　　　　　　（　　）

2. 单项选择题

（1）书写苍劲有力的"便宜坊"三个大字的历史人物是（　　　　）。

A. 严嵩　　　　　B. 杨继盛　　　　C. 咸丰皇帝　　　　D. 溥仪

（2）鸭胚提前入味，食用不用蘸酱的便宜坊的顶级烤鸭是（　　　　）。

A. 傲韵烤鸭　　B. 蔬香酥鸭　　C. 香酥脱骨鸭　　D. 传统烤鸭

3. 多项选择题

民国之后北京才有了烤鸭店的叫法，历史上的早期烤鸭店一般叫作（　　　　）。

A. 鸡鸭店　　B. 盒子铺　　C. 炉肉铺　　D. 烧烤店　　E. 烤鸭铺

4. 讨论题

便宜坊的企业经营理念有哪些？

主题 3.2 聚丰德*

"聚丰德"的来历

聚丰德旧址在山东省济南市经三路纬四路上，初名"天一坊饭庄"，由一位天津人创办于1932年。不久，另一位天津人接手天一坊，改名为"惠萝春饭庄"，经营状况不佳。1935年前后，给当时的山东省主席担任私厨的王金生将饭庄盘下来，改名为"紫阳春饭庄"。日军侵入济南后，饭庄被一名日本人强占并改名为"长安饭店"。日本投降以后，王金生收回饭店并恢复了原名，但因经营状况不好而关闭。随后，王少卿将饭店盘下来，改名为"同和轩饭庄"，经营清真菜肴，未及一年，又因经营不佳而关闭。

1947年，由王丕有、王兴南、刘兆贤、程学祥、程学礼等7大股东集资凑股，在已停业的紫阳春饭庄的旧址上，兴建了新的饭店。新店开张，要为它起个响亮的名字，几个人苦苦思索之后达成共识：一定要把新饭店办成齐鲁名店，要博采众长形成自己的风格。当时，济南和北京的三个大饭店——"聚宾园"的"爆"、"泰丰楼"的"烧"、"全聚德"的"烤"都是很有特色的。因此他们决定，从这三个大饭店中各取一字，即济南"聚宾园"的"聚"字、"泰丰楼"的"丰"字、北京"全聚德"的"德"字，组成"聚丰德"，含有取三家烹饪技艺之长的意义。这一店名沿用至今。聚丰德自开业以后，正是靠汲取众家之长，发挥自己技术力量雄厚的特点，迅速成为当时泉城饮食行业的佼佼者，是当时政府部门、工商界人

---

* 本主题图片来自作者自拍、360图片。

士、社会名流宴聚的主要饭店。

【思考题】

"聚丰德"在鲁菜餐饮业中的地位如何？

一、聚丰德企业历程

1. 企业简介

聚丰德是以经营正宗鲁菜、精细面点而著称的中华老字号。半个多世纪以来，它以发掘、创新鲁菜为己任，享有"正宗鲁菜代表"之盛誉。该店博采众长，兼收并蓄；坚持正宗做法，保持传统风味；聚齐鲁大菜，汇四海小吃；以质取胜。2006 年，聚丰德获得了国家商务部认定的全国首批中华老字号。聚丰德曾被誉为鲁菜名师的"黄埔军校"，培养出一大批中青年优秀厨师，成为传承鲁菜的佼佼者，先后有数十人获得"特级厨师""烹饪大师""高级技师"等荣誉称号。饭店曾先后获得"中华餐饮名店""齐鲁名店""全国绿色餐饮行业""中华老字号"等荣誉称号。

2. 发展历程

（1）公私合营时期。1956 年实行公私合营，当时济南的餐馆分为甲、乙、丙、丁四个等级，聚丰德是甲级店，政策也向甲级店倾斜。一方面，各种资源丰富。别的店煤、粮、油、菜都不够用，而聚丰德不存在这种状况。另一方面，技术力量集中，优秀的厨师先往该店调送。因此，该店的饭菜质量上乘，营业额可观。1960 年在原地翻盖了两层营业楼，营业面积 500 平方米，从业人员 64 人。

聚丰德烹制的菜品选料精、下料准、配料齐全、刀口均匀、火候适度、色香味俱全。一些招牌名菜已成为济南乃至山东一绝。在 1956 年 4 月举办的"山东著名产品及手工艺品展销会"上，聚丰德饭店的 41 个名菜、名点挂牌展销，一些省内外宾客和同行业者不远千里，慕名而来，一时门庭若市，盛况空前。展销会后，葱烧海参、油爆双脆、蟹黄双翅、黄焖鸭肝、九转大肠、烤鸭等十几种菜品被收录到 1956 年出版的《中华名菜谱》中，后被收录于《中国菜谱》《山东名菜》等书刊中，有的还被译成外文发行国外，在世界各地广为流传。饭店制作的面点以选料讲究、做工精细闻名，油旋、银丝卷、豆沙包、八宝饭等精细面点，多次获全国"中华名小吃"，省、市"名优小吃"等称号。

20 世纪 50 年代后，聚丰德的经营稳步发展，生意越来越兴隆，无论是饭菜品种还是烹饪技术，都在省城独占鳌头。省、市政府经常在此举办各类酒会、宴会。

（2）三年困难时期。20世纪60年代，聚丰德改名为"工农兵"饭店。正值三年困难时期，来店吃饭的人很少，饭店因此取消了名菜、名吃，而只经营烧饼、油条以及其他普通饭菜，平时做得最多的就是"烩馒头"。由于当时物资匮乏，鱼肉等食材难得一见，聚丰德遂实行了粗粮细作和粮菜混吃，且独出心裁，推出了"地瓜宴"。

（3）改革开放时期。改革开放后，聚丰德生意火爆，中外宾客络绎不绝。1978~1981年，先后接待美国、日本、英国、法国、意大利、德国、比利时、加拿大、丹麦、瑞士、苏联等外宾1640余人次及中国港澳台同胞数千人到店就餐。当时，柬埔寨西哈努克亲王、"美食王国"法国原总理吉斯卡克·德斯坦等曾先后品尝过该店饭菜，对饭店的传统鲁菜和精细面点给予了高度评价，盛赞鲁菜的博大精深。著名诗人、原国家文化部部长贺敬之先生也曾为聚丰德饭店亲笔题词："唯有丰德能聚人！"

1987年2月，聚丰德率先在济南市实行了分餐制，对该店传统的正宗鲁菜进一步反复研制，推出了"全鸭席""全鱼席""全素席""百鸡宴""百花宴""福寿宴""燕菜席""如意席"等不同形式、不同规格的宴席20余案，填补了省、市烹坛上的空白。

1988年，聚丰德迁建到济南市最繁华的闹市区——大观园对面。新建店铺为五层建筑，总面积7000平方米。一层为中式快餐，二层为宴会厅和零点厅，共有餐位500多个，三、四、五层为写字间。饭店资产总额达680万元，员工3290多人，时为济南规模最大、档次最高的商业饭店，这个老字号"鲁菜名店"达到了其历史上辉煌的顶峰。

（4）市场经济时期。进入市场经济时期后，聚丰德由于多年来处于大锅饭状态，整个主业经营没有起色，再加上人才流失，缺乏创新机制，不能很好地适应市场经济，开始陷入经营困顿。聚丰德虽仍勉力经营，但举步维艰，这从部分店面开始出租，楼上的单间改成了写字间中可见一斑。

在经历了老国企的"改制之痛"后，聚丰德坚持了下来，经营状况逐渐好转，终于又迎来了春天。2006年，聚丰德被国家商务部授予全国首批中华老字号的牌匾和证书。为了让这一金字招牌重塑辉煌，自2007年开始，济南市贸易服务局便为聚丰德积极寻找新东家。经过多方努力，聚丰德最终与有着丰富餐饮管理经验的山东爱信公司牵手，并在经过重新装修后于5月8日开业。改制后的聚丰德饭店在经营和管理上都采用了现代餐饮业的模式，焕发了勃勃生机。

3. 传承人物

（1）创始人之一——程学祥。程学祥（1921年—），山东济南人。他 11 岁辍学后到厨房帮工当学徒，开始了自己的烹饪学艺生涯，22 岁就已成为被各家饭店争相聘请的名厨。20 世纪 30 年代以后，他先后在济南的福顺居、长安饭店、三度永、福禄寿等饭庄主厨掌灶，声望逐渐高涨。1947 年，程学

祥与其他几位股东一起，联合创办了聚丰德饭庄。从此，以聚丰德为基点，他把自己的鲁菜生涯提升到了更高的境界，而聚丰德的出名也与程学祥的烹饪成果相辅相成。

程学祥以刀工见长，练就了完美无瑕的刀工技艺，操刀飘舞，切丁如珠，下刀均匀，切丝如发，条缕如一，业内为此而有"千条一律"之美称；他以勺工显赫，自创"八面勺"技术，能够实现各种角度的自由翻勺，以此技冠群雄。他颠勺之际，左右翻转，飘逸自如，前后回旋，抖撇飞舞，看似节奏如拍，让人目不暇接，令观者无不感叹看其颠勺是一种艺术享受；他技艺全面，爆、炒、扒、炸、溜、煸、烤、酿、蒸、余样样精通。他擅长油爆和汤爆，鲁菜名品之油爆鱼芹、汤爆肚、汤爆双脆，都曾在他的手中名声飞扬。尤其是鲁菜的锅塌系列，他更有独家心得，诸如锅塌鱼肚、锅塌黄花鱼、锅塌蒲菜等菜肴，都因程学祥而传名四方。

（2）创始人之二——王兴南。王兴南（1916~1990 年），山东历城县人。1932 年，他在济南三乐居饭店学徒，出师后在子云亭、洞天福、什锦斋等饭店司厨。王兴南精通鲁菜，旁通其他菜系，能承制各种大型宴席。他尤其精于刀工，擅长各种切配技法，垫布切肉丝是他的拿手绝活。他和程学祥等人在烹饪技艺上博采众长，兼收并蓄，相继推出了蟹黄鱼翅、葱烧海参、油爆双脆、九转大肠、干烧鱼以及烤鸭等几十种脍炙人口的菜肴，均被收录在《中国名菜谱》内，成为聚丰德的特色菜品。

（3）名厨——孔宪垣。孔宪垣（1900~1980 年），山东济南人。1956 年起任聚丰德饭店厨师。精通鲁菜烹饪，注重菜肴的色香味。对青年厨师言传身教，毫无保留地传授技术。其烹调技术系世传，技艺高超，并颇有理论水平。济南市商业技工学校烹饪专业技术课教材由他口述经人整理而成，曾参与《山东菜谱》《济南菜谱》等书的编写工作。他擅长制作燕翅筵席，对爆、烤、塌、酿等均有心得。他的拿手名菜有鸡里爆、塌鸡千、糟油口条、绣球鸡脯、什锦鸭羹、黄焖鸭肝、锅塌鱼肚、清炖元鱼、炝活虾、酿荷包鲫鱼等。1960 年和 1963 年，孔宪垣两次被授予山东省先进生产者称号。

（4）鲁菜宗师——崔义清。崔义清（1922 年—），山东济南三里庄人。国家高级烹饪技师、中国鲁菜特级大师，2012 年 4 月被选入《国家名厨》大典，在烹饪界赢得"鲁菜泰斗"的尊称。他从 16 岁学厨，先在济南的日本阁学做日本菜，后去银座学做西餐。1946 年他进入济南聚丰德学做鲁菜，启蒙老师是刘兆贤。三年出徒后很快成为主厨。新

中国成立后，他曾在济南的三大鲁菜名店聚丰德、汇泉楼、燕喜堂任主厨。在多年的操作中，崔义清系统而又踏实地继承并发扬了鲁菜的正宗技法，逐步形成了自己独特的厨艺风格。他擅长烹调、站灶掌勺功底深厚、注重火候、精于调味和吊汤。其爆炒烧技法娴熟精妙，特别是扒菜技法炉火纯青，不同方向的大翻勺潇洒自如，干净利落；汤汁点滴不洒、菜型整洁美观，令观者赞叹不已。他的拿手菜有葱烧海参、龙眼凤肝、干烧鱼、糟煨鳜鱼、拔丝樱桃、赛螃蟹、奶汤蒲菜、九转大肠、鲤鱼跳龙门等。他的菜品因清香、鲜嫩、味醇、隽厚而备受宾客的青睐。为此，在齐鲁之都享有"一菜一味，百菜不重"的美誉。

（5）孔府菜大师——王兴兰。王兴兰（1947 年—），山东济南人。国家高级烹饪技师，中国孔府菜第一女传人，中国孔府菜烹饪大师，中国鲁菜特级烹饪大师。1960 年在济南老字号聚丰德饭店从事烹饪工作，师从王兴南、程学祥、孔宪元学艺，并拜王兴南为师，经多年磨练，技艺精湛，深得鲁菜精髓，是山东正宗鲁菜的传人。先后在济南聚丰德饭店、汇泉楼饭店、孔膳堂工作，历任全国第

一家孔膳堂总厨兼经理、舜耕山庄常务副总经理、华能大厦副总经理、济南宾馆副总经理。

二、传承创新

1. 传承名典

开业半个世纪以来，聚丰德坚持正宗鲁味取优，在烹调技艺上博采众长，兼收并蓄，坚持正宗做法保持传统风味，秉承着"菜品不能变味儿"的传统，

在经营中保持和发扬鲁菜传统工艺中"选料精、下料准、配料齐全、刀工细、火候恰到好处"的精髓，菜肴色、香、味俱佳。其烹制的九转大肠、干烧鱼、糖醋鲤鱼、烤鸭等几十种色香味俱佳的菜肴以及与菜品齐名的精细面点五仁包、豆沙包、油旋、宴席点心等，均被收录在《中国菜谱》《中国名菜》中，深受国内外宾客的欢迎。在聚丰德，吃一口菜就能品出浓浓的鲁菜文化。正如聚丰德第二代见证人王新建所言："老字号是什么？除了历史悠久，老字号还得有些有价值的东西，就像聚丰德，吃一口菜就能品出浓浓的鲁菜文化。"作为中华老字号之一的聚丰德，就是传统饮食文化的一面镜鉴。正因如此，有一对50年前在聚丰德结婚摆喜宴的老夫妇，50年后金婚特意选在聚丰德举办，为的就是寻找50年前的老味道。

2. 不断创新

老字号聚丰德饭店在激烈的市场竞争中能够挺得住、行得稳，关键在于找准了发展方向。聚丰德饭店以善制鲁菜闻名国内，举的是鲁菜旗、打的是鲁菜牌，要把聚丰德这一无形资产保护好，在创新中发展壮大，主要体现在以下几方面：

（1）注意市场适应性。原料选用多以省内为主，粗料出细活、出精品、价格适中，能为广大消费者接受。

（2）创新菜品设计。例如，花鼓虾拼草莓虾球、纸包三鲜拼荷香牛蛙、龙头鱼拼白扒裙边等新款双拼热菜，从原料搭配、色泽搭配、营养搭配上两菜合一，给人以新鲜感。

（3）注重文化性。这是聚丰德创新菜的一大特点。如"荷塘月色""一帆风顺""家乡种田忙""鸳鸯西施舌"等几款创新菜，都给人以自然和谐之美。顾客不但吃到了美味佳肴，也品味了饮食文化之精华。

（4）加强新产品研发。近年来，聚丰德开发研制了精细面点的熟食速冻工艺，产品中不含防腐剂及增白剂，保持了精细面点的原有口味、造型及营养成分，具有容易储存、方便食用、味道香美、外形美观等特点。"福禄寿禧""六六大顺"等箱装系列产品，成为泉城市民春节餐桌上的必备节日美食，深受广大消费者的欢迎，并持续保持着良好的声誉。

3. 品牌产品

（1）镇店之宝——油旋。说到聚丰德的镇店之宝，不能不提地道的济南特产——油旋。油旋是一种漩涡状葱油小饼，刚出炉的油旋色泽金黄，内软外酥，葱香扑鼻。

（2）九转大肠。九转大肠这道菜由九华楼饭庄首创。
九华楼烧制的大肠初名"烧大肠"，有位食客品尝后询问
了烧制过程，即席赠名"九转大肠"，一是迎合店主的
"九"字癖，二是取道家烧炼九转仙丹之意，借喻烹饪
之妙。从此，九转大肠的名字不胫而走，名扬天下。聚丰德的厨师借鉴了九华
楼烧制九转大肠的技艺，后又经过改进，遂使九转大肠成了聚丰德的招牌菜。

（3）聚丰德烤鸭。聚丰德的烤鸭亦颇有名气。与其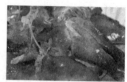
说它是借鉴了北京全聚德的"烤"，倒不如说是传承了本
土的"烤"。

北京全聚德的烤鸭驰名海内外，似乎成了一道"国
菜"。但若是追本溯源的话，济南的烤鸭早在200多年以前就已经成形了。清
朝嘉庆末年，薛姓兄弟在老城的县东巷先后开设了文合楼与德合楼，专门经营
烤鸭。北京全聚德开业于1864年，比济南的烤鸭店晚了半个多世纪，而全聚
德第二任掌柜李子明又是山东人，将技艺带到了北京。旧时，济南的市场上还
有专门出售填鸭的商贩，民初的《济南快览》中记载："济南菜市中，鸭较肥
美。已填好者，每只重可及八九觔（斤）。"有鉴于上述种种，正宗烤鸭的归属
则不言而喻了。

（4）糖醋黄河鲤鱼。糖醋黄河鲤鱼，这道菜历来被
视为鲁菜之首，是山东济南的传统名菜。济南人向来把
黄河鲤鱼视为珍品，《济南府志》上就有"黄河之鲤，南
阳之蟹，且入食谱"的记载。和九转大肠一样，只要是
鲁菜馆都一定会供应糖醋黄河鲤鱼。

糖醋黄河鲤鱼的地位之所以高，与黄河鲤鱼的地位之尊贵有着密不可分的
关系。中国人吃黄河鲤鱼的历史至少可追溯至春秋时期，《诗经》中就有"岂
其食鱼，必河之鲤"的诗句。中国民间将鲤鱼视为龙的幼体，有"鲤鱼跳龙
门"的典故和"金鳞岂是池中物，一遇风云便化龙"的名句，因此吃鲤鱼的意
头也极好，是北方宴席上主菜的不二之选。

黄河鲤鱼生长在黄河深水处，头尾金黄，全身鳞亮，肉质肥嫩，有一股独
特的香味，没有普通鲤鱼常有的土腥味，是宴会上的佳品。糖醋黄河鲤鱼除了
鲜美的风味外，最大的特点在于头尾翘起的造型，呈现"鲤鱼跳龙门"的动感
姿态。

（5）葱烧海参。袁枚在《随园食单》中写道："海参，无味之物，沙多气

腥，最难讨好。然天性浓重，断不可以清汤煨也。"因此，调理海参一般都以浓重的口味来调理，葱烧海参就是最典型的一种，胶东的海参和章丘的大葱都是山东名产，将二者结合之后带有浓郁的齐鲁风情。

4. 品牌经营

聚丰德饭店以"诚信、创新、服务、奉献"为企业精神，一贯奉行诚信待客的经营理念。作为全国绿色餐饮企业，聚丰德饭店坚持履行绿色餐饮企业承诺，树立绿色经营意识，倡导健康饮食，在原料的采购、使用、科学营养及就餐方式等方面，严把生产、操作和服务各个环节，并自觉接受社会和消费者的监督，为健康饮食营造良好的氛围。

聚丰德饭店运用科学方法管理企业，重视科研创新，重视对技术人员的培养和使用，充分发挥品牌、技术、人才优势，博采众家之长，不断推陈出新，保证以优质的饭菜、良好的企业形象服务于社会，赢得了广大消费者的信任，并屡获殊荣。饭店先后荣获"中华餐饮名店""鲁菜名店""全国绿色餐饮企业""济南市文明单位"等称号。

聚丰德饭店技术力量雄厚，多位名厨集于旗下。它被誉为鲁菜名师的"黄埔军校"，培养出一大批中青年优秀厨师，成为传承鲁菜的佼佼者。先后有十余人被调往人民大会堂、中南海及驻英国、保加利亚、巴基斯坦、阿尔及利亚、坦桑尼亚、柬埔寨等大使馆工作，还有数十人荣获"特级厨师""烹饪大师""高级技师"等称号。

5. 品牌文化

聚丰德的经营方针——"以文兴店、传承名典、振兴鲁菜、科学发展"充分体现了这一中华老字号传承与创新相结合的文化内涵。"诚信迎来天下客，唯有德丰能聚人"，一直激励着全体聚丰德人为弘扬饮食文化，繁荣振兴鲁菜，做出应有的贡献。

如今，聚丰德饭店在经营和管理上都采用了现代餐饮业的模式，在经营上推行菜品制作的精细化与量化标准，在节约成本的同时使得菜品更加适合现代人口味。在管理上除了注重专业化管理团队的打造以及为员工提供合理展示和晋升平台以外，还定期进行各阶层服务意识培训和考察。在品牌创新方面，聚丰德根据市场状况，重新进行了品牌的市场定位，推出不同菜品系列和用餐标准，以满足不同消费阶层的消费需求。聚丰德饭店以体制创新、理念创新促进经营创新、管理创新，不断发掘和创新齐鲁饮食文化，在经营中保持和发扬鲁菜传统工艺中"选料精、下料准、配料齐全、刀工细、火候恰到好处"的精髓，既严格执行操作规程，又不拘泥于老传统，走出一条创新发展之路，再创新的辉煌。

三、品牌故事

说到聚丰德的镇店之宝，不能不提地道的济南特产油旋。油旋是一种漩涡状葱油小饼，刚出炉的油旋色泽金黄，内软外酥，葱香扑鼻。油旋最早出现在济南是清朝时期。相传油旋是清朝时期的徐氏三兄弟（今齐河县）去南方闯荡时在南京学来的。

据说道光年间济南城里的凤集楼是较早经营油旋的店家，光绪二十年开业的"文升园"饭庄，曾以经营油旋等众多地方小吃而闻名泉城，民国初年时，济南有十几家经营油旋的店铺，油旋成了当时名扬全国的小吃。如今济南唯一得到制作油旋真传的手艺人，是聚丰德的大厨、70多岁的苏将林。

1958年的一天让苏将林终生难忘，那天上午，店里经理说有客人等着拿油旋，正说着，两名穿中山装的中年男子来到屋里，站在苏将林和耿师傅身后等着。苏将林感到奇怪的是，这两名"顾客"始终未说过一句话，两眼一直盯着他俩做油旋。很快，20个油旋做好了，这两个人小心翼翼地将每个油旋用透明塑料纸包好后才离开。

10分钟后，经理兴冲冲地跑进来喘着粗气说："报告给你们一个特大喜讯，你们知不知道，你俩刚才打的油旋是送给敬爱的毛主席吃的，他老人家正在济南考察。"苏将林说当时他心里别提有多高兴了，苏将林后来听说毛主席当时住的地方离聚丰德只隔着四条马路。

知识拓展

老济南特色甜沫由来

甜沫是聚丰德一道特色产品。相传，明末清初，战乱连年，大批难民纷纷拥入济南。有一家田姓粥铺，经常舍粥赈济，灾民互相传告，来粥铺喝粥救命者增多。粥铺难满众求，便在粥内加入大量的菜叶并咸辣调料。灾民每当端碗盛粥前，见煮粥的大锅内泛着白沫，便亲切地称之为"田沫"，就是田老板赈舍的粥。时有一外地来济赶考的落难书生，也来此求得此粥，食之甜美无比，心想"甜沫"果不虚传。后来书生考取功名做了官后，又专程来济再喝甜沫时，已无昔日感觉，问其因，老板答称实是"田沫"，田姓之粥的意思。官员恍悟，当初只听音而未辨字迹之误所致，于是题写"甜沫"匾额，并吟诗一首："错把田沫作甜沫，只因当初历颠连；阅尽人世沧桑味，苦辣之后总是甜。"从此这种带咸味的粥便叫"甜沫"了。

又有人说最早并不叫"甜沫"，而是叫"添末儿"——粥做好了，再添上点粉条、蔬菜、花生、调料之类的"末儿"，一尝，味道好极了！"添末儿"就传开了。后来人们才依其谐音雅化成了"甜沫"。

【作业】

1. 填空题

（1）聚丰德最早由一位天津人创办于（　　　）。

A. 1935 年　　　　B. 1933 年　　　　C. 1932 年　　　　D. 1934 年

（2）"聚丰德"是取哪三家饭店的字而组成？（　　　）

A. 泰丰楼　聚丰园　全聚德　　　　B. 泰丰楼　聚宾园　全聚德

C. 泰丰园　聚丰园　全聚德　　　　D. 泰丰园　聚宾园　全聚德

（3）在 1956 年 4 月举办的"山东著名产品及手工艺品展销会"上，聚丰德饭店的哪些菜品被收录到 1956 年出版的《中华名菜谱》中？（　　　）

A. 葱烧海参、油爆双脆　　　　B. 蟹黄双翅、黄闷鸭肝

C. 九转大肠、烤鸭　　　　D. 红烧狮子头、龙眼凤肝

（4）"聚丰德"饭店制作的面点以选料讲究、做工精细驰名省内外，以下哪些面点曾多次获全国"中华名小吃"，省、市"名优小吃"等称号？（　　　）

A. 油旋、银丝卷　　　　B. 豆沙包、八宝饭

C. 糖三角、葱油饼　　　　D. 艾窝窝、驴打滚

2. 判断题

（1）20 世纪 60 年代后，聚丰德的名字被改为"工农兵"饭店，主要经营葱油饼、油条以及其他普通饭菜。　　　　　　　　　　　　　　　（　　　）

（2）"三年困难时期"，物资匮乏，鱼肉等食材难得一见，聚丰德遂实行了粗粮细作和粮菜混吃，且独出心裁，推出了"地瓜宴"。　　　（　　　）

3. 讨论题

老字号聚丰德饭店在激烈的市场竞争中能够挺得住、行得稳，在创新中不断发展壮大，其创新之处主要体现在哪里？

【参考文献】

［1］马盼盼.传承发展聚丰德［J］.走向世界，2013（12）：58-60.

［2］李斌.山东省老字号典型发展模式比较研究［J］.商业研究，2015（20）：83.

单元 4
苏菜系老字号餐饮文化案例

主题 4.1　得月楼[*]

导入案例

得月楼的来历

　　丽江古城黑龙潭的三层楼，名曰"得月楼"。但是此楼是何许人营造，又是何许人取楼名为得月楼呢？因历时久远，修楼的一代人早已不在人世了，这些营造楼台的事情也变成历史，为人们所遗忘。

　　得月楼营造于光绪年间，此楼的模型制造者是丽江大研镇人杨兆瑞先生，据传他在广东省某县供职县令，当他游览杭州西湖的时候，看见杭州西湖的亭台楼阁修盖得非常雅致，尤其一座三层的楼台楼座如鹤立，飞檐似凤凰展翅。杨老先生呆呆地看着，心里禁不住暗忖：故乡不是也有个活水长流的黑龙潭吗，仿杭州西湖的这座三层楼的模样，也在故乡的黑龙潭营造一座三层楼，如若碧玉似的黑龙潭不也嵌金镶银了？这样，杨兆瑞先生请了一位编制篾匠师傅，仿着杭州西湖三层楼的模样，编制了一座竹楼。杨兆瑞先生很快把三层楼的模型带回到丽江，筹集款项，又请了一班九河乡的木匠师傅，仿着模型营造了黑龙潭的三层楼。三层楼落成了，丽江大研镇的许多文人墨客，齐聚黑龙潭庆贺三层楼的落成典礼，都说要给楼取一楼名，

---

　　* 本主题图片来自企业官网：http : //www.deyuelou.net.cn/。

可是取个什么名字好呢？有的捋着胡须思索着，有的抓挠着脑袋思量着。这时站在一旁的书院的杨道田老先生，轻咳了一声，说："我想取名'得月楼'，行不？"这时候，环围三层楼取楼名的人，听见杨老先生取的"得月楼"楼名，人人都高兴地抬起了头，眼里闪烁着惊喜的光芒，大家拍着手连赞"好名字"，很快把杨老先生围住了。杨道田先生不仅能吟诗作赋，也擅书画，大家一致求杨老师书以楼名，他不负乡亲的期望，书下了"得月楼"三个苍劲的大字。说起杨道田先生，他是古城"瓦白人"（今新华街），是古城书院的先生，和庚吉进士亦是他的学生，和庚吉中了进士以后，上司为表彰他的执教有方，赐授杨为进士功名，所以杨道田先生是赐进士。杨兆瑞营造了黑龙潭三层楼以后，由他领头集资营造了科贡桥、南门桥等，后来，杨兆瑞先生营造金沙江上的金安铁链桥（梓里铁链桥）时，突发急病，在建桥工地上逝世。

1961年冬，黑龙潭三层楼被烧（据传是一对情侣所为情死而焚）。得月楼烧毁以后，1964年，丽江县政府拨款，重建得月楼，重建得月楼的掌墨大师傅为白沙乡的和福全大木匠，当时参加营造得月楼的木匠还有九河乡的木匠数人，金山乡的石匠寸师傅、赖师傅和赵师傅等人。得月楼竣工后，1964年县文化馆馆长周汝诚老先生，致函郭沫若先生书得月楼及地方领导集毛主席诗词句楹联，也恳请郭老撰书得月楼长联，郭老欣然应允，撰书"龙潭倒景十三峰，墨玉为体，苍玉为神；玉水纵横半里许，飞龙在天，潜龙在地"。并书以毛主席诗词集句楹联和得月楼等字，从北京函寄回丽江县文化馆。

【思考题】

得月楼的饮食文化特点是什么？

一、得月楼企业历程

1. 发展历程

（1）创建期。蜚声海内外的苏州得月楼创建于明代嘉靖年间，位于苏州虎丘半塘野芳浜口，为盛苹州太守所筑，距今已有400多年历史。明代戏曲作家张凤翼赠诗"得月楼"云："七里长堤列画屏，楼台隐约柳条青，山公入座参差见，水调行歌断续听，隔岸飞花游骑拥，到门沽酒客船停，我来常作山公醉，一卧炉头未肯醒。"从张凤翼的诗中，便可以想象早在400多年前，得月楼就已经盛极一时，蜚声吴中了。清代乾隆年间，仍有不少文人墨客题诗赞美"得月楼"。当年乾隆皇帝下江南的时候，在得月楼用膳，因其菜味道极为鲜美，赐名"天下第一食府"。20世纪60年代电影《满意不满意》以得月楼为题，引来众多寻寻觅觅的游客。

（2）恢复期。1981年10月17日，经苏州市商业局批复，将苏州菜馆更名为得月楼菜馆，并由苏州古建公司进行装修改建。1982年4月7日，经苏州商业局批复，将美味菜饭店并入得月楼菜馆。1982年4月25日，得月楼移址苏州繁华中心太监弄。1983年除夕，得月楼打破餐饮业的传统惯例开门营业，首开到饭店吃年夜饭的先河，当晚苏州美食家、全国作协副主席陆文夫先生参加了得月楼的饭店年夜饭。1983年6月，上海电影制片厂在得月楼观前总店内拍摄电影《小小得月楼》，历时三个月。

（3）成长期。得月楼发展迅猛，在改革开放中不断扩大，1998年1月7日，根据股份合作制成立相关程序，得月楼改制为国有控股的股份合作制企业。2003年6月28日，经深化改制创立为苏州市得月楼餐饮有限公司。2006年5月，租赁工业园区李公堤3000平方米房产，投资1300万元装修，豪华的餐厅、精美的菜点，融合得天独厚的金鸡湖自然风貌，一举成为绝版餐饮胜地。2006年6月，对得月楼老大楼开始进行整体改建、扩大，投资3500万元，以精致的苏州古典园林风貌和先进一流的设施设备，再现老字号青春风采。2014年9月得月楼与苏州广电合作入驻国际影视娱乐城，得月楼木渎店开业，占地4000余平方米，其中婚宴大厅可同时容纳500人就餐。得月楼从移址复业发展至今，营业面积从原有的1200平方米增加到10000平方米，从500个餐位增加到2500个餐位。营业额从1982年的83.85万元到1991年的515.82万元又到2011年的9351.47万元，利税额从1982年的10万元到1991年的110.75万元又到2011年的1138.91万元。

得月楼坚持对老字号知识产权的保护，从1993年起，先后对得月楼及相关联的商标共28个进行了注册和保护性注册，并对几家外地企业的抢注行为进行商标异议申请，有效保护了苏州老字号的知识产权。

（4）辉煌期。2010年，中国成功举办了举世瞩目的世界博览会，得月楼用高品质的设施、设备保障世博会服务期间的食品安全重要环节。184天的世博会，在435平方米的场地中利用32张小桌，小吃档位供应六个点心品种的基础条件下，营业额创出了957万元的高效。员工分别荣获上海世博会"世博园区服务保障先进个人""2010年上海世博园区十大名厨""文明服务标兵"等称号。松鼠鳜鱼、清溜手剥虾仁等12道得月楼苏帮名菜点被授予"服务世博名特菜点"。得月楼是在世博会八大菜系餐饮店中唯一一家荣获"上海世博会世博园区保障服务先进集体"的餐饮企业，成就了得月楼发展史上的一笔辉煌历史记载。

2. 获得荣誉

得月楼蜚声中外，每年接待中外顾客达数十万人次，先后接待过世界建筑设计大师贝聿铭先生、泰国诗琳通公主、泰国副总理、意大利威尼斯市长、各国友好城市市长及江渭清、胡绳、姜习、李政道、陆文夫、玛拉沁夫、三毛、李富荣、袁伟民、孙晋芳、郎平、陈耀东、包起帆、杨怀远、蔡祖泉、陈燕飞、陈德旺、周柏春、秦怡、牛群等知名人士。

1993年，得月楼被国内贸易部首批命名为中华老字号，2006年被商务部首批认定为中华老字号商标，2007年被国家人事部、商务部联合评为全国商务系统先进集体，此前先后获得中华餐饮名店、全国十佳酒家、国家特级酒家、全国绿色餐饮企业、商务部"市场运行监测工作先进单位"等几十项荣誉。2010年，得月楼店长荣获"上海世博园区十大名厨"称号，得月楼上海世博店荣获"上海世博会世博园区服务保障先进集体"（世博会八大菜系餐饮店中唯一一家）。2011年，获得江苏省著名商标。2013年获得中华人民共和国商务部商贸流通业典型统计调查企业和江苏省优秀餐饮企业，得月楼品牌广告获江苏省广告协会第十八届优秀广告评比入围奖。

3. 名店风采

（1）得月楼观前总店。得月楼观前店建筑为粉墙黛瓦，飞檐翘角，古朴典雅，飞檐正中，"得月楼"三字为原上海书法协会主席宋日昌所书，屋宇两侧各塑一条凌空欲飞的飞龙，加上云纹背面花边檐口，玲珑而洒脱，雍穆而俊逸。

前墙建有半亭，半亭檐下倒挂着一对五彩麒麟，店面为水磨细砖八角洞门，朱漆配以铜环，左右为苏州著名书法家费新我左笔题赠门联"吴地名厨远来近悦，琼楼玉宇醉月飞觞"。门面建筑在1986年被评为苏州十大建筑之一，并制成《苏州建城二千五百年》纪念火花画面。

1997年观前店落地翻建，采用姑苏园林室内建筑结构理念，保留了原得月楼文化风格之元素，结合餐饮行业之特点，将两者合理地融合贯通于一体。特别是面积320平方米、数十米高的门庭，设计了最古典的通天楼梯和跑马楼回廊，体现了苏州古建的一大特色。

室内装修采用制作高档家具的上乘木材——红木（花梨木），并采用环保型油漆——生漆，达到环保要求。装饰手艺集传统工艺和现代工艺于一体，有"红木雕刻"之平雕、透雕、深浮雕、双面雕。有"漆器雕刻"之刻漆、彩绘、贴金。有"苏绣"之单面仿古绣、双面绣。有"吴门画派"之花鸟、山水、书法。餐厅装饰融为一体，一步一景、疏中有密、露中有透，映衬出各个视觉的意境美，展示了吴文化和得月楼的餐饮文化气息。

所有分支门店的装修，均从不同侧面体现得月楼装饰风格，使消费者在认知得月楼风格的同时，更享受姑苏园林风貌和醇厚的文化韵味。

（2）得月楼李公堤店。得月楼李公堤店系中华老字号得月楼的分公司，创立于2007年1月，占据李公堤中段的整个临湖3000平方米的场所，以姑苏风貌为主调，所有餐厅临湖而倚、一窗一景，可饱览金鸡湖美景。

李公堤得月楼琼楼、玉宇、广寒、湖心亭、望月等包厢，在烟波缥缈的金鸡湖畔仿佛荡漾在月宫仙境，150米长的映月长廊一直都是客人们的最爱，相隔一层玻璃，窗外是李公堤迷人且梦幻的夜色，案头是飘香的苏帮菜灵魂。广寒宫一幅《鹿苑图》
的深广背景，一座苏绣《姑苏繁华图》屏风，一个评弹书台，加之博古架的点缀，以淡淡的优雅和庄严，悄无声息地衬托着苏帮菜之色、香、味。让人流连忘返，成为李公堤店特色街的一个亮点。

（3）得月楼木渎店。得月楼木渎店位于景色怡人的天平山景区寿桃湖旁，苏州国际影视娱乐城内，交通便捷，苏州地铁一号线木渎站5号出口即达，驱车前往，容纳2000辆泊车位的地下停车场，无缝对接直通餐厅。一楼散客区，二楼包厢区，三楼是可同时容纳500人用餐的宴会大厅。

得月楼名师荟萃，技术力量雄厚，传承苏帮菜点，注重精益求精，讲究色、香、味、形，保持原汁原味，常年供应品种达300多种，并配有春、夏、秋、冬四季时令菜点飨客。特别擅长制作明代流传下来的船菜船点、吴中第一宴。

得月楼坚持"以诚为本、质量第一"的经营宗旨，在做好菜点的基础上，不断开拓创新，引领市场消费潮流：1983年在全市首创到饭店吃年夜饭，使上饭店吃年夜饭成为全国餐饮潮流；1998年又在全市首推外卖年夜饭，并不断提升产品的质量和包装，每到春节，得月楼外卖年夜饭（团圆饭）已成为苏州一道风景线；2000年开始挖掘传统苏式月饼工艺，制作的"得月楼苏式月饼"深受消费者欢迎，成为苏州中秋市场的又一热点。得月楼为保证产品质量，还建立了水产品加工基地，同时，食品深加工及包装食品生产厂已列入企业发展规划之中。

二、传承创新

1. 特色产品

"得月楼"的名菜名点很多，有松鼠鳜鱼、清溜手剥虾仁、响油鳝糊、蜜汁火方、香酥湖鸭、得月童鸡、鲃肺汤、甫里鸭羹、苏式酱鸭、油爆河虾、苏式船点等。特别擅长制作明代流传下来的船菜船点、吴中第一宴。

（1）招牌菜品。

1）松鼠鳜鱼。吴越春秋，专诸刺王僚的故事早已列入史记，苏州亦保存着专诸巷和王僚村。专诸的鱼藏剑"炙鱼"，就是最早的"松鼠鳜鱼"雏影。乾隆皇帝微服下江南，因品尝了形如松鼠的鲤鱼赞不绝口而闻名于世。后经厨师将鲤鱼改成鳜鱼，名曰"松鼠鳜鱼"，二度被《满意不满意》《小小得月楼》搬上荧幕。

松鼠鳜鱼形如松鼠，色泽金黄，外脆里嫩，甜中带咸，鲜香可口；富含蛋白质，并含有脂肪、钙、磷、铁、硫胺素、核黄素、尼克酸等营养成分。

2）清溜手剥虾仁。原料选自水质清纯的太湖、高邮湖，肉质鲜洁，富有弹性，余味鲜香、甜津，是消费者认可的第一口碑。

清溜手剥虾仁清淡素雅、滑嫩鲜洁、富有弹性，是四季热销品种；含丰富的蛋白质、钾、碘、镁、磷等矿物质及维生素A、氨基酸等成分营养。

3）响油鳝糊。响油鳝糊是苏州传统名菜。响油，取意沸油浇在鳝糊中的青葱上"嗤啦"作响，使一盆鳝糊随即情趣妙生。

响油鳝糊讲究火候、鳝丝软糯、卤汁浓润、咸中微甜；含丰富的蛋白质、脂肪、钙、磷、铁、核黄素、硫胺素、尼克酸等营养成分。

4）蜜汁火方。蜜汁火方是苏州传统名菜。选用金华火腿，经过三天加工程序秘制而成，此菜卤汁透明浓郁，火

腿酥烂，入口香甜而回味咸鲜。美国国务卿基辛格博士二次来中国指名要吃"那块甜的肉"。

5）香酥湖鸭。香酥湖鸭是传统民间菜。表皮酥脆、肉软嫩、口味醇香，可与烤鸭媲美；脂肪含量适中，含肌浆蛋白和肌凝蛋白、不饱和脂肪酸和低碳饱和脂肪酸，B族维生素和维生素E较多，并含核黄素、硫氨酸和尼克酸等营养成分。

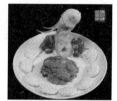

6）得月童鸡。得月童鸡是得月楼创新名菜。选用当年草鸡，采配以名贵中草药材秘制而成。

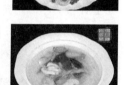

得月童鸡酥烂脱骨不失其形，香气四溢，口味鲜醇，四季供应；含蛋白质、脂肪、钙、磷、铁、硫胺素、核黄素、尼克酸以及钾、钠、氯、硫等营养成分。

7）鲃肺汤。鲃肺汤是苏州传统名菜，鲃鱼，太湖水域特产，状似河豚，背部青灰色且有斑点，又称"斑鱼"；受惊后腹部会鼓起如球，俗称"泡泡鱼"。鲃鱼肝肥嫩形如肺，清代袁枚在《随园食单》中记载："斑鱼最嫩。剥皮去秽，分肝肉二种，以鸡汤煨之……"国民党元老于右任先生来苏州品尝后称赞此汤十分鲜美，题名"鲃肺汤"，此后闻名全国，并被列入《中国名菜谱》。

鲃鱼是低脂肪、高蛋白的鱼类，微量元素相当丰富，其中硒、锌等元素远远高于甲鱼、河鳗。

8）甫里鸭羹。甫里鸭羹是苏州掌故名菜。相传唐代文学家陆龟蒙隐居甫里（今角直），别号甫里先生，其有养鸭（在角直古镇保圣寺旁留有斗鸭池等）和烹鸭肴的嗜好，一次其烹制的出骨烩鸭，因众友尝后赞不绝口询其名，陆龟蒙戏称"甫里鸭"，并流传至今。得月楼厨师根据现代消费的需求，将"甫里鸭"的配方原料精细化制作，取名"甫里鸭羹"。

甫里鸭羹主要含肌浆蛋白和肌凝蛋白、糖类、少量脂肪、粗纤维、胡萝卜素、维生素C、人体所需的多种氨基酸，以及磷、钙、铁、钾、锰、镁等元素。

9）苏式酱鸭。苏式酱鸭是苏州传统卤菜。采用当年麻鸭，用秘制老卤烹制。色泽酱红、肥鲜酥嫩、咸中带甜、香透入味，佐酒最佳。

脂肪含量适中，含肌浆蛋白和肌凝蛋白、不饱和脂肪酸和低碳饱和脂肪酸，B族维生素和维生素E较多，并含核黄素、硫氨酸和尼克酸。

10）油爆河虾。油爆河虾是苏州传统卤菜。采用新鲜河虾烹制。其色泽艳红、肉质鲜嫩、咸中带甜；含钙量居众食品之首，含磷也较多，并含糖类、矿物质等多种维生素。

（2）特色宴席。

1）全藕宴。藕，又称莲藕，属睡莲科植物，藕微甜而脆，可生食也可做菜，而且药用价值相当高，它的根根叶叶、花须果实，无不为宝，都可滋补入药。藕本属水生植物，在江南地域广泛种植，为苏州水八仙之一。

在苏帮菜传统烹制中，就早已用到莲藕作为原料。苏州的荷藕更是华夏大地中著名的藕品，品质优良，在唐代时就列为贡品。其藕有"雪藕"之称，色白如雪，嫩脆甜爽，生吃堪与鸭梨媲美，诗人韩愈曾有"冷比霜雪甘比蜜，一片入口沉疴痊"之赞。

全藕宴菜肴——荷塘韵色、糯米藕圆和得月小炒

2）全蟹宴。中式蟹宴讲究原汁原味，且很在乎吃蟹的时间和地点。多数人认为深秋的大闸蟹品质为最好，而品蟹的地点最好在阳澄湖畔。清水大闸蟹是这里最具代表性的蟹季美食，每只大闸蟹重量在250克以上，即便只是简单煮一下，味道也妙不可言。

得月楼大厨用同样的食材不一样的烹饪手法，感受金秋大闸蟹的新"节奏"。

全蟹宴菜肴——菊黄蟹肥、蟹粉狮子头和蟹黄小笼

3）吴中第一宴。"唐（寅）、祝（枝山）、文（徵明）、周（沈周）"并称吴中四大才子。据民间传说，他们吃遍了苏州美食，而令他们怀恋的是各店的看家菜肴，"好吃"的祝枝山提议："何不将我们这些年来吃到的各种菜肴的精华汇成一桌？"于是找到了当时姑苏得月楼，经该店厨师多次试菜，终汇集成宴，文人雅集，品后即兴取名为"姑苏第一宴"，祝枝山亲笔书写一份菜单。

400 年后，在"得月楼"重建之际，著名作家陆文夫提到了失传的"姑苏第一宴"，苏州名厨依据野史记载与民间传说、老艺人口述等，在原"姑苏第一宴"的基础上研制成"吴中第一宴"。

吴中第一宴——碧螺虾仁、鸡火雀元汤和海棠酥

2. 品牌经营

苏帮鲜甜，苏州菜如苏州话般软糯甜润。由于其地理位置及自然资源，盛产河鲜、湖蚌等，以炖、焖、煨的烹调技艺见长，菜肴做工精细，口味偏甜。得月楼也是苏帮菜中的代表，传承苏菜特点的同时，还挖掘、延续明代流传下来的船菜、船点。

得月楼注重按苏州每季的时令原料，根据每个季节人体需求的营养与口味，烹制独特精巧的菜点系列。菜点四季有别：春食鱼宴、夏吃糟菜、秋品蟹肴、冬喝药膳。其派生的菜点更让人目不暇接，仅肉类春有樱桃汁肉、夏有荷叶粉蒸肉、秋有干菜扣肉、冬有美味酱方。一菜一味、清隽和醇、咸中带甜，讲究色、香、味、形。

常年供应品种达 300 多种，并配有春、夏、秋、冬四季时令菜点飨客。名菜名点有松鼠鳜鱼、清溜虾仁、得月童鸡、西施玩月、蜜汁火方、甫里鸭羹、太湖三白羹、枣泥拉糕、苏式船点等。

"吴中第一宴"入选美食中餐申遗。其用料高档精细，做工讲究，注重厨艺。

三、品牌故事

1. "八宝豆腐羹"的传说

"八宝豆腐羹"是江南名菜，其来历相传与康熙皇帝有关。据史载，康熙十分喜爱吃质地软滑、口味鲜美的清淡菜肴。有一次他到南方巡视时，暂住在苏州曹寅的织造府衙门里。这曹寅就是《红楼梦》作者曹雪芹的祖父。为

了接驾，曹寅多方苦寻，终于用重金从苏州"得月楼"酒家请来了名厨张东官。要求他做出清淡、爽口、有苏州特色的菜。为了让皇帝吃了高兴，张东官绞尽脑汁，使出浑身解数，最后做出一道色、香、味诱人的佳肴。这道菜极合康熙口味，皇帝品尝以后，非常满意。此菜鲜美可口，因为它是用豆腐和八种食料配成的，皇帝便赐名为"八宝豆腐羹"。"八宝豆腐羹"色泽艳丽、汤鲜味浓，鲜嫩滑润，异香扑鼻。做法是将虾仁、鸡肉、火腿、香蕈、蘑菇、莼菜、松子、香葱等配料切成细小的丁状，与特制的嫩豆腐片一起，入鸡汤烹制而成。

2. 荷叶粉蒸肉的典故

荷叶粉蒸肉，这是一道传统的名菜。据说这道菜有一段典故：清乾嘉庆年间的东阁大学士、太子少保刘镛，听说苏州黄天荡的荷花特别好看，便特意来到苏州观赏。地方官员百般逢迎，弄来一条大船，游船开到了黄天荡，只见一片荷海，一眼望不到边。白里泛泛的荷花、绿缎似的荷叶格外高雅清香；莲蓬随风摇摆，菱盘水面漂移，使人心旷神怡。刘镛看得眼花缭乱，赞不绝口。本来，船上已备好丰盛的饭菜，然而，刘镛玩得开心，触景生情，竟提出："今日之菜，要有荷塘物色。"他这么一说，可难坏了几个厨师。那该怎么个弄法呢？几个人一合计，倒也做出了荷叶粉蒸肉和莲蓬豆腐两道佳肴。其中，荷叶粉蒸肉用清香新鲜的荷叶，裹着精选的肉块清蒸，味道绝佳。刘镛吃了这两道菜，不住地点头赞赏说："苏州厨师真会动脑子，既做出了色香味，又符合了时令和本地特色。"于是，莲蓬豆腐、荷叶粉蒸肉就扬出了名。

3. 影视故事

得月楼与影视有缘。20世纪60年代电影《满意不满意》中以得月楼为题；80年代电影《小小得月楼》在得月楼拍摄，历时三个月；《大嘴妹吃煞太监弄》

《姑苏第一街——醉月飞觞得月楼》也在得月楼拍摄。科教片《莲藕》《美食家》《明月几时圆》《裤裆巷风流记》《姑苏水巷行》等影视片，都有得月楼的镜头。

电影《满意不满意》是根据同名滑稽戏改编的。这个故事发生在"得月楼"的饭馆里，小青年 5 号服务员杨友生自认年轻有为，不屑于做这种"伺候人"的工作。因此工作时吊儿郎当，马马虎虎，给顾客拿错了饭菜，不以为过，反而怨顾客挑剔。后由师傅等教育，成为一个热心为人民服务的好青年。

《小小得月楼》讲的是为解决苏州游客吃饭难的问题，"得月楼"饭店团支书杨毛头，带领乔妹、憨憨和多多等青年服务员，向自己的父亲——"得月楼"的经理立下了军令状，创办起"小小得月楼"。毛头带领青年们克服了自身的缺点，不但办好了"小小得月楼"，抵制了歪风邪气，还挖掘恢复了苏州名菜"甫里鸭"，使老杨终于承认自己太保守了。

2014 年 4 月在热播纪录片《舌尖上的中国 2——心传》中，得月楼又一次展示了苏帮菜点的风采。

知识拓展

舌尖寻味

百年老店，心口相传；
承前启后，五代传承；
苏式船点，姑苏韵味；
嫦娥伴月，玉兔相随。

2013 年 7 月 2，日纪录片《舌尖上的中国 2——心传》的摄制组来到得月楼拍摄。一共来店里拍了 5 天，主要是拍苏式点心的传承。得月楼白案大厨吕杰民确实"师出有门"，当年 51 岁的他在得月楼已经做了 30 多年点心，不过论起现存辈分，他现在

还只能算"第三代掌门人"。得月楼的白案厨师更保有完整的五代传承。

这次拍摄传承时特地请出了 87 岁的"最老师傅"——朱阿兴，也是吕杰民的"师祖"，传承朱阿兴"衣钵"的董嘉荣也已 63 岁，吕杰民 1983 年从技工学校科班毕业后进得月楼，就是拜在董嘉荣门下，眼下他们师徒三人都是中国烹饪大师。这次制作拍摄的点心有十余种，苏帮点心分水条、发酵、油酥、米粉四大类，眼下白案大师吕杰民光拿手的苏帮传统点心就有七八十种，这次片中主要展示米粉大类点心制作工艺流程，有糯米卷、方糕、苏式船点等。传承苏帮点心要静得下心、有目标有定性。苏帮点心以小巧玲珑、四季有别、口味造型精细著称，像一只烧麦，要做出 20~22 个"折"；一只船点"刺猬"，身上的每根刺都要笔挺逼真。传统苏帮点心学徒，要"做三年帮三年"，而吕杰民"拜师"做的第一道点心就是发酵馒头，"别小看一只苏州馒头，从发面软硬、到'捏馒头'手法，都大有讲究"。小巧玲珑的玉兔、活灵活现的金鱼、袅袅婷婷的玉鹅千姿……各式精致船点和苏式小吃令观众大饱眼福。片中展现"心传"的另一重要部分是厨师作为传统行当，师徒之间的传承。厨师也是文化的传承者。苏州的糕点，中国汉族糕点的重要流派，与苏州园林一样，是苏州的标志。苏式糕点精巧的手工让人眼花缭乱，被誉为"行走白案的根本"。在"舌尖"中，伴着软糯的苏州话，好的厨师成了运用各种兵器的行家，夏秋薄荷，冬春玫瑰，美轮美奂。苏式方糕、蟹黄烧卖、虾肉小笼、枣泥拉糕、四喜蒸饺、苏州船点等美味点心依次出场，让吃货馋涎欲滴。

【作业】

1.填空题

（1）_____ 年 _____ 月 _____ 日，"得月楼"移址苏州繁华中心太监弄。

（2）2003 年 6 月 28 日，经深化改制创立为 _____。

2.讨论题

（1）请简述"吴中第一宴"的来历。

（2）"苏帮菜"的饮食文化特点是什么？

主题 4.2　松鹤楼 *

松鹤楼的来历

松鹤楼创建于清乾隆二十二年（公元 1757 年），是由徐氏在苏州玄妙观创建的，经营面点带卖饭菜。由于古人以松鹤寓长寿，故取名松鹤楼。

正因为松鹤楼"出生"在乾隆年代，乾隆皇帝下江南时在松鹤楼的轶事很多。相传乾隆第三次下江南时，微服私访而行，这天直奔姑苏而来。因天气炎热，乾隆又渴又饿，便借问路人姑苏城里哪家酒店最有名，路人告知是松鹤楼。乾隆遂忍着饥渴来到松鹤楼，果然店家态度好，又端菜又倒水。乾隆说把最好的菜上来，小二听命而去，不大工夫，就将"松鼠鳜鱼""全家福""清汤鱼翅""樱桃肉"等十几种名菜全部上齐，而且外带当地最有名的陈年老酒。乾隆酒足饭饱，连连道好，付完银子后还亲笔题词"苏菜独步"。后来，店主得知那位客人是皇帝，于是乘机打出乾隆所题"苏菜独步"的招牌，果然使松鹤楼名声大振。

【思考题】

"松鹤楼"的饮食文化特点是什么？

---

* 本主题图片来自企业官网：http：//www.songhelou.net。

一、松鹤楼发展历程

1. 发展历程

（1）创建发展期。清光绪二十八年，一向经营面点的苏州松鹤楼扩大为菜面馆，并资助面业公所从宫巷原址迁至东美巷新址。1918年，因经营不善濒临倒闭。后由天和祥店主张文炳牵头以合股形式租赁松鹤楼，改名为和记松鹤楼，经营苏帮正宗名菜。张文炳接手时的松鹤楼，还只是个两小开间的不起眼的饭店，经营酱方、醋熘鲤鱼、焖肉豆腐、红什拌、炒三鲜等菜肴。张文炳任经理后，做的第一件事是延聘名厨，重视人才培养。先后从天和祥、天锡、大新楼聘请苏菜名厨。名手汇集，不仅精于苏菜炖、焖、煨、焙等传统技法，而且讲究选料、刀工、火候。每道菜的色、香、味、形，都要按苏菜的正宗风味做。并陆续创制数十种新名菜，如原汁扒翅、白汁元菜、松鼠鳜鱼、荷叶粉蒸肉、西瓜鸡、巴肺汤和暖锅等应时佳肴，都有独到之处，显示出了苏式菜肴原汁原味的特有风格。这在松鹤楼的店史上是一次重大转折。由于松鹤楼坐落在市内一条古老而繁荣、热闹的观前街的中心点，遂成为名流聚宴的场所。

（2）辉煌期。1956年公私合营，松鹤楼获得新生。但后因受"文化大革命"冲击，陷入低谷。改革开放初期，北京东城饮食公司为了繁荣首都餐饮市场，率先引进了苏州松鹤楼正宗姑苏风味菜肴。北京与苏州联营的"苏州松鹤楼"，于1984年7月15日正式在台基厂大街开张营业，饭店面积1300平方米，工作人员107人。开业之日，时任全国工商联主任孙孚灵和北京市政府领导前来祝贺并剪彩。全国政协副主席费孝通书写的松鹤楼匾额挂上门端，它是正宗苏帮菜亮相京城的标志。苏州主要提供烹饪技术，先后有18名红、白案特级和一、二级名厨轮流操作。

松鹤楼在20世纪80年代，名菜佳肴已达300余种。如今，位于苏州的松鹤楼菜馆经多次扩建后，总面积达到3295平方米，比私营时增加四倍多。设计布局精致典雅，既富有民族风格，又宜招待外宾，整个大楼宽敞、明亮、美观、大方，可容2000多名宾客就餐。松鹤楼旗下现有17家连锁门店，分布于苏州（10家）、北京（4家）、上海（1家）、南京（1家）、海南琼海（1家）等城市。

（3）现状。目前，松鹤楼已进入多元化发展时期，拥有松鹤楼小馆等5个子品牌。

1）松鹤楼小馆。随着餐饮高端市场的逐渐成熟和消费者理性消费心理的形成，高端餐饮的上升空间和发展潜力受到较大限制。为了加快转型升级的步伐，寻找新的经济增长点，促进多元化发展，松鹤楼将餐饮发展定位于中端餐饮市场。从2013年开始，着重打造一个专为中端消费人群量身定做的"松鹤楼小馆"，致力于将正宗台湾美食与苏帮菜完美结合，精心研发出独具匠心的味觉新宠。

2）老正兴。老正兴菜馆始创于同治元年，至今已有百余年历史，是松鹤楼餐饮管理公司旗下的一家分支餐馆。主要经营上海本帮菜，结合苏州松鹤楼的传统菜，使海派餐饮和苏州传统餐饮完美融合在一起，成为观前街上独具特色的经营正宗上海菜的名牌企业，驰名中外。

3）食品厂。公司引进世界最先进的整套日本糕点设备，将底蕴深厚的苏州民间手工工艺与科学时尚的日本精湛技术合二为一。同时，松鹤楼糕点以健康科学和绿色安全为品质理念，在产品的每一个环节力图再现姑苏美食追求精致、注重典雅的文化精髓。糕点品种主要有麻饼、拉糕、方糕、糖年糕、青团子、喜糕、凤梨酥、老婆饼、状元饼、核桃酥等。

4）中央工厂。松鹤楼餐饮管理有限公司中央厨房自2009年开始策划，2010年11月15日进行试生产、试运行。生产品种从开始的7个品种至如今的140个品种，从根本上保障门店大部分菜品的品质统一。

5）上海松鹤延年颐养投资管理有限公司。该公司于2013年10月在上海市宝山区注册成立，是广大集团旗下从事养老产业的平台公司，苏州松鹤楼餐饮管理有限公司是其最大股东。该公司以研发养老餐饮产品、养老护理产品和养老服务人才培养为主。

2. 企业荣誉

松鹤楼是商务部首批认定的老字号餐饮品牌，曾荣膺商业部、内贸部授予的"金鼎奖""中华名小吃"及"国家特级菜馆"等称号（见表4-1）。

表4-1　松鹤楼获得荣誉

年份	获得荣誉
1989	首批被评为国际旅游定点餐馆
1990	首席名菜"松鼠鳜鱼"荣获全国金鼎奖
1990	入选全国商业酒店（饭店）50强
1997	"姑苏卤鸭"荣获"中华名小吃"

年份	获得荣誉
1997	被国内贸易部首批命名为"国家特级菜馆"
1999	被国内贸易部命名为中华老字号
2006	被江苏省经济贸易委员会授予"江苏餐饮名店"称号
2006	在首届中国地方特色菜（宴）上获得"特金奖"
2007	被苏州市贸易局、苏州市烹饪协会、苏州市餐饮业商会、苏州市旅游协会授予"苏州餐饮业著名品牌"
2007	在由中国烹饪协会、江苏省经济贸易委员会、苏州市人民政府举办的第二届中国·苏州美食节上，获得"特色菜（宴）"特金奖
2009	获得"苏州市知名商标"的荣誉称号
2010	获得"江苏省著名商标"的荣誉称号
2013	松鹤楼观前店、月坛店获得"国家五钻级酒家"称号

3. 名店风采

（1）苏州观前店。松鹤楼观前店坐落在苏州第一繁华闹市区观前街，为美食街"太监弄"的招牌店。经重新装修的松鹤楼观前店保持了传统格调，店中古井、河池、竹林等凸显故园气氛，而窗饰、门厅、舞台座椅等设计都吸收了诸多园林元素。在此用餐不仅

可以品尝到最地道的苏帮菜的色香味，也可以领略苏州园林艺术的独特风韵。酒店拥有 4 层店面，营业面积达 3800 平方米，可同时容纳 800 人用餐。

（2）苏州茉莉花店。松鹤楼茉莉花店位于苏州市金阊区阊胥路 345 号茉莉花假日酒店 5、6 楼。营业面积达 3000 多平方米，能同时容纳 600 多人就餐。松鹤楼茉莉花店是世界上规模最大、全球化程度最高的洲际集团属下的茉莉花假日酒店的中式餐饮部。茉莉花店是成功的酒店版松鹤楼，在尽得世界级酒店

奢华的背景中品尝姑苏特有的精细和灵秀，堪称西为中用的餐饮文化之经典。

（3）北京台基厂店。北京松鹤楼台基厂店坐落于东城区繁华的台基厂大街，与北京著名的王府井大街、东

交民巷毗邻。经营面积 1300 平方米，可同时容纳 170 人用餐。店内环境优雅，依姑苏园林风格装修而成，尽显江南风情。

（4）上海 RIVIERA 松鹤楼。苏州料理百年名店松鹤楼携同提供创新怀石料理的里维埃拉东京，代表中国和日本的传统百年老饭店，于 2013 年 6 月在上海地标外滩上以 RIVIERA 松鹤楼的新姿态迈出崭新的一步。上海 RIVIERA 松鹤楼上海市黄浦区中山东二路 505 号 C 幢，是三层独幢建筑，营业面积 1876 平方米。酒店装饰延续老上海的风格，又不失现代感且带有较鲜明的百年老店姑苏园林风格。酒店所有餐位全部临江，浦江两岸灯光夜景一览无余、尽收眼底。

4. 名师传承

松鹤楼作为正宗苏帮饭店，近百年来名厨辈出，在国内外烹饪大赛上屡获金奖，成为苏帮菜厨师的摇篮，也是继承和发展江南烹饪技艺的基地。1983 年 11 月，松鹤楼名厨刘学家参加了在首都举行的"全国烹饪名师技术表演鉴定大会"，当场表演"早红桔络鸡"的全套操作过程，博得了专家、同行和各界人士的赞赏，满堂彩声不断，荣获大会颁发的"全国优秀厨师"的奖状和奖杯，载誉而归。这一年经江苏省人民政府批准命名为特级红案（掌勺）、白案（桌面）厨师有张宜根、刘学家、陆焕兴、孟金松、屈群根、朱阿兴、刘祥发，还有服务员技师顾应根，都是出身于松鹤楼。与这一批同辈的名厨还有周桂生（在中国台湾）、朱敖大（在美国）、汤泉明（在日本）。他们把松鹤楼苏帮烹饪技术带到了海峡对岸，也送到大洋彼岸。解放后，松鹤楼精心培育了一批又一批新秀，输送到全国各地和驻外单位。

二、传承创新

松鹤楼苏帮菜的特点是选料严谨、制作精细、配色和谐、鲜中微甜，对南北口味皆宜。菜品用料上乘、四季有别、因材施艺、精烹细作、讲究火候、鲜甜可口，与吴地温婉灵秀、精致淡雅的风格相得益彰。烹调方法有炖、焖、煨、烹、炸、炒、烧、蒸等，讲究色、香、味、形，更注重原汁原味。在调味上，仍照袁枚的《随园食单》中所讲，"味要浓厚，不可油腻，味要清鲜，不可淡薄"，以及"使一物各献一性，一碗各盛一味"等论述。

1. 特色产品

苏州"春有刀鲚夏有鲥，秋有肥鸭冬有蔬"，一年四季水产禽蔬联翩上市。不同的上市时间，厨师们因料施菜，决定了一年四季都有时鲜名菜。著名菜品有松鼠鳜鱼、清溜虾仁、姑苏卤鸭、蟹粉豆腐、荷叶粉蒸肉、苏式脆鳝等。

（1）松鼠鳜鱼。松鼠鳜鱼为苏帮菜中的极品。据传，乾隆下江南时对松鹤楼的这道佳肴赞不绝口，引得当时达官贵人、文人雅士争相品尝。20世纪50年代电影《满意不满意》和80年代《中华三味》《美食家》的上映，使这道菜从此蜚声中外。松鹤楼特级厨师刘学家曾以此道菜代表江苏餐饮界赴京表演，赢得满堂喝彩。

松鼠鳜鱼的做法：选900克左右的鳜鱼，辅以河虾仁、熟笋丁、香菇丁、青豌豆及秘制的调料。二次油锅炸熟、装盘、挂卤成形后的鳜鱼，头大口张，肉似翻毛，尾部翘起，形如松鼠，挂卤时发出"吱吱"声如松鼠鸣叫。此菜色泽酱红，外脆内嫩，甜酸适口，是苏帮菜强调"色香味"兼具的代表之作。

（2）姑苏卤鸭。《吴中食谱》记道："每至夏令，松鹤楼有卤鸭出。其时江村乳鸭未丰满，而鹅则正到好处。寻常菜馆多以鹅代鸭，松鹤楼则曾有宣言，谓'苟能证明其一腿之肉，为鹅而非鸭者，任客责如何，立应如何！'"可见松鹤楼卤鸭在吴地之美誉。这道冷菜色泽鲜艳，卤鸭皮红肉白，入口鲜软味美。一道简单的家常冷盘，尽显姑苏美食清淡雅致的风韵。

（3）蟹粉豆腐。豆腐本是无味之物，然而浸染了蟹之鲜味后，成就了这道浑然天成的蟹粉豆腐。蟹粉豆腐选用水嫩嫩的豆腐，辅以嫩黄的蟹肉，整道菜黄白交错，相映成趣。细火煨出来的豆腐渗透了蟹籽、蟹蓉、虾仁、葱花、姜末等配料的味道。鲜嫩的豆腐如白玉般剔透，蟹味浓郁，舀上一勺，金是金，玉是玉，入口即化，细腻爽滑，异常鲜美。

（4）太极白玉羹。太极白玉羹采用中国传统的"太极"理念创造而成。将鲜绿的荠菜和嫩白的豆腐切成末，做成羹，然后打成太极形，传统的太极图被

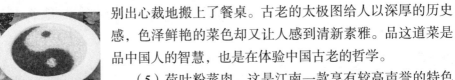

别出心裁地搬上了餐桌。古老的太极图给人以深厚的历史感，色泽鲜艳的菜色却又让人感到清新素雅。品这道菜是品中国人的智慧，也是在体验中国古老的哲学。

（5）荷叶粉蒸肉。这是江南一款享有较高声誉的特色

名菜。在清末，相传其名与"西湖十景"的"曲院风荷"
有关。宋时，九里松旁，旧有曲院，造曲以酿官酒，其
地遍植荷花，所以旧称"曲院荷风"，到清康熙时改为
"曲院风荷"。此菜是杭州厨师特用"曲院风荷"的鲜荷
叶，将炒熟的香米粉和经调味的猪肉裹包蒸制而成。荷
叶碧绿、米粉雪白、熟肉酱红，荷叶的清香混合鲜肉的糯香，鲜肥软糯而不
腻，实为夏令时节赏景、饮酒时不可或缺的佳肴。

（6）雪花蟹斗。雪花蟹斗是松鹤楼的名菜。深秋菊
花盛开时，稻熟蟹而肥。俗话说秋高气爽蟹脚痒，阳澄
湖的清水大闸蟹金爪、黄毛、背青、肚白、肉嫩，它就
是名菜雪花蟹斗的主料。厨师用大蟹壳做容器（品尝
时每位一份），蟹粉衬底，蛋清搅成雪花状，铺在蟹粉
上蒸一会儿，出屉的成菜，宛如朵朵飘落的雪花，雅洁可爱，入口肥鲜。清
代文人袁枚在《随园食单》中指出，炒蟹粉"以现剥现炒者为佳"，若放置
时间一长，则"肉乾而味失"。炒蟹粉时加适量焐烂的肥膘，可以使蟹粉更加
肥润。

2. 品牌经营

1957 年，苏州松鹤楼菜馆的 3 号服务员孙荣泉提出"三勤，四快，五心，
六满意"的服务工作先进建议，得到领导支持。1959 年孙荣泉赴京参加全国
群英大会，被授予全国先进生产者称号，并向全市服务员提出"十快、十心"
竞赛倡议。经过全店职工的积极工作，苏州松鹤楼菜馆在苏州的市财贸系统中
第一个被评"五好八满意"先进单位。孙荣泉首创的"三勤，四快，五心，六
满意"服务工作法，受到商业部和全国饮食同行的高度重视和热烈响应，在全
国商业系统掀起了学习 3 号服务员的热潮。

北京松鹤楼菜馆在 20 世纪 90 年代，即大胆推出"文明服务品牌"，其中
心是让宾客品尝美味佳肴，吃安全饭菜，享受文明服务的承诺，受到中外宾客
的赞扬。来店就餐的回头客达 80% 左右，其营业收入也是东城区老字号饭庄
中最好的一家。

（1）散座服务不可忽视。饭庄酒楼尤其在大忙之时，在散座宾客服务中，
时有简单化现象，松鹤楼菜馆对此有其新的见解。他们认为，做好散座服务十
分重要，否则不仅影响菜馆声誉，而且断了自己的客源。松鹤楼经理向员工明
确提出：接待宾客要像接待自家亲友一样。从此，菜馆为大堂散座和宴会立下

服务程序和服务标准二节164条。服务技师、服务师和服务员均持证上岗，迎宾员领客到桌，服务员送上小毛巾、第一杯茶、第一杯酒，儿童用餐有高凳，老弱顾客搀扶迎送。

（2）口味特需个性服务。大堂服务员深知，要让顾客百分之百满意，不仅要按服务规程一一做好服务，更要细心观察顾客特殊需求，有针对性地服务。一位50多岁的顾客经常同家人来吃干烧鱼，就要求鱼多剖几刀、作料多放点、多煨会儿，连厨师都知道这位老人爱吃口味重点的菜；一对中年夫妇，有时同百岁的奶奶来吃饭，由于他们常来，便说"我们还是老几样"，服务员就知道是白扒鱼肚、清蒸狮子头、葱烧刺参和莼菜汤等几道清淡爽口的菜肴；一位中年妇女连筷子套都没打开，只看着家人吃，服务员一问是胃口不好，一会儿便将熬好的白米粥端上餐桌。菜馆离北京、同仁两大医院很近，各种特需的病号饭也都热情接待。

（3）一菜一匙见文明。松鹤楼菜馆从顾客的健康出发，开饮食卫生新风，改同盘共餐旧习。为让宾客吃安全饭菜，餐桌上提供"公筷公勺"和"一菜一匙"。在宴会包桌备有公筷公勺的基础上，一次购500把小勺，全店实行一菜一勺。虽说同桌就餐，却很自然地形成分餐制，菜又不串味，还避免了交叉污染。菜馆认为，文明就餐习惯同样需要培养，便加强宣传和引导，收到很好的效果。

三、品牌故事

关于松鼠鳜鱼有以下传说：

传说一：相传乾隆下江南时，微服私访进到松鹤楼，恰逢店老板忙着为母亲做寿。店小二看乾隆穿得粗陋，就多有怠慢，只给了些粗茶淡饭，惹得乾隆不快。店老板到底是聪明人，看到客人脸色，忙把做寿的菜都给乾隆端上去了，其中的松鼠鳜鱼最受乾隆的青睐，成了他以后下江南时的保留菜品。此后松鹤楼常见诸于评弹或说书之中，成了乾隆系列故事的场景之一。

传说二：乾隆皇帝下江南时，带两名随身保镖微服来到松鹤楼用膳，碰到白莲教教徒行刺，洪教头挺身而出，率弟子救助，使乾隆脱险。事后乾隆私下嘉赏松鹤楼，令地方官员保障松鹤楼经营。此事一经传出，周边人士纷至沓来，松鹤楼生意于是更加兴旺发达。有关松鹤楼招牌的含义"松鹤延年，兰贺高寿"，则是店主希望松鹤楼能长盛不衰。

传说三：乾隆皇帝四下江南时到苏州，信步走到松鹤楼菜馆楼上。其时适逢农历正月初五，按吴门习俗，家家户户要设案摆酒迎财神。松鹤楼店主亦不例外，在楼上摆香案酒菜"祭神"。除几色菜肴外，尚有一尾鲜蹦活跳的鲤鱼放在水钵中供奉。乾隆见了后指名要食此鱼，店主不同意，婉言谢绝。乾隆则非要食此鱼不可。店主见此人气度不凡，想到前几天听说乾隆皇帝下江南微服私访，遂不敢怠慢，即命厨师立刻拿去烹制。厨师们千方百计从速度、造型、口味等方面下功夫，精心制作。不多时，一道色泽酱红、昂首翘尾，外脆内嫩，甜酸适口的松鼠鲤鱼上桌了，乾隆食后大为赞赏。事后从官府传出消息，果真是乾隆到松鹤楼吃松鼠鲤鱼，松鼠鲤鱼因皇帝的亲近而渐渐出了名。后来，松鹤楼为了适应文人雅士的需要（因鲤鱼能跳龙门，读书人都不敢吃鲤鱼，以免误了自己前程），将鲤鱼改为肉质细嫩、骨疏刺少的鳜鱼，进一步提高了质量。从此松鼠鳜鱼就成为达官贵人、骚人墨客来松鹤楼菜馆必食的佳肴。

传说四：乾隆六下江南时，在古城苏州微服私访，忽然觉得饥饿难忍，便进了一家名为松鹤楼的饭店，看见店家的水牌上写着一道名为"松鼠鳜鱼"的菜，就信口点了这道菜。菜端上餐桌，乾隆因半天未吃饭实在有点饿了，再者这道菜确实做得外焦里嫩，甜酸适口，使吃惯了宫廷御膳的皇帝大饱口福。吃完饭以后不知钱为何物的皇帝，不知道买东西吃饭要付钱，迈开腿就往外走，松鹤楼的堂倌怎知他是当今万岁爷，挡在门口不让走，这一走一挡就吵起架来，引来众人围观。此时正好苏州知府带领三班衙役巡街，看见了这可笑的一幕，忙派班头给松鹤楼店主送去白银一锭10两，方才平息了吃饭不给钱的事。因为乾隆皇帝喜欢吃松鼠鳜鱼，这道名菜立即传遍大江南北，从此也成了宫中御膳之一。

传说五：相传乾隆皇帝第四次下江南时，曾化名高天赐，随身带两名保镖，青衣小帽，信步走进了松鹤楼，见神台上鲜蹦活跳的"元宝鱼"（祭品鲤鱼），煞是好看，便要捉来食用。可是在当时此鱼属敬神祭品，却又慑于圣命难却，堂倌便与厨师商量，想出一计：取鱼头似鼠，松鹤楼首字有"松"之意，将鱼烹制成松鼠形（后改鳜鱼），以避宰杀"神鱼"之罪。乾隆食后，赞扬不已。从此，松鹤楼的"松鼠鱼"就闻名于世了。

知识拓展

松鹤楼的影视故事

1957年，3号服务员孙荣泉提出"三勤，四快，五心，六满意"的服务工作先进建议，得到领导支持。3号服务员孙荣泉的先进事迹，传为美谈。滑稽剧团以此为素材创作了《满意不满意》，随后改编为电影，引起了全国反响。此外，《中华三味》《美食家》《私人订制》都取材或取景自松鹤楼。著名小说家金庸在其《天龙八部》中也多次提到松鹤楼。2007年，84岁的金庸重回松鹤楼，在品尝了苏帮美食后，欣然命笔，写下了"百年老店，历久常新，如松长青，似鹤添寿"的题词。

松鹤楼从气象万千的明清款款而来，走出了一段悠长而又舒缓的岁月。200多年的风风雨雨，让松鹤楼浮浮沉沉地演绎着它全部的繁华与喧嚣。如今的松鹤楼作为苏州餐饮第一家，在苏州快速崛起之时，又开始着它新的传奇。

【作业】

1. 填空题

（1）松鹤楼创建于乾隆_____年。

（2）1957年，苏州松鹤楼菜馆的3号服务员孙荣泉提出"_____"服务工作先进建议，得到领导支持。

2. 简答题

回顾老字号松鹤楼的发展历程，它是怎样做到"历久常新"的？在传承创新中体现了怎样的企业文化？

【参考文献】

[1] 金宇. 姑苏松鹤楼 [J]. 食品科技, 1995（1）: 37.

[2] 孙桂本. 北京松鹤楼菜馆服务品牌化 [J]. 中国食品, 2001（23）: 43.

[3] 松鹤楼. 苏州味道 从松鹤楼开始 [EB/OL]. http://www.songhelou.net/.

单元 5

浙菜系老字号餐饮文化案例

主题 5.1　楼外楼 *

导入案例

楼外楼的来历

关于楼外楼菜馆的始建年代，有清道光、同治、光绪三说，一般多认为道光二十八年（公元 1848 年）一说比较可靠。一位名叫洪瑞堂的落第文人，与妻子陶氏自双亲亡故后由绍兴东湖迁至钱塘，定居在孤山脚下的西泠桥畔，以划船捕鱼谋生——因夫妻双双是从鱼米之乡的绍兴而来，在烹制鲜鱼活虾方面有一技之长。楼外楼先是捕鱼虾选佳者烹制出售，后来想到西泠桥一带无饮食店，便在略有积蓄之后开了一家规模较小的菜馆，当初仅是一处平房，地处六一泉旁，位于俞楼与西泠印社之间。

关于菜馆的命名有两种说法。一种说法是店主从南宋诗人林升《题临安邸》"山外青山楼外楼，西湖歌舞几时休；暖风熏得游人醉，直把杭州作汴州"诗中得到启发而取为"楼外楼"；另一种说法是因菜馆建在近代著名学者俞曲园（俞樾）先生俞楼前侧，洪瑞堂就到俞楼请先生命名。曲园先生说："既然你的菜馆在我俞楼外侧，那就借用南宋林升'山外青山楼外楼'的名句，叫作'楼外楼'

---

* 本主题图片来自企业官网：http：//www.louwailou.com.cn。

吧！”这两种说法都为菜馆增添了文化情趣。

【思考题】

　　“楼外楼”的饮食文化特点有哪些？

一、楼外楼发展历程

1.企业简介

　　“一楼风月当醅饮，十里湖山豁醉眸。”素以“佳肴与美景共餐”而驰名中外的杭州楼外楼，坐落在风景如画的西子湖畔和孤山之麓，创建于清道光二十八年（公元1848年），至今已有160多年的历史，不仅是杭州规模最大、店龄最长、声誉最高的酒楼，还以其显赫的经营业绩、经济效益和丰厚的历史文化积淀而跻身于全国餐饮名店前列。楼外楼汇集了浙菜杭帮的烹调高手，传统特色，代代相传，创新风味，推陈出新，风味独具一格。楼外楼多年来坚持“质量第一，信誉第一，宾客第一”的服务宗旨，提高服务质量，突出名店特色；发挥人才、技术资源优势，建立了食品厂与贸易公司，开发出楼外楼特色菜的真空包装系列产品，广销海内外，使具有江南特色的美味佳肴盛传天下；目前杭州楼外楼实业集团股份有限公司，已是知名（著名）餐饮品牌，中华老字号，浙江省著名商标，浙江省知名商号，中国商业品牌企业，中国饭店业先进集体，浙江省食品卫生等级A级单位。

2.发展历程

　　（1）初创发展期。最初的楼外楼“仅是一处平房”，是一爿很不起眼的湖畔小店。但由于店主人善于经营，又会烹制一手以湖鲜为主的好菜，特别是他很重视与文人交往，使得在杭及来杭的文人雅士把来楼外楼小酌作为游湖时的首选。因此，生意日益兴隆，名声逐渐远播。世界书局在1925年出版的《西

湖快览》一书中，列了杭州 21 家著名酒楼菜馆，其中就有西子湖畔的楼外楼。

1926 年，已颇有财力的洪氏传人洪顺森对楼外楼做了翻造扩建，将一楼一底两层楼改建成有屋顶平台的"三层洋楼"，内装电扇、电话，成为当时杭州颇有现代气息的酒家，使其生意更为兴隆。在这期间，光临过楼外楼的名人有章太炎、鲁迅、郁达夫、余绍宋、马寅初、竺可桢、曹聚仁、楼适夷、梁实秋等文人，以及蒋介石、陈立夫、孙科、张静江等政要。1943 年上海商务印书馆出版的《西湖游览之指南》一书，把楼外楼等 12 家酒楼列为杭州著名酒楼。

（2）快速发展期。1949 年 5 月，杭州解放，楼外楼迎来了新的发展期，但至 1952 年下半年，也还只有员工 14 人。1955 年，楼外楼申请公私合营被批准，使这家百年老店改变了私人小店的性质。公私合营后的楼外楼得到了政府和政策的大力扶持，各方面的工作都大有起色，特别是在恢复名菜特色上，更是成绩斐然。1956 年，省人民政府认定杭州名菜 36 道，其中有 10 道就是楼外楼提供的。新中国成立后，周恩来、陈毅、贺龙等老一辈革命家和文化名人丰子恺、潘天寿、吴湖帆、赵朴初、唐云等曾多次临楼品尝名菜佳肴。

1980 年扩建后的楼外楼，总面积达 3800 余平方米，是一座保持了民族风格的现代化餐馆建筑，外观呈品字形，挑檐屋顶，清新古朴。上下两层共分六个餐厅，上千顾客可以同时入座。二楼的餐厅面临西湖，凭栏眺望湖光山色，犹如置身在绚丽的图画之中。

1980 年，楼外楼被列入杭州市体制改革试点单位；1983 年实行了承包；1984 年民主选举经理；1999 年 9 月，进行了由全民所有制改制成国有法人和企业职工共同持股的多元投资主体的实业有限公司。这是百年老店在体制上的创新。

从 20 世纪 90 年代中期开始，杭州加快了西湖整治步伐，使整个湖区的面貌焕然一新。楼外楼也先后六次分别对各个餐厅、包厢以及大堂门面进行再上一层楼的大装修。经过这番装修，楼外楼从外到里、从整体布局到细部结构都更好地体现了西湖的历史、地域的文化内涵，使人在此享受到美食美景的同时，又能自然地感受到浓浓的文化氛围和情调。楼外楼还请东阳木雕大师陆光正为他们设计创作了一幅大型壁雕——《东坡浚湖图》。这幅壁雕有 50 平方米画面，85 个人物，连成一气的五个场景，真实生动地记录和反映了 900 多年前苏东坡率众浚西湖筑苏堤架六桥的全过程。这是东阳木雕中少见的精品巨作，气势恢宏，精美绝伦，令每一个到楼外楼的宾客，都会眼前一亮，在大饱口福之前，先饱一番眼福。1998 年，楼外楼举办了"楼外楼创立 150 周年庆典暨亚洲饮食文化交流活动"，中外宾客约 200 人参加了庆典和交流活动。

（3）创新发展期。一个半世纪以来，楼外楼走过了艰苦创业、发展繁荣的不平凡的道路，如今已成为集工、商、贸为一体的楼外楼实业有限公司，并以令人瞩目的经营业绩、丰厚的历史文化跨进了全国名楼的行列。不仅有传统名菜，还有一大批风味特色菜。近几年，又烹制出 200 多种创新菜，如元鱼煨乳鸽、鲍鱼扣肥鸭等。在有关专家指导下，还开发出"乾隆宴"，使古代宴肴重现光彩。楼外楼的点心小吃也闻名遐迩，其中，吴山酥油饼、虎跑素火腿、桂花糯米藕还被中国烹饪协会评为"中华名小吃"。

楼外楼多年来始终坚持"质量第一，信誉第一，宾客第一"的服务宗旨，提高服务质量，突出名店特色，是楼外楼的生命所在。同时不断进取的楼外楼还利用自身的人才、技术资源优势，建立了食品厂与贸易公司，开发出楼外楼特色菜的真空包装系列产品，广销海内外，使具有江南特色的美味佳肴盛传天下。

作为杭帮菜的标杆企业之一，在 160 多年的发展历程中，楼外楼始终坚持诚信经营，寻求品质发展。经过一代又一代楼外楼人的传承、创新和发展，金字招牌越擦越亮、发展道路越走越宽。企业先后被评为"中华餐饮老字号""杭州市食品安全信用优秀单位""杭州市的名牌企业""杭州市农业龙头企业"等。尤其是楼外楼的月饼皮薄馅靓、口感细腻、油润软滑、花纹玲珑清晰，制成品美不胜收而深受消费者欢迎，多次被中国食品工业协会授予"知名月饼""中国名饼""国饼十佳"等荣誉称号。楼外楼的八宝饭被评为"全国特色糕点"，东坡粽被评为"中国名点"等。

3. 名师传承

楼外楼目前有国家特一级厨师宣启明，国家特二级厨师高征钢，国家一级厨师章俊。

宣启明，国家特一级厨师，中国烹饪大师。杭州楼外楼总经理助理、行政总厨，杭州美食家餐饮管理有限公司企划部经理。冷菜制作和果蔬雕刻是他的拿手好戏。宣启明 1993 年获得第三届全国烹饪比赛果蔬雕刻金牌；1997年获得第四届全国烹饪比赛热菜铜牌；2002 年被中国烹饪协会、中国饭店协会评为中国烹调名师；2005 年被评为杭州市优秀厨师长、省先进餐饮工作者；2006 年被评为杭州市、浙江省职业技能带头人；2012 年被评为杭州十佳劳动模范。

二、传承创新

1. 特色产品

杭州人有种习俗，凡有宾客，必到楼外楼品尝杭菜风味。外地游人玩西湖，不上楼外楼，似乎没有真正领略杭州的美味佳肴。1956 年，浙江省人民政府认定杭州名菜 36 道，其中有 10 道就是楼外楼提供的。这 10 道名菜是西湖醋鱼、排面、叫化童鸡、油爆虾、干炸响铃、番茄锅巴、火腿蚕豆、火踵神仙鸭、鱼头汤、西湖莼菜汤。2008 年 12 月这 10 道名菜及其制作技艺成功申报杭州市非物质文化遗产。

（1）西湖醋鱼。"西湖醋鱼何处美，独数杭州楼外楼。"楼外楼的西湖醋鱼采用草鱼、姜末、酱油、绍酒、白糖、醋、湿淀粉制作而成，成品色泽红亮，酸甜鲜合一，鱼肉鲜嫩，有蟹肉滋味。

（2）东坡肉。东坡肉属浙菜菜系，采用猪五花条肉为主要食材，一般是一块约二寸许的方正形猪肉，一半为肥肉，一半为瘦肉。用葱、姜、酱油、绍酒、白糖炖制而成。菜品薄皮嫩肉，色泽红亮，味醇汁浓，酥烂而形不碎，香糯而不腻口。

（3）叫化童鸡。叫化童鸡是浙江杭州汉族名菜，又称黄泥煨鸡，至今有 300 多年的历史。传说古时有一乞丐弄到一只鸡，可又缺锅少灶。饥饿难忍之际，他便仿效烤红薯的方法，用烂泥将鸡涂包起来，放在石块垒成的"灶"上拾点干柴煨烤，过一会儿泥干鸡熟，他随手拿起放在地

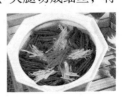

上，鸡毛脱落，顿时香气四溢。这种泥烤技法传入菜馆、酒楼，厨师们又不断改进，采用嫩母鸡、肉丝、京葱、姜丝、葱段、猪网油、荷叶、盐、味精、辣酱油、山奈、八角粉、花椒盐，在煨烤的泥巴中加入绍酒，将鸡包以西湖荷叶烤制，使荷叶的清香和母鸡的鲜香融为一体，鸡肉酥嫩，香气袭人，别有情趣。

（4）西湖莼菜汤。西湖莼菜汤是采用熟鸡脯肉撒细丝、火腿切成细丝，将适量清水烧沸后投入新鲜莼菜，沸后立即捞出。沥去水，盛在汤碗中。将骨汤倒入锅内，烧沸加入鸡丝、火腿丝，调入适量盐，将汤倒入盛有莼菜的汤碗中，淋少许香油即可。菜品色彩和谐，清香润滑，汤醇味鲜。

（5）宋嫂鱼羹。宋嫂鱼羹是浙江省杭州地区汉族传统名菜，从南宋流传至今已有 800 多年历史。楼外楼壁上曾题有一副对联："亏君有此调和手，识得当年宋嫂无？"反映的就是这道菜的典故。据（宋）周密著的《武林旧事》记载：淳熙六年（公元 1171 年）3 月 15 日，宋高宗赵构登御舟闲游西

湖，命内侍买湖中龟鱼放生。宣唤中有一妇人叫宋五嫂，东京（今开封）人氏，随驾到此，在西湖边上卖鱼羹为生。高宗吃了她做的鱼羹，十分赞赏，赐金银绢匹。从此，宋嫂鱼羹声名鹊起，成为驰誉京城的名肴，富家巨室争相购食。宋嫂鱼羹用鳜鱼或鲈鱼蒸熟取肉拨碎，添加配料烩制的羹菜，因其形味均似烩蟹羹菜，又称赛蟹羹，特点是色泽黄亮，鲜嫩滑润，味似蟹羹。

（6）干炸响铃。干炸响铃是浙江省杭州地区汉族传统名菜之一。关于"响铃"一名由来，一是因为这道菜的形状像马脖子上套的铃铛，二是张口咬下去时声音脆如响铃。用杭州地区著名特产泗乡豆腐皮加入猪肉末、鸡蛋黄、绍酒、盐、味精等制成的干炸响铃，以色泽黄

亮、鲜香味美、脆如响铃而被推为杭州特色风味名菜之列，受到食者的欢迎。干炸响铃腐皮薄如蝉翼，成菜食时脆如响铃，故名。

2. 品牌文化

楼外楼如今成为杭州的一张新名片。在这样地理位置得天独厚、历史文化光彩夺目、菜肴品位出类拔萃的名店，不仅可以吃到秀色和美味，还可以吃出杭州的文化和历史，吃出这个东方休闲之都的品位和内涵。成千上万的海内外游客以到楼外楼用餐为荣，楼外楼一年四季座无虚席风光无限，最根本的原因是悠久的历史、闪亮的文化。"以文兴楼，以菜名楼"，相辅相成，相得益彰，文化品牌战略提升了菜肴的滋味和品位，提升了百年老店的光辉形象。"以文兴楼，以菜名楼"是楼外楼企业文化建设的重点所在，也是楼外楼 160 多年来长盛不衰的直接缘由。

（1）挖掘历史文化资源。160 余年来，楼外楼接待过无数闻名中外的政治家、艺术家、文学家。历代上百的名人为楼外楼留下了书画原迹，已经出版了一本专集，据说这些原迹书画价值连城，和楼外楼的品牌价值一样，已经超过这家餐馆固定资产的价值。

楼外楼历史文化遗产的价值在于经营者的重视和发掘，它才熠熠生辉，否

则它可能和其他百年老店一样湮没在历史的风雨和无情的市场竞争中。

（2）重视品牌文化建设。西湖醋鱼、东坡肉，莼鲈之思楼外楼，何日更重游？凡有尊客嘉宾来到杭州，主人必请至楼外楼品尝杭州风味；外地游客游览西湖，更以到楼外楼品尝杭州美味佳肴为荣幸。这说明作为江南名楼——楼外楼的品牌已被消费者推崇与认同。好的品牌必然有着具有浓厚文化韵味的特征与个性的企业文化。楼外楼是富有历史文化底蕴的中华老字号，因此十分注重发挥名楼的文化优势。

几十年来，楼外楼每年举办一次中华美食节，邀请海内外的餐饮业同行和著名的文化界人士欢聚一堂，在风光如画的孤山楼外楼，既展示世界各地的美味佳肴，又交流中外饮食文化，吸引了无数的同行和消费者，无形中也日益增强了楼外楼这个百年老店的形象。美食节的社会效益和经济价值无疑是巨大的。

（3）传承创新保持活力。楼外楼在经营发展中充分发挥金字招牌的效益的同时，还不断创业、创新，擦亮金字招牌。注重用现代企业管理制度与科学创新理念进行观念、机制、科技、管理等方面的创新，保持了老字号永久的活力。2006年率先在全省餐饮业中导入食品安全最新国际标准管理体系ISO 22000，使品牌注入了全新的管理理念，体现了老字号品牌的科学发展观念。

近年来，在本地餐馆大量引进外地菜肴的风潮之中，楼外楼却不为所动，仍然坚守杭州名菜的阵地。在这里不仅能够吃到36道杭州名菜，还能吃到数以百计的杭州传统菜肴。起先，不少人都怀疑楼外楼这样守旧是不是会自砸招牌，但几十年的实践证明，楼外楼这样重视已有的历史文化资源、珍惜杭帮菜的文化价值和市场效益，是成功的。

楼外楼珍惜传统名菜的价值，但也不是故步自封，一成不变，而是在原料、调料、烹饪技术等方面不断研究提升。如西湖醋鱼，既遵守在西湖喂养原料鱼以保证风味的传统工序，又改变过去的原料只用草鱼的单调习惯，以鲑鱼、鲈鱼、东星斑等多种鱼来做原料，以满足现代不同消费层次的消费需求。继承优秀传统和发展改革创新有机交互，这是楼外楼打响文化品牌的秘诀。

（4）做精做大做强品牌。传统的杭菜馆单门独店，前店后场，而新时期的楼外楼并不满足于门店生意的火爆，不但建立了自己的加工厂，而且本着做精、做强、做大的品牌战略，已发展成为集工、商、贸为一体的楼外楼实业有限公司。1995年，楼外楼办起了食品公司，传统名菜按现代工艺实现了工业化大生产。通过几年的科技投入，不断引进先进的食品生产设备，使生产能力不断增强，产品品种丰富多样，产品质量显著提高。生产开发的"楼外楼"中秋月饼、名菜系列真空包装、腌腊制品等系列产品，已进入了上海、南京、宁波、苏州等城市，出现在更多的消费者餐桌上，受到消费者欢迎。实现了食品工业化生产，使楼外楼品牌不断发扬光大，美味佳肴盛传天下。例如，楼外楼的月饼销售量已经进入杭州食品行业的前三位，其真空包装的杭州名菜已经进入了千家万户；通过借助科技配方和真空包装，楼外楼的东坡肉、叫化童鸡等名菜进入了超市，走上了百姓的餐桌，赢得了可观的利润；楼外楼在2007年推出的宋嫂厨艺系列半成品菜，以肉类为主，放在冰箱的冷冻室里，保质期长达3个月。食用前只需简单烧炒，口感跟新鲜的并没什么差别。

扩展文化品牌战略，在规模经营中产生了巨大作用，使得楼外楼每年利润增长20%以上，日营业额纪录不断被突破。以文兴楼，以菜名楼，楼外楼的文化品牌和经济效益相得益彰，扶摇直上，成为杭州这个历史文化名城和生活品质之城的一道风景线，而且推动了杭州餐饮业的文化品牌建设。

3. 名人文化

属于杭帮菜中的"湖上帮"的楼外楼多年来"以菜名楼，以文兴楼"，不仅每道菜都会有个名人典故，注重文化含量，而且先后迎来了不计其数的历史名人。新中国成立前，俞曲园、吴昌硕、孙中山、宋庆龄、鲁迅、竺可桢、马寅初、马一浮等名人都曾多次光临。新中国成立后，周恩来、陈毅、贺龙等老一辈革命家和文化名人丰子恺、潘天寿、吴湖帆、盖叫天、江寒汀、赵朴初、唐云等也多次临楼品尝名菜佳肴、题诗作画。

敬爱的周恩来总理九次莅临楼外楼，廉洁朴素，公私分明，已传为美谈佳话；楼外楼还接待过西哈努克亲王等外国国家元首和众多国外贵宾，在国际上享有盛誉。

三、品牌故事

1. 周总理与楼外楼

周恩来总理把楼外楼作为对外宣传的窗口，让外国友人从这里更好地了解中华民族古老的饮食文化，了解新中国的社会景象。

1963年，周恩来到杭州治病。经过半个月的治疗，周恩来的病情有了好转。为感谢为他

做手术治疗的著名专家陆琦，周恩来请陆琦夫妇吃饭，并请了王长索做陪。饭是在楼外楼菜馆吃的。说是"请客"，其实算不得丰盛，除了素菜，加上西湖醋鱼、梅干菜烧肉，四菜一汤。席间，周恩来、邓颖超一再向陆琦大夫表示感谢，并盛情邀请陆琦夫妇到北京西花厅做客。周恩来、邓颖超的真诚，令陆琦夫妇感动不已。饭后周恩来自己掏钱结了账。

1973 年 9 月 16 日，周恩来陪同法国总统蓬皮杜到杭州访问。中午，周恩来陪同外宾游览花港观鱼，兴致很高。送别法国客人，周恩来在楼外楼宴请外宾。周恩来曾受中共中央和毛泽东的委派，从黄土高坡来到西子湖畔，与蒋介石进行一场关系国共合作、民族危亡的秘密谈判。虽在杭州逗留多日，但此时"国破山河碎"，肩负救亡重任的周恩来无暇顾及美丽的湖山，也不忍目睹蒙受羞辱的西子湖，只慕名前往楼外楼吃了一餐便饭，便奔赴延安。此时故地重游，周恩来格外高兴。

晚饭后，周恩来启程回京。在坐车去机场的路上，他对高振普说起了饭钱，高振普汇报了刚才从服务员那里了解到的情况。在笕桥机场，临上飞机前，周恩来对高振普说："楼外楼的饭钱是不够的，请你再补交 10 元钱交给省里的同志带回去。"高振普很快把 10 元钱交给了省委的同志，请他转交楼外楼菜馆。楼外楼收到周恩来补交的 10 元钱后，深受感动。他们认真按市场价格核算了周恩来请客的这顿饭的费用，结果总共应付 19 元 9 角。随后，他们写了封信，随信还附有一张饭菜的清单，标明了价格，连同多余的 10 元钱一同寄给了总理办公室。高振普把这封信给了周恩来，总理看了信笑呵呵地说："这就对了，不能搞特殊。"

2. 马寅初与"楼外楼"

著名学者、人口学家马寅初喜食东坡肉，年轻时他曾连续三天在楼外楼吃东坡肉，列为饮食之最爱，甚至在"文化大革命"期间写文章怀念楼外楼里的东坡肉。

知识拓展

东坡肉的来历

东坡肉相传为北宋诗人苏东坡（四川眉山人）所创制。东坡肉的最早发源地是湖北黄冈。1080年苏东坡谪居黄冈，因当地猪多肉贱，才想出这种吃肉的方法。

宋代人周紫芝，在《竹坡诗话》中记载："东坡性喜嗜猪，在黄冈时，尝戏作《食猪肉诗》云：'慢着火，少着水，火候足时他自美。每日起来打一碗，饱得自家君莫管。'"1085年，苏东坡从黄州复出，经常州、登州任职后返回都城开封，在朝廷里任职。没过多久，受排挤，1089年要求调往杭州任太守，这才将黄州烧肉的经验发展成东坡肉这道菜肴，作为汉族佳肴，后流行于江浙。

东坡肉据考是为纪念苏东坡所做，并不是苏东坡本人所创制。东坡肉的原型是徐州回赠肉，为徐州"东坡四珍"之一。北宋神宗熙宁十年（公元1077年）秋，黄河决口，七十余日大水未退。徐州知州苏东坡亲率全城吏民抗洪，终于战胜洪水，并于次年修筑"苏堤"。百姓感谢苏东坡为民造福，纷纷杀猪宰羊，担酒携菜送至州府感谢苏公。苏公推辞不掉，将这些肉加工成熟后再回赠百姓。

【作业】

1. 填空题

（1）楼外楼名字来源于南宋林升的诗句（　　　　　　　）。

（2）1956年，浙江省人民政府认定杭州名菜36道，其中有10道就是楼外楼提供的。这10道名菜就是：（　　　　　　　）。

（3）楼外楼建于（　　　　）。

2. 判断题

（1）东坡肉是苏东坡制作的。　　　　　　　　　　　　　　　　（　　　）

（2）叫化童鸡最早来源于叫花子吃的鸡。　　　　　　　　　　　（　　　）

3. 讨论题

从楼外楼的传统名菜讨论杭帮菜的饮食文化特点。

【参考文献】

［1］史林.楼外楼今昔［J］.杭州商学院学报，1982（2）：42.

［2］李林达.周恩来在"楼外楼"［J］.党史纵览，2002（7）：7-8.

［3］小路.以文兴楼　以菜名楼——楼外楼文化品牌之路［J］.杭州通讯，2007（7）：44-45.

［4］杭州楼外楼实业集团股份有限公司.楼外楼［EB/OL］.http：//www.louwailou.com.cn/.

主题 5.2　咸亨酒店[*]

咸亨酒店的来历

　　清光绪甲午年（公元 1894 年），鲁迅堂叔周仲翔等在绍兴城内的都昌坊口开设一家小酒店。店主从《易经·坤卦》之《象传》"含弘广大，品物咸亨"句中，取"咸亨"两字为店名，"咸"是都的意思，"亨"为顺利，"咸亨"寓意酒店生意兴隆，万事亨通。足见当家人对生意之兴旺的殷切期盼之情。咸亨酒店的主要顾客，多是在柜台外站着喝酒的锡箔师傅"短衣帮"。来咸亨喝酒的唯一的"穿长衫"的主顾，是一个人称"孟夫子"的读书人。他是鲁迅家的邻居，屡试不第，穷困潦倒，嗜酒如命，早年曾在新台门周氏私塾里帮忙抄写文牍。有一次"孟夫子"去偷书被抓，却辩解"窃书不能算偷"，结果被打断双腿。只能用蒲包垫着坐在地上，用手挪动身体。这就是孔乙己的原型。当时酒店苦撑了几年后便关门歇业。鲁迅先生在《孔乙己》《风波》和《明天》等著名小说中，把咸亨酒店作为重要背景，使咸亨酒店名扬海内外。"温一碗醇香的黄酒，来一碟入味的茴香豆"，鲁迅笔下的咸亨酒店深入人心。

---

　　*　本主题图片来自企业官网：http：//www.xianhengchina.com/。

【思考题】

1. 咸亨酒店在餐饮行业的地位和影响如何?
2. 咸亨酒店是如何将住和食结合的?

一、咸亨酒店发展历程

1. 企业简介

咸亨酒店创建于 1894 年，因鲁迅先生在《孔乙己》等多部作品中的生动描述，而名扬海内外。现经扩建改造，酒店已提升为以江南文化、越文化为背景，融名城、名士、名酒风情于一体的五星级文化主题酒店。酒店总建筑面积 5.7 万平方米，设豪华客房 206 间（套）；有餐位 2000 余个，包括文化内涵丰富的各式包厢 47 个和可同时容纳 800 余人就餐的多功能厅 1 个；设立了西餐厅和日本料理厅，能够满足中外宾客不同层次的消费需求。酒店设有 7 个设施先进的不同规格会议室和配备同声传译系统等先进设备的多功能厅。酒店最具文化特色的"堂吃"，更是游客体验绍兴风情的必到之处，另外商务中心、土特产商场、康乐休闲会所等设施一应俱全。古老而年轻的咸亨酒店，必将成为绍兴城市的客厅，文化旅游休闲的地标。

2. 咸亨酒店发展简况

清光绪甲午年（公元 1894 年），鲁迅堂叔周仲翔等在绍兴城内的都昌坊口开设一家小酒店。店主从《易经·坤卦》之《象传》"含弘广大，品物咸亨"句中，取"咸亨"两字为店名，寓意酒店生意兴隆，万事亨通。鲁迅先生在《孔乙己》《风波》《明天》等著名小说中，把咸亨酒店作为重要背景，使咸亨酒店名扬海内外。

1981 年，鲁迅先生诞辰 100 周年之际，老店新开。晚清时的绍兴建筑风格如旧；屋沿下正中悬挂白底黑字的店匾，横书"咸亨酒店"四字。当街曲尺柜，柜端置有直书"太白遗风"的青龙牌，牌下青瓷坛、蓝边碗，形成了独特风貌。1991 年后，咸亨酒店的传承人在鲁迅先生的作品中寻找品牌生根的土壤，通过品牌创新、管理创新，培育核心竞争力，使咸亨酒店成为传统风格和时代特征相结合，融名城、名士、名酒风情于一体的名店，无数中外游客慕名而来，小酌浅饮，对酒当歌，吟诗作画，著名作家李准酒酣之际留下"小店名气大，老酒醉人多"的感叹；著名漫画家华君武题写"酒逢咸亨千杯少"。咸亨酒店既是酒店更是景点，它与鲁迅故居、百草园、三味书屋、土谷祠等文化遗存,共同构成了解读鲁迅的原典钥匙。

2007年11月25日,经过多年精心筹划,绍兴市商贸旅游重点工程——鲁迅故里二期——咸亨新天地项目开工。这个项目的重点是扩建、提升咸亨酒店。咸亨酒店除"堂吃"部分作为文化标志性建筑保留外,其余全部拆除重建。历经两年多艰苦卓绝的建设,一个传承历史文脉,以鲁迅文化为主题,江南文化、越文化为背景的五星级标准文化主题酒店——咸亨酒店,展现在世人面前。扩建、改造后的咸亨酒店建筑面积为5.7万平方米,豪华客房206间(套),其中,标间111间、商务大床房74间,豪华套房及主题客房21套;有餐位2000余个,包括以鲁迅文化、帝王文化、酒文化、戏曲文化、情文化等为主题的各式豪华包厢47个,可同时容纳800人就餐的多功能厅1个,"堂吃"更是游客体验绍兴风情的必到之处,酒店还专门设置了西餐厅和日本料理厅;7个设施先进的不同规格的会议室及配备同声传译系统和各种视听设备的多功能厅。另外,商务中心、土特产商场、康乐休闲会所等一应俱全。

咸亨酒店先后获得中华老字号企业、中国餐饮名店、全国绿色餐饮企业、浙江省知名商号等荣誉称号,拥有"咸亨"服务商标、"太雕"黄酒商标,两件中国驰名商标。"咸亨"服务商标已在美国、韩国、欧盟及中国港澳台等10多个国家和地区进行商标注册。

咸亨酒店致力于越菜文化的研发,"咸亨宴"被评为浙江名宴,另有一批菜肴、点心被评为浙江名菜、名点;酒店率先对绍兴传统黄酒进行挖掘创新,独创了咸亨酒店特有的"太雕"系列黄酒,成为酒店的核心产品之一。

咸亨酒店先后在北京、上海、深圳、河南、江苏、江西、天津、安徽等地开设30家连锁分号。古老而年轻的咸亨酒店,成为了绍兴城市的客厅,文化旅游休闲的地标。

二、咸亨酒店的饮食文化

咸亨酒店是国家首家鲁迅文化主题酒店,紧邻鲁迅故里,深厚的文化底蕴,璀璨的饮食文化,成为绍兴旅游瞩目的焦点。

咸亨酒店之所以长盛不衰,靠的是鲁迅文化的影响力

和酒文化的吸引力，以及"咸亨人"不断地创新发展。到绍兴的游客，很多是出于对鲁迅的崇敬，体验其作品中所刻画和打造的人情风貌。他们跨进咸亨酒店或小酌浅饮，或吟诗作画，或对酒当歌，醉而忘返，体验到了一种浓浓的酒文化氛围。在这里，游客能品尝到与酒始终相伴的绍兴菜，如糟鸡、糟鱼干、醉蟹、醉腰花、酱鸭，这些糟醉风味的绍兴菜，具有以酒调味、以酒增香的独特风味；而茴香豆、咸煮花生、油炸臭豆腐成了游客首选的"过酒坯"。在这里，游客还能品尝到酒店采用传统方法勾兑的陈酒，被誉为绍兴黄酒中的珍品——太雕酒。它以酒质醇厚、香气浓郁、爽口顺喉的特点，受到各地游客的欢迎。在这里，游客更能目睹那些常年的老酒友，每天必到酒店，要上一碗酒和一小碟"过酒坯"，三五成群地围坐在临街的店堂内，慢饮细品，谈天说地，让人既陌生又亲切，再现了鲁迅笔下的古越风情。

三、品牌故事

咸亨酒店是由鲁迅先生的堂叔周仲翔先生创建的，那时候，只是一家小小的酒店。取名来自"含弘光大，品物咸亨"，取了"咸亨"两个字作为酒店的名字，含义是想要酒店生意兴隆，希望酒店万事亨通。鲁迅先生是我国著名的大文学家，他的很多著名小说，如《孔乙己》《风波》《明天》等，都是将咸亨酒店作为小说故事发展的背景，所以，咸亨酒店的名声也越来越大，更是声名远扬到海外。

无数中外名人纷纷光临酒店，他们中间既有政治家，又有文学家、艺术家。作家李准的一副名联——"小店名气大，老店醉人多""上大人、孔乙己、高朋满座；化三千、七十士、玉壶生春"被酒店悬挂在大堂内；著名漫画家华君武的"酒逢咸亨千杯少"已被摹刻放大，悬挂在新楼的门楣之中；著名作家萧军的诗句"咸亨酒店今非昔，座有鸿儒与外宾，忆否当年孔乙己，斯文扫地当'贼'论"让人触景生情，感慨万千；诗人周大风酒后兴至，当场作了《咸亨歌》一首："咸亨酒店名胜久，太白遗风今依旧，条凳方桌曲尺柜，土碗串筒热老酒。善酿甜，加饭厚，花雕开坛香满楼；豆腐干，茴香豆，盐渍花生蛮可口。串筒一提喉咙痒，浅斟慢饮暖心头，

七世修来同桌饮，南宾北客都成友。酒到咸亨方知妙，老酒一壶乐悠悠。"更是令人叫绝，醉人心脾。著名电影导演谢晋留下"咸亨酒店是中国的杰出文化，应该走向全国，冲向世界"的激励语，更是说出了咸亨人的心声。

名人雅士对咸亨酒店的由衷赞誉和生动描写与酒店兴隆的生意相融合，显示了这里有着不同寻常的酒文化氛围和日益增添的吸引力。这些酒联、酒诗、酒歌等珍贵墨宝，不仅为酒店增添了更多的酒文化内涵，而且已成为绍兴文化宝库中的一个重要组成部分。咸亨酒家正是以鲁迅文化和独特的绍兴酒文化魅力，吸引了大批的中外游客，达到了展示"咸亨"品牌效应和连锁发展相互促进、共同发展的目的。古老而年轻的咸亨酒店，正以其独有的鲁迅文化、绍兴酒文化魅力，续写21世纪的辉煌，并将迸发出越来越耀眼的光芒。

知识拓展

孔乙己

鲁镇的酒店的格局，是和别处不同的：都是当街一个曲尺形的大柜台，柜里面预备着热水，可以随时温酒。做工的人，傍午傍晚散了工，每每花四文铜钱，买一碗酒——这是二十多年前的事，现在每碗要涨到十文，靠柜外站着，热热地喝了休息；倘肯多花一文，便可以买一碟盐煮笋，或者茴香豆，做下酒物了，如果出到十几文，那就能买一样荤菜，但这些顾客，多是短衣帮，大抵没有这样阔绰。只有穿长衫的，才踱进店面隔壁的房子里，要酒要菜，慢慢地坐喝。

我从十二岁起，便在镇口的咸亨酒店里当伙计，掌柜说，我样子太傻，怕侍候不了长衫主顾，就在外面做点事罢。外面的短衣主顾，虽然容易说话，但唠唠叨叨缠夹不清的也很不少。他们往往要亲眼看着黄酒从坛子里舀出，看过壶子底里有水没有，又亲看将壶子放在热水里，然后放心：在这严重监督下，羼水也很为难。所以过了几天，掌柜又说我干不了这事。幸亏荐头的情面大，辞退不得，便改为专管温酒的一种无聊职务了。

我从此便整天站在柜台里，专管我的职务。虽然没有什么失职，但总觉得有些单调，有些无聊。掌柜是一副凶脸孔，主顾也没有好声气，教人活泼不得；只有孔乙己到店，才可以笑几声，所以至今还记得。

　　孔乙己是站着喝酒而穿长衫的唯一的人。他身材很高大；青白脸色，皱纹间时常夹些伤痕；一部乱蓬蓬的花白的胡子。穿的虽然是长衫，可是又脏又破，似乎十多年没有补，也没有洗。他对人说话，总是满口之乎者也，叫人半懂不懂的。因为他姓孔，别人便从描红纸上的"上大人孔乙己"这半懂不懂的话里，替他取下一个绰号，叫作孔乙己。孔乙己一到店，所有喝酒的人便都看着他笑，有的叫道，"孔乙己，你脸上又添上新伤疤了！"他不回答，对柜里说，"温两碗酒，要一碟茴香豆。"便排出九文大钱。他们又故意地高声嚷道，"你一定又偷了人家的东西了！"孔乙己睁大眼睛说，"你怎么这样凭空污人清白……""什么清白？我前天亲眼见你偷了何家的书，吊着打。"孔乙己便涨红了脸，额上的青筋条条绽出，争辩道，"窃书不能算偷……窃书！……读书人的事，能算偷么？"接连便是难懂的话，什么"君子固穷"，什么"者乎"之类，引得众人都哄笑起来：店内外充满了快活的空气。

　　听人家背地里谈论，孔乙己原来也读过书，但终于没有进学，又不会营生；于是愈过愈穷，弄到将要讨饭了。幸而写得一笔好字，便替人家抄抄书，换一碗饭吃。可惜他又有一样坏脾气，便是好喝懒做。坐不到几天，便连人和书籍纸张笔砚，一齐失踪。如是几次，叫他抄书的人也没有了。孔乙己没有法，便免不了偶然做些偷窃的事。但他在我们店里，品行却比别人都好，就是从不拖欠；虽然间或没有现钱，暂时记在粉板上，但不出一月，定然还清，从粉板上拭去了孔乙己的名字。

　　孔乙己喝过半碗酒，涨红的脸色渐渐复了原，旁人便又问道，"孔乙己，你当真认识字么？"孔乙己看着问他的人，显出不屑置辩的神气。他们便接着说道，"你怎的连半个秀才也捞不到呢？"孔乙己立刻显出颓唐不安模样，脸上笼上了一层灰色，嘴里说些话；这回可是全是之乎者也之类，一点不懂了。在这时候，众人也都哄笑起来：店内外充满了快活的空气。

　　在这些时候，我可以附和着笑，掌柜是决不责备的。而且掌柜见了孔乙己，也每每这样问他，引人发笑。孔乙己自己知道不能和他们谈天，便只好向孩子说话。有一回对我说道，"你读过书么？"我略略点一点头。他说，"读过书，……我便考你一考。茴香豆的茴字，怎样写的？"我想，讨饭一样的人，也配考我么？便回过脸去，不再理会。孔乙己等了许久，很恳切地说道，"不能写罢？……我教给你，记着！这些字应该记着。将来做掌柜的时候，写账要用。"我暗想我和掌柜的等级还很远呢，而且我们掌柜也从不将茴香豆上账；又好笑，又不耐烦，懒懒地答他道，"谁要你教，不是草头底下一个来回的回字么？"孔乙己显出极高兴的样子，将两个指头的长指甲敲着柜台，点头说："对呀对呀！……回字有四样写法，你知道么？"我愈不耐烦了，努着嘴走远。孔乙己刚用指甲蘸了酒，想在柜上写字，见我毫不热心，便又叹一口气，显出极惋惜的样子。

有几回，邻居孩子听得笑声，也赶热闹，围住了孔乙己。他便给他们一人一颗。孩子吃完豆，仍然不散，眼睛都望着碟子。孔乙己着了慌，伸开五指将碟子罩住，弯腰下去说道，"不多了，我已经不多了。"直起身又看一看豆，自己摇头说，"不多不多！多乎哉？不多也。"于是这一群孩子都在笑声里走散了。

孔乙己是这样的使人快活，可是没有他，别人也便这么过。

有一天，大约是中秋前的两三天，掌柜正在慢慢地结账，取下粉板，忽然说，"孔乙己长久没有来了。还欠十九个钱呢！"我才也觉得他的确长久没有来了。一个喝酒的人说道，"他怎么会来？……他打折了腿了。"掌柜说，"哦！""他总仍旧是偷。这一回，是自己发昏，竟偷到丁举人家里去了。他家的东西，偷得的吗？""后来怎么样？""怎么样？先写服辩，后来是打，打了大半夜，再打折了腿。""后来呢？""后来打折了腿了。""打折了怎样呢？""怎样？……谁晓得？许是死了。"掌柜也不再问，仍然慢慢地算他的账。

中秋过后，秋风是一天凉比一天，看看将近初冬；我整天地靠着火，也须穿上棉袄了。一天的下半天，没有一个顾客，我正合了眼坐着。忽然间听得一个声音，"温一碗酒。"这声音虽然极低，却很耳熟。看时又全没有人。站起来向外一望，那孔乙己便在柜台下对了门槛坐着。他脸上黑而且瘦，已经不成样子；穿一件破夹袄，盘着两腿，下面垫一个蒲包，用草绳在肩上挂住；见了我，又说道，"温一碗酒。"掌柜也伸出头去，一面说，"孔乙己么？你还欠十九个钱呢！"孔乙己很颓唐地仰面答道，"这……下回还清罢。这一回是现钱，酒要好。"掌柜仍然同平常一样，笑着对他说，"孔乙己，你又偷了东西了！"但他这回却不十分分辩，单说了一句"不要取笑！""取笑？要是不偷，怎么会打断腿？"孔乙己低声说道，"跌断，跌，跌……"他的眼色，很像恳求掌柜，不要再提。此时已经聚集了几个人，便和掌柜都笑了。我温了酒，端出去，放在门槛上。他从破衣袋里摸出四文大钱，放在我手里，见他满手是泥，原来他便用这手走来的。不一会，他喝完酒，便又在旁人的说笑声中，坐着用这手慢慢走去了。

自此以后，又长久没有看见孔乙己。到了年关，掌柜取下粉板说，"孔乙己还欠十九个钱呢！"到第二年的端午，又说"孔乙己还欠十九个钱呢！"到中秋可是没有说，再到年关也没有看见他。

我到现在终于没有见——大约孔乙己的确死了。

【作业】

讨论题

（1）咸亨酒店的企业文化精髓是什么？

（2）咸亨酒店的餐饮特色是什么？

（3）咸亨酒店主要体现了什么餐饮文化？

单元⑥
徽菜系老字号餐饮文化案例

主题　同庆楼*

同庆楼的来历

　　同庆楼草创于清朝末年，原是徽州人开的小面馆。民国初年，绩溪人吴兴周在今北京路口创办明远电灯公司，又在大砻坊开办日新面粉公司、金马门外大昌火柴公司，身兼芜湖商会长、徽州旅芜同乡会长等职，成为芜湖大实业家。由吴兴周牵头集股，将徽州小面店扩展为徽州同庆楼菜馆。

　　同庆楼，享有"江南第一楼"之美誉，是百年中华老字号，安徽餐饮业历史名店。1925年，同庆楼创建于芜湖，先后接待过毛泽东、刘伯承、梅兰芳、越南主席胡志明等，享誉一时。1999年被国内贸易部评为中华老字号（当时在全国餐饮企业仅58家），2004年由公司接手经营。公司全力打造同庆楼品牌，将这一著名中华老字号引入了新的辉煌之旅，现已拥有同庆楼马鞍山路店和同庆楼新站店，并计划开设更多连锁新店。锦庐商务会所位于梦城大酒楼东侧泚河畔上，有六个豪华大包厢，一个露天平台、一个大厅。露天平台和大厅主营特色西式简餐和茗茶咖啡，环境优美，闹中取静。三个大包厢和露天平台驾驭在泚河之上，晚餐间可观看到泚河上临驾着三座美丽的彩虹，所谓西湖三潭一月，锦庐三桥一水。锦庐商务会所是顶级商务宴请、私家会晤的理想场所。

---

　　*　本主题图片来自企业官网：http://www.tongqinglou.cn。

经过多年艰苦奋斗，安徽同庆楼集团现已是享誉省内外的著名连锁企业，对安徽省餐饮业的发展起到了巨大的推动作用。公司在相继获得纳税先进单位、绿色餐饮企业示范店、合肥市 A 级卫生单位、国家旅游定点饭店、全省民营百强企业等多项荣誉的基础上，更获得了"2005 年全国餐饮百强企业"荣誉称号（安徽省唯一上榜企业）。现已发展成为安徽最大的餐饮集团，更是中国发展速度最快的多元化餐饮及宾馆集团之一，立足安徽，走向长三角，辐射全中国，百年同庆楼正在以稳健的步伐，逐步成长为中国餐饮领域中举足轻重的行业巨子。

【思考题】

同庆楼的饮食文化特点是什么？

一、企业历程

1. 创业时期

1925 年前后，为在林立的酒楼之中力压群芳，19 家徽商联合集资，公推民国初年闻名江南的"醉春酒家"打面师傅程裕有出任经理，选址在芜湖市中二街建店，以经营安徽沿江风味菜为特色。

1937 年冬，芜湖沦为敌手。铁蹄下的大江南北，输出、输入物资均由水陆两地周转，集散芜湖。当时解放区、国统区、汪伪组织、日军特务，出没市区，同庆楼菜馆成了他们的逐鹿场所。营业虽较旺盛，应付多方势力，也带来很多麻烦，尤其是：日本特务敲诈、黑狗纳索，经济上常遭损失（吃喝不给钱），人员常遭污辱。1945 年，日军战败，国民党反动派发动内战，同庆楼经营惨淡，以至衰落。

2. 成长时期

1949 年 4 月，芜湖解放。解放后经理程裕有慑于形势，害怕"肃反"，1950 年底席卷店资，潜逃他乡，同庆楼菜馆面临破产。当时由市公安局接管，工人集资，重新开业，店名改为芜湖同庆楼，使同庆楼有了新的局面。

1951 年，市文化馆、柳春园小学兴建，同庆楼菜馆需要迁址，公安局清点财产，计有 800 元人民币，本应缴公，考虑到工人生活，便将此款借给工人（盈余归还），再由工人集股（50 股，每股 30 元），以生产自救名义，租得中山路三街路口花席店门面，迁移经营。经理刘锡臣主持店务，此时店名为锡记同庆楼菜馆。迁至中山路后，风味不减，营业规模、声誉倍增。1954 年"五反"是"基本守法户"，店声更高。工人有工会，劳资关系正常，店经理刘锡臣被选为芜湖市工商联合会酒菜面饭业同业公会副主委。

1956 年元月公私合营，全店职工积极响应党和政府的号召，参加"四大户"（金隆兴、耿福兴、马义兴、同庆楼）倡导，为全行业公私合营起了带头推动作用。芜湖饮食业公私合营首次会议，在同庆楼菜馆召开。

1966 年，"文化大革命"开始，同庆楼菜馆也受到冲击，在"破四旧"运动中，同庆楼的牌子被砸，店名改为"东风菜馆"。由于武斗和内乱，"文化大革命"期间同庆楼曾停业一年左右。1969 年又恢复同庆楼原名，生意逐渐红火起来。1978 年，同庆楼准备维修原来的木结构店楼，当时的市长李文英看了以后认为还不如拆了重建。于是 1978 年同庆楼翻建。面积由 450 平方米扩增为 1590 平方米。

1992 年厦门老板沈俊杰买断，以同庆楼房产抵押贷款 70 万元，对内部进行了系统的装潢，更名为同庆楼海鲜菜馆，菜肴以海鲜为主，具潮州菜口味。原料大多从沿海空运到芜湖。沈俊杰接手几个月后把店交给其舅老爷掌管，由于管理上的问题，加上同庆楼自沈俊杰接管后便背上了沉重的债务，致使同庆楼海鲜菜馆于 1993 年又由市饮服公司接手，店名叫同庆楼大酒店。由于沉重的债务和激烈的市场竞争，同庆楼丧失了元气，经营惨淡。

1996 年中山路改造，同庆楼拆除后，就开始一蹶不振。回迁时，开发商提高了建筑标准，加上房地产开发中的自然升值，拆迁时评估的资产残值，连原面积的 1/3 也买不回，凝聚着几代人心血的老字号同庆楼就这样归于沉寂。

3. 发展时期

1997 年，施维寿花 4 万元从市饮服公司买下了同庆楼的商标权，并进行了商标注册。由于施维寿当时尚不能筹集足够的资金恢复同庆楼，于是于 2004 年 3 月 23 日由艺海拍卖公司主持同庆楼商标拍卖，通过激烈的竞标，最后由来自马鞍山合肥梦都餐饮公司的总经理沈基水以 27.3 万元竞买成功，由此，开启了同庆楼的新纪元。

梦都投资发展有限责任公司竞买同庆楼的商品权以后，通过 9 个月的筹备，于 2004 年 12 月 18 日在合肥市马鞍山路中段建立起一座现代化的同庆楼餐馆，揭开了同庆楼新的篇章。

4. 集团化时期

目前，同庆楼集团在合肥、芜湖、南京、无锡、江阴、溧阳、太仓、北京、徐州等地拥有大型连锁餐饮酒店六十余家，员工近万人，遍布长三角地区。同庆楼集团发展迅速，每年新开酒店众多，现已成为长三角地区餐饮领军企业，集团的最终目标是成为全国性的大型连锁餐饮企业，让百年同庆楼焕发出新时代的光彩，傲立在中华大地。

二、传承创新

同庆楼自1925年创立后，便以名厨、名菜、名人称著江南。

1. 同庆楼之名厨

（1）王荣余。王师傅是同庆楼创立后被重金礼聘的江南名厨，当时很多顾客来同庆楼吃饭都指定要吃王师傅做的菜，他注重本乡特色，博采沿江、淮扬菜肴风味之云，以烧、炖为主，讲究真本实料，火候稳准，烹制的菜肴明油味浓，色泽红润，丰盛饱满，汤汁清纯。

王师傅的毛峰熏鲥鱼更是让人流连忘返，这道菜被收入《中华名菜录》。王师傅将徽州独有的烟熏制法用来烹制长江河鲜鲥鱼，创意独到，尤以黄山名茶毛峰来熏，将鲥鱼秘制后，用茶叶毛峰覆盖，下用黄山竹炭火熏烤，这样熏出来的鲥鱼，玉脂金鳞油润光泽，吃起来茶香清馨，回味鲜美隽永，堪称芜湖沿江菜系的代表作品。

（2）赵仁江。赵师傅有一手绝活——八宝剔鸭骨，能在不到一分钟时间里，将整只鸭子剔骨取肉，整只鸭子完整无缺，骨架却已经取出来。再将鸭子用香料填塞后烹制，看似整只鸭子上桌，食用时才发现没有一根骨头，让人叹为观止。凭借这手绝活，解放后他曾代表安徽省参加在北京举行的全国首届烹饪技术表演赛，受到中央领导人的赞扬。

（3）同庆班学员。解放后，同庆楼应中央要求和省政府委托，开办全省乃至全国最早一批厨师培训班，为全国餐饮行业培养厨师人才，后来这批同庆班的学员，无一不是各地餐饮行业的领军人物，一时间江南名厨皆出同庆，获得社会各界的广泛赞誉。

2. 产品文化

同庆楼的菜品选料讲究、切配技艺精湛、注重饮食文化品位。同庆楼菜品主要以徽菜、沿江菜和淮扬口味为主，尤其是河鲜最为突出，在菜肴的选料、切配和烹饪上都十分重视色、香、味、形、器的配合，使菜肴蕴含丰富的文化内涵。名牌菜肴，如冰糖蹄膀、糖醋鳜鱼、蟹黄煮干丝、明月照纱窗（蒸锅）、臭鳜鱼、同庆小笼包、绩溪一品锅等。

（1）臭鳜鱼。话说 200 多年前，沿江一带的鱼贩每年入冬时将长江名贵水产——鳜鱼，用木桶装运至富庶之地徽州山区出售（当时有"桶鱼"之称），途中为防止鲜鱼变质，采用一层鱼洒一层淡盐水的办法，经常上下翻动。如此七八天抵达屯溪等地时，鱼鳃仍是红色，鳞不脱，质未变，只是表皮散发出一种似臭非臭的特殊气味。

智慧的徽州人将此腌制过的鳜鱼烹制成菜，成就传奇美味。同庆楼自 1925 年创立后，经大厨口口相传，不断创新改进做此菜的独传手艺，在每年桃花盛开、春汛发水之时，选新鲜的徽州自产桃花鳜，此时鱼长得最为肥嫩，用浓鲜的肉卤腌制，再放入木桶存放，洗净后经热油稍煎，细火烹调后，成品菜肴鱼肉剥开似蒜瓣，香鲜透骨，入口回味无穷。

（2）同庆小笼包。据解放前地方志记载，1932 年，同庆楼师傅发明了用烫面做的小笼包，改写了中国人一直用发面做包子的历史，并传至全国，中国从此有了小笼包。同庆楼小笼包经过数年的传承及数代大厨在技艺上的不断完善，个个小巧玲珑、褶皱整齐、婉转如花瓣，软滑薄韧的包子皮微微透明隐约可以看见馅心，且皮薄口圆，汤馅分离，以精致鲜美著称于世，是国内最正宗的小笼包。

（3）绩溪一品锅。绩溪多山，民风淳朴。有记载曰：本地山路崎岖，鲜有宾客。如有远方来客，绩溪人莫不欢欣鼓舞，招待有加，盖倾其所有上好野味家珍，集成一锅，以酬嘉宾，宾客无不赞许，从此铸就安徽一道名菜。宋代苏辙、清代乾隆皇帝都有赞美之词。

此菜肴制作很讲究，锅里先要放进猪小排，加上黄酒、姜片、精盐、调料，加水焖煮半个多小时；然后在锅底层铺干笋、白菜块、豆芽菜；第二层铺肉块；第三层铺油豆腐；第四层是肉圆、粉丝；更上面的熟鸡肉、熟鸭片、熟牛肉片、熟火腿、熟猪肚、熟冬笋片、鸽蛋、鸭肫片、鱼片等分散在四周；中间摆放鲜虾仁、蛋饺；顶上分放鲜香菇，边上置菠菜、金针菜点缀；最后注满高汤。做时，先用旺火煮沸，调好口味，就可以上桌了；上餐桌后，改炭火慢煨。客人一般边吃边煨，口感醇厚，类似火锅。

此菜色泽鲜艳，一眼望去，黄色的是蛋片；红色的是火腿片、鲜虾；绿色的是青菜；棕色的是牛肉片、香菇；白色的是鱼片；淡白色的是鸡肉片、猪肚、冬笋片，五颜六色，颇为逗人食欲。

3. 品牌经营

从饮食文化上看，合肥是皖南徽菜、沿江菜和沿淮菜的交融地，同时还融入了京、沪、浙、淮扬、川菜等地方特色，饮食文化品位高，并具有独特的江淮地方特色。新生的同庆楼首先在合肥建立总店，具有优越的区位优势，社会、经济和文化基础，遵循"发扬传统，重塑辉煌"的经营理念，全力打造同庆楼的品牌，使百年老店焕发青春。

百年同庆楼在其长期运营中，形成了特有的经营风格。如品牌效应，注重菜肴质量，内行领导，高档和大众品牌相结合的营销方式，以及诚信经营和注重饮食文化的品位等特色，值得继承和发扬。另外，同庆楼创始人程裕有的经营理念，如效益观念、竞争观念、质量观念、信誉观念、信息观念、人才观念、途程观念和终极关怀与崇儒重仕的思想，都是值得发扬光大的。新组建的同庆楼大酒店将全面继承老同庆楼的优良传统，在经营管理，菜肴继承和创新，饮食文化品味位升等方面引入新的理念，运用"传统＋现代＋特色"的经营模式，全方位继承和重塑同庆楼，使其成为一个具有传统特色，又融入现代气息的中西合璧的新型餐饮企业，让它在江淮大地上重放异彩。

4. 企业文化

同庆楼的经营理念是：一流品质、诚实经营、为大众服务。其企业价值观是：①对顾客：时时刻刻替顾客想，让顾客满意，成为对顾客有价值的企业。②对社会：不断走进社会，走进社区，与社会融为一体，成为对社会有贡献、有价值的企业。

企业坚信高质量的所作所为是成功的基础，不满足于现状，不断创新改进，回应市场；讲求诚信，崇尚品德；借鉴、汲取一切先进的管理方法，致力创造中国传统酒店业的现代先进管理模式，同时也致力于传统酒店业内部优秀企业文化的创立，更以一贯坚持的企业价值观，重视并超值满足顾客需求。

三、品牌故事

同庆楼有着优秀的企业文化，悠久的历史，与多位名人有着历史渊源。

1. 蒋介石与同庆楼

1946~1948 年，每年庐山开会时，蒋介石都要邀请同庆楼名厨王荣余、金德元师傅上庐山做菜，蒋介石与众多国民党高官品尝过同庆楼菜肴之后，称赞备至，同庆楼由此更是名声大振。

2. 国家领导人

1958 年，毛泽东、刘少奇等党和国家领导人先后来芜湖视察，下榻市铁山宾馆，特别指定同庆楼菜馆安排膳食，由同庆楼名厨王荣余师傅掌勺，制作拿手绝活——奶油鲴鱼，鲜美浓郁的味道让领袖们赞不绝口。1963 年国庆节后，国务院外交部组织 40 多个国家驻华大使馆的大使和夫人来安徽黄山游览。陈毅副总理为总领队，下榻在铁山宾馆，并指定同庆楼专管膳食。国宾宴请兹事体大，同庆楼组织精兵强将，由名厨王荣余师傅指挥，赵仁江师傅协助，发挥最好手艺，烹制毛峰熏鲴鱼、蟹黄狮子头、八宝鸭等同庆楼名菜，纯正的口感，鲜香的味道，赢得海外来宾的一致好评，获得外交部的通告嘉奖。

3. 文化大师

1957 年，京剧大师梅兰芳与尚小云、程砚秋联袂来芜湖演出，慕名来到同庆楼就餐，一试之下对同庆楼的美味佳肴称赞连连。梅兰芳先生更是将随身多年的一把梅花扇送给店主刘锡臣先生。四大名旦之一的尚小云先生也将一把纸扇送给账房滕木生先生，以表示他们对同庆楼的谢意。

知识拓展

绩溪一品锅与胡适的故事

近代学者胡适，为绩溪上庄人，他在任北京大学校长时，常在家中设宴款待客人，当家菜必是这一品锅。当菜端上来的时候，胡先生嘴上总是念念有词：“此菜是家乡名肴，务请诸君赏光，品尝一下，地道的‘家乡味’。”20 世纪五六十年代，胡先生客居美国，每有贵宾到访，胡先生常常亲自下厨，为客人张罗这道家乡名菜。成菜后，又亲手端上桌，并向大家介绍说：“这个菜是地地道道的中国菜、徽州菜、绩溪菜、家乡菜，大家不要客气，务必要尝尝。”胡先生此举将绩溪一品锅发扬光大，使徽菜走向世界。所以后人也把此菜称为胡适一品锅，以此褒扬胡适对徽菜的贡献。

事实上，绩溪一品锅与胡适一品锅是不同的，差别在于绩溪一品锅属于农家菜，而胡适一品锅属于官府菜的概念，虽然做法大致相同，但食材会有所不同，绩溪一品锅侧重安徽的山珍野禽；器皿也不会相同，在西方是分餐制，锅子会小一些，按每人一例上菜。这种提法在徽菜界已经有比较一致的认识。胡适一品锅是绩溪一品锅的一种演绎版，从本质上说，胡适一品锅仍然是在绩溪一品锅范畴内。胡适在推介徽菜走向世界，以及促使绩溪一品锅成为一道名菜方面做出了重要贡献。绩溪一品锅从普通农家菜演变为官府菜，其寓意为官一品接一品升，日子一天比一天好。

文人梁实秋先生品尝了一品锅之后，对此菜大加称赞，曾撰文做了详尽描述："一只大铁锅，口径差不多二尺，热腾腾地端上来，里面还在滚沸，一层鸡、一层鸭、一层肉、一层油豆腐，点缀着一些蛋饺，紧底下是萝卜、青菜，味道好极。"

【作业】

1. 选择题

（1）同庆楼始于（　　　）。

A.1924 年　　　　B.1925 年　　　　C.1926 年　　　　D.1927 年

（2）1966 年，"文化大革命"开始，同庆楼菜馆也受到冲击，在"破四旧"运动中，同庆楼的牌子被砸，店名改为（　　　）。

A. 同庆楼海鲜菜馆　　　　　　B. 锡记同庆楼菜馆

C. 东风菜馆　　　　　　　　　D. 同庆楼菜馆

2. 判断题

（1）同庆楼菜品主要以徽菜、沿江菜和淮扬口味为主，尤其是河鲜最为突出，从菜肴的选料、切配和烹饪中都十分重视色、香、味、形、器的配合，使菜肴蕴含丰富的文化内涵。　　　　　　　　　　　　　　　（　　　）

（2）同庆楼名厨王荣余师傅的蟹黄狮子头让人流连忘返，这道菜曾被收入《中华名菜录》。　　　　　　　　　　　　　　　　　　　　（　　　）

（3）据解放前地方志记载，1932 年，同庆楼师傅发明了用烫面做的小笼包，改写了中国人一直用发面做包子的历史，并传至全国，中国从此有了小笼包。（　　　）

3. 讨论题

同庆楼是如何进行菜品的传承与创新的？

湘菜系老字号餐饮文化案例

主题 7.1　火宫殿*

导入案例

火宫殿的来历

　　火宫殿在小西门坡子街，过去是一座祭祀火神的庙宇，建于明万历五年（公元 1577 年）前，供奉火神祝融君，习称火神庙，距今 430 余年历史。火宫殿有一大铁香炉，香炉上标有"明万历五年铸造"等字样，在"文夕大火"中不知去向。1747 年（清乾隆十二年）《长沙府志》十五卷第十页载："火宫殿在小西门坡子街。"1826年（清道光六年）客绅蔡世望等倡省城绅商贾重建火神庙，并将其规模扩大。火宫殿分前坪、后院，前坪包括

古牌坊、戏台、火神庙，后院包括财神庙、弥罗阁、普慈阁三个寺庙，形成南通坡子街、东通保安巷、西通三王街的大型庙群格局。根据商家建殿意愿，取《易经》"乾元亨利贞"之义，而名"乾元宫"。古牌坊中门上面，为清代书法家黄自元书的"乾元宫"三字，故火宫殿又名乾元宫。其时小商小贩、三教九流，杂居其中，几可与旧日北京天桥、南京夫子庙媲美。而经营饮食者最多，其风味小吃，为老长沙居民及南北美食家所称道。

---

　　*　本主题图片来自企业官网：http://www.huogongdian.com/。

火宫殿的饮食文化的形成原因是什么？

一、火宫殿发展历程

1. 企业简介

火宫殿是湖南省长沙市的著名特色景点，位于长沙市坡子街。火宫殿酒家是一家驰名中外的中华老字号企业，被誉为湘风小吃的源头、湘菜的主要代表，有着深远的历史渊源。火宫殿过去是一座祭祀火神的庙宇，又名"乾元宫"，始建于清乾隆十二年（公元 1747 年），距今已有 250 余年。晚清时期，发展成为祭祀、看戏、听书、观艺、小吃的庙市。民国时期，摊担罗列、支棚撑伞，成为小吃闹市。人们把它同北京的天桥、上海的城隍庙、南京的夫子庙相媲美，是长沙乃至湖南的集民俗文化、宗教文化、饮食文化于一体的具有代表性的大众场所，特别是火宫殿的风味小吃享誉三湘。毛泽东主席的一句"火宫殿臭豆腐闻起来臭，吃起来香"，更使火宫殿名扬四海。

现在的长沙火宫殿有限公司是一家拥有中国驰名商标，并获得中华老字号和中华餐饮名店称号的餐饮企业，一直被誉为湘风小吃的源头、传统湘菜的代表，其火神庙会、风味小吃被分别列入国家级、省级非物质文化遗产名录。

2. 发展历程

（1）明清年间。明朝年间，据传明代此处（火宫殿现址）有一座小庙，供奉火神祝融君，习称火神庙。后因年久失修，朽毁不堪。火宫殿有一大铁香炉，香炉上标有"明万历五年铸造"等字样，在"文夕大火"中不知去向。1747 年（清乾隆十二年）《长沙府志》十五卷第十页载："火宫殿在小西门坡子街。"1826 年（清道光六年）客绅蔡世望等倡省城绅商贾重建火神庙，并将其规模扩大。使火宫殿分前坪、后院，前坪包括古牌坊、戏台、火神庙，后院包括财神庙、弥罗阁、普慈阁三个寺庙，形成南通坡子街、东通保安巷、西通三王街的大型庙群格局。根据商家建殿意愿，取《易经》"乾元亨利贞"之义，而名"乾元宫"。古牌坊中门上面，为清代书法家黄自元书的"乾元宫"三字，戏台两边柱上雕刻了一对楹联"象以虚城，具几多世态人情，好向虚中求实；味于苦出，看千古忠臣孝子，都从苦里回甘"系清代书法家何绍基撰写。1852年曾国藩创办的湘勇与绿林军大闹火宫殿。1871年（清同治十年）《长沙县志》省城图标为"乾元宫"。

（2）解放前。1910年以来，火宫殿长期由叶德辉（文字版本学家，长沙名人）把持。1912年8月（民国元年）火宫殿在神庙后坪创办丽泽小学（今火后街小学），叶德辉任校长。1927年叶德辉被镇压，由"老八董"（董事）掌管火宫殿（"老八董"是余太华金号、李文玉金号、叶公和酱园及东协盛、西协盛、九芝堂、福芝堂、寿芝堂等药号）。1932年，李子泉从国民党部队当兵回来后，向姑母家借了两元银洋作本钱，在火宫殿内煮汤锅、卖卤菜。后经营有方，发展成为火宫殿内最大私营业主，人称"李半边"。1937年12月9日徐特立与王凌波奉中央之命来长沙建立八路军驻湘办事处。徐老来长沙不久，在火宫殿作了"抗日救国十大纲领"的讲演，他批驳了"速胜论"和"亡国论"。当时，《观察日报》在一篇特写火宫殿的报道中写道："不要小看了这地方，老教育家徐特立先生还在这里演过讲。徐先生本来是深入民间的，以他那滑稽的口吻，把国家大事说得很周详，抢去不少说书人的买卖，听众越聚越多，徐先生一讲就讲到了午餐的时候，大家公请了徐先生一顿。这充分表现了那一群的民众，并不是不关心国事的。"1938年初，《观察日报》的本地风光栏标题《火宫殿，吃唱玩光乐门门有，油炸豆腐最著名》一篇报道中写道："火宫殿的零食品中，油炸豆腐最负盛名……不必说吃，只要远远闻着那股味儿，就该使你垂涎三尺了，到那里去逛的人谁不是人手一块呢！"1938年11月13日凌晨3时"文夕大火"，除"乾元宫"牌坊外，火宫殿庙宇和神像付之一炬。庙内明朝万历五年（公元1577年）铸造的大铁香炉在火后不知去向。1938年"文夕大火"后，火宫殿救火队开救火机的徐菊生，征得董事会秘书李仰贤的同意，在庙坪内搭了两个棚子，开一只小饭铺。1941年市政当局拨款、地方商贾集资再建火宫殿。庙宇内泥塑神像没有恢复，改用一块樟木厚板雕刻了"赤皇上品三火宫殿洞阳大帝南丹纪寿天尊神"的神位。1941年以来，火宫殿由"新八董"（詹恒大、詹彦文笔墨铺；杨正泰、杨振兴锡铺；老八和王福鸣铜铺；阜昌参茸号、朱义新金银首饰号）主持。旧城西区区长程前任董事长，叶德辉的儿子叶尚农任副董事长；设有秘书1人，由李仰贤担任，文书

2 人，跑庄的 1 人，下面还有打更的管伙食的勤杂、泥木工等。火宫殿庙产收入的开支用于小学、救火会、祭祀 3 部分。1942 年经神庙主事人与商贩协议，由小商贩在神殿前 2200 平方米的空坪里建造简陋木架棚屋 48 间，分成四线，名曰"东成""西就""南通""北达"。1943 年徐斌编写的《长沙纪实》，把火宫殿与北京的天桥、上海的城隍庙、天津的三不管、南京的夫子庙等繁荣市场竞相媲美。

（3）解放后。1949 年 8 月湖南和平解放，政府拨款修缮火宫殿木架棚屋，安置了一些失业的饮食商贩，小吃风味不减当年。1956 年公私合营，火宫殿改为国营饮食店。1958 年 3 月彭德怀品尝了火宫殿风味小吃。1958 年 4 月 12 日毛主席在黄克诚将军和湖南省委书记周小舟的陪同下视察火宫殿，毛主席向公方经理何炳炎详细询问了营业情况，品尝了火宫殿风味小吃，连声称赞："火宫殿臭豆腐闻起来臭，吃起来香。"1958 年 6 月由政府房地部门投资新建剥壳式房屋一栋，占地 312 平方米。1959 年由政府部门拨款建造民族式房屋一栋，有楼房两层，占地 520 平方米。20 世纪 60 年代"文化大革命"前徐特立、王震、王首道前来火宫殿品尝风味小吃。1966 年 9 月"文化大革命"期间，火宫殿古牌楼上的浮雕作为"四旧"被扫除，数百年古迹惨遭破坏。1968 年 4 月 12 日，火宫殿在鸡鸭巷市饮俱乐部举行"热烈庆祝毛主席视察火宫殿十周年大会"，与会人数 2000 余人，会后在长沙市五一路、中山路、黄兴路、坡子街进行游行活动。1972 年 5 月，叶剑英元帅去广州看望解放军英雄麦贤德，归途中停长沙视察火宫殿，品尝了火宫殿的风味小吃。1973 年，火宫殿被政府外事部门定为涉外单位。1973 年 5 月，华罗庚在火宫殿进行了为期一个多月的"优选法"实验，实验得出结论：小油条在油温达到 224℃、中油条在油温达到 155℃、大油条在油温达到 195~200℃时，所炸出的油条体积最大，口感最好，耗油量最小。1974 年 4 月 12 日，火宫殿在本店东栋二楼举行"热烈庆祝毛主席视察火宫殿饮食店十六周年大会"。1977 年 3 月 16 日，《毛泽东选集》第五卷同一天在全国进行首发式，省新华书店选定火宫殿作为首发式单位。1977 年、1978 年美国《食品》杂志社对火宫殿做试探性的考察，了解湘菜与湘风小吃。

（4）改革开放后。1979 年 5~6 月，国家副主席、中央军委副主席叶剑英、王震再次来到火宫殿品尝风味小吃。1981 年、1982 年日本银座亚寿多大酒楼对火宫殿进行考察访问，法国一家旅游杂志也刊登了火宫殿部分风味小吃品种，香港中国旅游出版社出版的《中国导游图》以醒目标志介绍了火宫殿。

1984 年火宫殿进行了解放以来第二次规模较大的翻修改造，主楼改建成厅、楼、亭、阁式的仿古建筑，更名为"火宫殿酒家"。1985 年著名作家康濯在火宫殿品尝风味小吃后，挥毫就诗："名扬古殿味香浓，二百余年老火宫；传统创新无止境，攀衡必上祝融峰。"1987 年有位自名"洞庭归客"的台湾同胞旧地重游，在火宫殿品尝臭豆腐和姊妹团子等小吃时，追忆往时田汉在火宫殿品尝的情景，情不自禁，欣然命笔："油炸豆腐臭中香，有客追忆在台湾；青年田汉回湘日，姐妹团子当早餐。"1989 年 1 月 6 日，胡耀邦在火宫殿品尝风味小吃。1993 年 10 月，火宫殿被国内贸易部授予中华老字号的称号。1993 年、1994 年火宫殿进行了第三次规模较大的翻修改造，在主楼西、北两侧建起了裙楼，在南侧兴建了一座七层古典式建筑，解决了企业无停车场和营业厅面积过小等问题。1993 年 4 月，火宫殿成功开办东塘分店。1998 年 9 月成立五一分店。2001 年 5 月至 2002 年元月，在市政府的大力支持下，火宫殿进行了有史以来最大规模的改扩建工程（水宫殿历史中第六次修建）。恢复了火神庙、古戏台、火宫茶馆，修饰了古牌坊，新建了西栋美食街、宴会楼、石坊、水池凉亭。改扩后的火宫殿环境优美、古香古色，风味小吃物美价廉，形成中国南方独特的"火庙文化"现象。2002 年 2 月 4 日，火宫殿改扩后重新开业，举行盛大的开业典礼，省、市领导，宗教界人士，市民近千人参加了庆典活动。2002 年 4 月 1～15 日，长沙火宫殿总部、东塘分店、五一东路分店三家联合举办"火宫殿首届庙会美食节"。美食节期间举行了庙会祭祀活动和民俗文艺表演，组织了皮影戏、露天电影在坪内演出。4 月 12 日为纪念毛主席视察火宫殿 44 周年，三家分店隆重推出了毛主席视察火宫殿就餐的宴单"主席宴"，受到各界人士的高度赞扬。2002 年 10 月 23 日，中央电视台《正大综艺》栏目组来火宫殿拍摄中秋庙会节目。2004 年 7 月，中国烹饪协会授予火宫殿"以人为本实现双赢优秀餐饮企业"。2004 年 11 月，火宫殿被评为湖南省著名商标。2005 年 6 月"火宫殿及图"商标被认定为中国驰名商标。2006 年 4 月著名金石书画家李立老先生来火宫殿为火宫殿书写牌匾。2006 年 5 月火宫殿"火神庙会"被认定为省级非物质文化遗产。2007 年 11 月长沙火宫殿坡子街总店被评为长沙市五星级餐馆。

2000 年，长沙火宫殿有限公司成立。为落实市政府建设以火宫殿为龙头的坡子街名食民俗商业街的精神，2001 年公司兼并长沙湘江文具厂，对火宫殿进行了一次全面改造扩建。重建火神庙，增设小戏台、早茶、小吃、湘菜，营业面积增加到 4000 平方米，早茶包点、风味小吃、传统湘菜品种增加到

200 余种，火宫殿企业知名度、美誉度进一步提升，社会效益、经济效益一年一个台阶地递增。

2006 年，公司研究决定恢复火宫殿原貌，拆除 1959 年建设的火宫殿东栋，扩充火宫殿庙坪，恢复原有的古戏台、普慈阁、财神殿，并购买相邻的"火神舫"，供应早茶、小吃、湘菜。一、二楼为早茶、小吃厅，三、四楼为湘菜宴会厅、豪华包厢。火宫殿营业面积达 6000 平方米，早茶包点、风味小吃达 300 余种，每晚 8 点至凌晨 2 点为夜宵，传统湘菜、口味特色菜、十大《名流宴席》，其品种达 100 余个，深受顾客喜爱。2001 年中国烹饪协会授予火宫殿中华餐饮名店称号。2006 年，国家商务部再次认定火宫殿为中华老字号。2007 年，国家商务局认定火宫殿为中国驰名商标，成为湖南餐饮业零的突破。同年，国家文化部将"火神庙会"列入国家级非物质文化遗产。火宫殿成为长沙餐饮品种最全、出品品质最高、服务质量最优的餐饮龙头名店。如今，到火宫殿一游，可观火庙雄风、可听戏曲弹词、可吃传统早茶、可品风味小吃、可尝正宗湘菜，是长沙独具一格的旅游、休闲好出处。

3. 传承人物

（1）何谷良。姜二爹的第三代传人，火宫殿臭豆腐制作技巧的继承者。何谷良师从刘涛云，刘涛云入火宫殿后拜王满珍为师，勤学苦练，掌握了臭豆腐制作的全部技艺，保持了传统风味小吃的特色，做出的臭豆腐外焦内软，酥松可口，多次受到党和国家领导人及国内外宾朋的好评，曾于 1986 年被授予"臭豆腐制作技师"职称。何谷良其人就像臭豆腐一样，是个平凡不起眼但极朴实、勤奋、聪明的人。他说："我们一定要尽能力把臭豆腐的技艺发扬光大，为广大顾客服务，不能像有些个体户偷工减料，用些化学颜料和一包臭粉来制作臭豆腐，坑害消费者。"他带着弟子们每天就像园丁照看鲜花一样，养护着那一缸缸的被现代科技检测为富有营养、干净卫生的臭豆腐发酵水，一身带臭，决不言悔。

（2）简忠姚。国家级高级烹饪技师，现任长沙火宫殿有限公司技术顾问。在历届全国省、市烹饪大赛中多次夺得金奖；1993 年被授予全国最佳厨师称号；2000 年、2002 年被选派参加长沙市政府乌鲁木齐、昆明招商会湘菜推介研讨会。

（3）王焰峰。湘菜大师，现任火宫殿有限公司东塘店总经理，并同时担任湖南省职业技能鉴定专家委员会烹饪专业委员会专家委员和湖南省烹饪协会名厨专业委员会执委。1996 年荣获共青团长沙市委员会授予长沙市"能手神韵"优秀奖；1997 年烹饪的三味桂鱼获湖南省第三届烹饪技术比赛热菜金牌；

1999 年荣获全国第四届烹饪技术比赛金牌；2001 年获 2000 年度湖南省技术能手；2004 年由湖南省烹饪协会授予"湘菜名师"荣誉；2005 年荣获第 15 届中国厨师节"中华金厨奖"；2007 年被湖南省烹饪协会授予"湘菜大师"荣誉，同年编著的两本湘菜经典《炒》《炖》出版。

（4）李强。高级烹饪师，湘菜名师，现任长沙火宫殿总店行政总厨。2005 年获"湖南省烹饪大赛"金奖；2007 年湖南省第五届烹饪技术比赛"瑶柱鞭花"作品荣获金奖，湖南省第五届烹饪技术比赛"全家福"作品荣获金奖；2008 年获"湘菜名师"称号和 2008 年度中华金厨奖，同年参加第六届全国烹饪技能竞赛个人赛获热菜项目金奖，获团体赛铜奖。

（5）李桥新。高级技师，新派高档湘菜的杰出代表之一。现任长沙火宫殿有限公司五一分店厨师长及火宫殿加盟连锁公司出品总监。2002 年海南三亚国际美食节金奖；2004 年兰州毛家村美食邀请赛冠军。

（6）甘宁。自 1985 年以来，一直工作于火宫殿，现任火宫殿白案房厨师长，中式面点师二级技师。2008 年 11 月湖南省"牡丹卡杯"第二届创新菜大赛荣获面点项目金奖。

二、传承创新

1. 特色产品

火宫殿的八大小吃，如臭豆腐、姊妹团子、肉丝馓子、龙脂猪血、糖油粑粑、葱油粑粑等，选料讲究、做工精细、造型雅致、口味纯正。另外，特色小吃、时令小品、庙会素食、药膳系列，其花色品种多达 300 余种。湘菜以1958 年毛主席视察火宫殿时品尝的"主席宴"为代表，力求保持传统，体现湘菜独特风味，受到广大顾客的喜爱。一直以来火宫殿以"弘扬传统，服务大众"为宗旨，皆因其品种特色、质量有保证、消费方便、价格便宜而深受广大消费者欢迎。

（1）臭豆腐。臭豆腐是长沙独特的小吃。相传清同治年间，长沙府湘阴县姜氏世代制作豆腐，他在当地经营豆腐脑、白豆腐干子、酱腌豆腐等制品，深受当地人喜爱。酱腌豆腐的制作工艺非常讲究，偶尔放置时间过长，就会发臭、变黑，虽然可惜，但为了保持声誉，姜老板也只好忍痛倒掉。一次，又有一罐酱干因久置发臭，姜老板执意倒掉，老板娘却心痛舍不得，偷偷留下几片另做

打算。第二天，她用豆豉辣椒蒸了几片发臭的酱干，谁知越蒸越臭，实在难闻，无法入口。老板娘并不灰心，又将有臭味的干子拿茶油去炸，结果奇迹出现了，一股异香飘满了她家里，引得大家都来观看，口水都流了出来。姜老板知道后，经反复试验、不断改进，终于制作出了远近闻名的臭豆腐。姜老板的后人于清道光十六年进入火宫殿，并将臭豆腐的制作工艺发扬光大，流传至今。

（2）姊妹团子。据说20世纪初，长沙有一位叫姜立仁的铜匠，练得一手制铜器的好手艺。生意的兴隆使他衣食无忧，经常就着店铺的灶台做点小吃打打牙祭，做得最好的是糯米团子。姜师傅生有一对孪生女儿，长大后亭亭玉

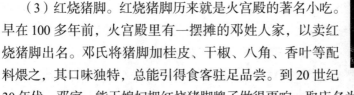

立，聪明美丽。姜老爹想把养家的铜器手艺传给两个女儿，女儿却对铜器手艺不感兴趣，偏偏喜欢上了做糯米团子。姜老爹无奈，做了一副担子让姐妹俩在火宫殿的庙会场上卖起了糯米团子。团子，用糯米粉蒸制而成，一甜一咸、一高一矮，高的馅咸，矮的馅甜；一团一尖，圆的矮的像荸荠，尖的高的像蒜球。不知是什么原因，这卖糯米团子的担子往场上一摆，买的人就多，围观的人更多。团子很快就在长沙城出了名。一天，有位爱吃的食客说："妹子，这团子还叫什么'糯米团子'，干脆叫'姊妹团子'算了。"这名字很快就在市面上传开了。而"姊妹团子"也成了姜氏两姐妹的谋生品牌，流传至今。姊妹团子采用纯手工制作，外观白净、吹弹可破，口感细腻油润、鲜香爽口，深受食客喜爱。

（3）红烧猪脚。红烧猪脚历来就是火宫殿的著名小吃。早在100多年前，火宫殿里有一摆摊的邓姓人家，以卖红烧猪脚出名。邓氏将猪脚加桂皮、干椒、八角、香叶等配料煨之，其口味独特，总能引得食客驻足品尝。到20世纪

30年代，邓家一能干媳妇把红烧猪脚牌子做得更响，取店名为"邓春香"。

（4）荷兰粉。荷兰粉名字洋气，却是地道的长沙风味，俗称"鳞皮豆腐"。清末年间，有一民间小贩以卖蚕豆粉为生，也就是"鳞皮豆腐"。20世纪30年代，火宫殿的周福生对其加以创新，将其切成薄片后加入上等汤料，其味爽开胃，取名"荷兰粉"。

（5）八宝果饭。早在唐代，湖南人每逢腊月时，使用糯米、红枣、湘莲、核桃仁等干果果料蒸熟，掺入白糖做成一道甜品，以庆五谷丰登，又兆来年吉祥。旧时火宫殿小贩用

这些方法，制成小碗八宝果饭分装出售，大受食客欢迎。

（6）龙脂猪血。清同治年间，火宫殿卖猪血的摊担有好几家，但只有胡家猪血摊担的生意最好。胡家一代又一代在火宫殿经营猪血，从收取血浆、上火烫血，到入碗调料，各道工序都有非常严格的制作方法，做出的猪血佐以小磨麻油与葱花，吃时犹如龙肝凤脂般细嫩，故得"龙脂"之名。

（7）三角豆腐。清代，在火宫殿的豆腐经营者为吸引顾客，在豆腐的外形和汤料上加以创新，制作出了"三角豆腐"。三角豆腐采用上等大豆制成豆腐，成形后再将四方豆腐干子对角切开呈三角形，油炸后用加入香料的高汤煨之，出锅后颜色翠黄、口感嫩滑、鲜美多汁，广受食客喜爱，老长沙称其为"三角干子"。

（8）牛肉煮馓。馓子在我国有千余年的历史。火宫殿的煮馓子是火宫殿的一大创新，从20世纪40年代张桂生制作馓子开始，就开始了对原料的精挑细选和对制作过程的精益求精。

馓子的面粉原料采用山东产上等小麦磨成粉，用80目的罗筛过筛后，经和面、搓条、成盘、扭形油炸、调味烹制等程序，出锅后入汤，配以香葱花、芝麻油等调料，最后入碗时色香味美、落口消融。制作中，和面要九搓八压，拉丝要柔顺如棉，油炸时更要掌握火候、不断翻动，原汤更是经秘方精制而成，如此才形成了发泡均匀、通体金黄、酥脆芳香、软而带脆的馓子。故馓子深受广大食客喜爱，一直流传了下来。

2.企业文化

火宫殿有着400多年的历史，火宫殿的饮食文化由火文化引发的"火庙文化"所孕育产生，它反映了不同历史时期的特点，并且随着时代的发展而不断创新。

（1）火庙文化。火神——公园前21世纪（距今4000余年），中国部落社会出现了负责管理民间火源的官员，官名为"火正"，人称"祝融""赤帝""火神"。火宫殿过去是一座祭祀火神的庙宇，又名"乾元宫"，始建于明万历五年（公元1577年），距今已有430多年的历史。每年农历六月二十三日都将举行大规模的祭祀活动，晚清时期，火宫殿发展成为祭祀、看戏、听书、观艺、小吃的庙市。

民国时期，火宫殿内摊担罗列、支棚撑伞，成为小吃闹市，人们把它同北京的天桥、上海的城隍庙、南京的夫子庙相媲美。

近年来，火宫殿每逢春节、五一、国庆等节假日都要举办不同主题的火宫殿庙会。"火神庙会"揭示了人类文明与火的文化情绪，展现了火宫殿火庙文化的独特魅力，2008 年火宫殿的"火神庙会"被列入国家级、省级非物质文化遗产名录。近百年来，火庙文化以仁德之心，将人们的福祉紧密联系在一起，受到人们的关注与爱护。

（2）名人文化。火宫殿以"火庙文化"为底蕴，辅以名品素食，以其独特的风格使历代名人纷纷慕名而来。由清朝大书法家何绍基撰写在戏台两侧的楹联"象以虚成，具几多世态人情，好向虚中求实；味于苦出，看千古忠臣孝子，都从苦里回甘"被奉为经典；火宫殿古牌坊中门上面的"乾元宫"三字系清代书法家黄自元书写，现仍保存；抗战时期，徐特立在这里发表"抗日救国十大纲领"的演讲，田汉经常在这里与友人聚餐；党和国家领导人毛泽东、彭德怀、叶剑英、王首道、王震、胡耀邦都曾光临过火宫殿；1973 年 5 月，数学家华罗庚在这里进行为期一个月的"优选法"试验；1975 年著名音乐大师谭盾曾为《毛主席视察火宫殿》配乐诗朗诵作曲；这里接待过美国、日本、法国、瑞士、苏联、澳大利亚等国的政界要员、外交官员；美国《食品》杂志社、日本银座亚寿多大酒楼、法国旅游杂志社和香港出版的《中国导游图》，都曾先后在突出位置刊登文章介绍火宫殿的风味小吃。"火宫殿"三字扬名四海。

3. 品牌经营

（1）强化经营特色。在政府的支持下，火宫殿自 2000 年以来，为恢复其原貌，扩大庙会表演场地，重修古牌坊，重建火神庙、观音阁、财神殿，恢复古戏台，还新建了"火博馆"。火宫殿庙宇保存了原有的特色又加入了新时代的气息，并秉承企业一贯"一宫二庙（阁）三通四景八小吃十二名肴"的特色，为火宫殿火神庙会不断传承、发展、创新奠定了良好的基础，也为经济交流提供了一个平台，更为市民营造了一个休闲的地方，使之成为百姓乐于游玩的去处。一番整修，火宫殿重现旧观：楼台亭榭，树木葱郁，香烟缭绕，节会连台。消费者在品尝美味小吃之时，还可赏戏听书，尽享饮食文化神韵。结果顾客盈门，座无虚席，日营业额较之前增长了 6 倍。文化作为审美消费的主要对象，开始成为商业企业的核心竞争力，其他老字号也可借此重振雄风。

（2）充分利用和发展老字号的地方特色优势。老字号是经过几代人的心血和努力发展起来的企业，经受了历史的检验，具有历史悠久、物美价廉、工艺独特等特点。老字号一般具有独家的手艺，且经过一代又一代人的改良和创新才能传承至今。但中国的绝艺素有不外传的传统，因而手艺历尽多年却只在本家族内流传，而严格的保密措施使得这种一脉相承的独家手艺别人无法掌握，即使仿制也只能是"形似而神不似"。这就保证了其产品的独特性，也成为招徕顾客的一大法宝。火宫殿八大小吃源自民间，其制作技艺多由师徒之间口手相传，有许多独到的技术特点和复杂的工艺要求，是不可多得的民间手工技艺瑰宝。以极富地域特色的小吃臭豆腐为例，其配方秘传，从不外泄。新中国成立以来，火宫殿也仅有三代五人成为正宗传人，即使是历任一把手也全然不知臭豆腐的神秘配方为何，因此具有不可替代性。但 200 多年来其传统小吃从来不是一成不变的，而是随着时代的变迁不断充实向前发展。面对消费者对于饮食文化、食品口味的不同需求，制作工艺需要不断丰富、提高，而且要突出鲜明的个性。

（3）重视品牌价值的提升。火宫殿本身只是一个品牌，其孕育之下的"文化资本"却在近些年日益丰厚，品牌价值也水涨船高，成为长沙经济繁荣的代表点、城市文明的形象点、历史文化遗产与现代文明在商业发展中的交融点。对于商业企业来讲，品牌是商业企业和文化的灵魂和核心。声名显赫的金字招牌是老字号最大的本钱，其本身就是一种无形资产。从某种意义上说，顾客的忠诚度来自企业文化，或者说忠诚度本身就是一种心理文化倾向。一旦一个品牌对人们的影响深入到文化层面，那么，这个品牌就和人们的生活观念和生存方式进行对接。老字号经过几百年的风霜洗礼，本身是具有品牌价值的，面对新的市场竞争，就需要对品牌价值进行提升，在品牌的内涵和外延的建设方面下功夫。

（4）与城市的旅游文化经营接轨。在现代化进程的背景下，城市建筑与发展越来越雷同化的情况下，历史文化名城有特色的历史街区就是一个城市的个性和特色所在。火宫殿位于长沙的历史古商业街坡子街，东临黄兴步行街，人流十分旺盛，商业氛围十分浓厚，而其建筑本身就是一个长沙的重点文物保护单位，极具地方特色，带动了长沙旅游经济的发展。老街靠老字号扬名，老字号又以老街的网点，集人缘地缘之优势，集中展示老字号丰富的文化内蕴，彼此相得益彰。此外，结合政府的旅游促销等活动，加大对老字号的宣传力度，让老字号深厚的历史文化底蕴得以家喻户晓。每逢长沙火宫殿火神庙庙会期间和春节、端午、中秋，及五一、十一等节假日，火宫殿

127

大打传统民俗文化牌，成了百艺汇集之所，吸引了众多游客的青睐。如复原古戏台，引进傩戏、湘剧、花鼓戏、长沙弹词、长沙快板、方言相声等曲艺演唱轮流登台；茶馆里，弹词、评书、皮影戏、木偶戏竞相上场；恢复手工艺摊担和手工技艺传承，庙坪里，买古玩、剪纸、棕编、捏面人、做糖画、打糍粑、手工微雕、吹糖人各式摊位一个接着一个；舞龙耍狮、舞鼓的队伍从庙坪一直延伸到坡子街、三王街。前来逛庙会的人山人海，来自各行各业，老幼同乐，大家祭祀祈福、品小吃、猜灯谜、听湘戏、看花灯，一时间都沉浸在传统的喜庆之中，为火宫殿文化的传承提供了生命力和持续力。

三、品牌故事

1. 毛泽东与毛家红烧肉

1958年4月12日，毛主席视察火宫殿就餐时，点了一道湖南传统湘菜——红烧肉。他对身边的何炳炎说："家乡的红烧肉有健脑的作用，吃哒健康长寿。"毛主席品尝了火宫殿厨师烹制的红烧肉，感觉口味地道，高兴极了。毛主席这几句平常话语，厨师们都一直铭记在心。厨师们请名师指教，又四处参师，终于创出了一套新的制作红烧肉的烹饪方法。他们用独特的办法让五花肉脱脂，调制更好的红烧浓汁，将一寸见方的五花肉入浓汁煨烧，使该菜色泽更加红亮，口味芳香微甜，肥而不腻，落口消融，老少皆宜。此菜因毛主席喜爱，厨师们亲昵地叫它"毛家红烧肉"。2002年，该菜在全国烹饪大赛上荣获"金鼎奖"，一直成为来火宫殿就餐顾客的必点菜之一。

2. 左宗棠与左宗棠子鸡

左宗棠，湖南湘阴人，晚清重臣。"天下不可无湖南，湖南不可无左宗棠"是清末朝野的呼声。左宗棠在任湖南巡抚骆秉章幕僚时，对火宫殿小吃和湘菜的情结颇深。左宗棠喜爱吃鸡。"左宗棠子鸡"是左府家宴中的一道名菜，广为流传，如今美、英等国的唐人街中餐馆菜谱上少不了该菜。该菜主料选用未生蛋的仔鸡，杀后去粗骨，经腌制入味、过油、调味，其成品色泽金黄、外焦酥、肉鲜嫩，集酸甜辣脆香于一体，不失为湖南传统名菜之一。

3. 曾国藩与湘菜野味

晚清重臣曾国藩、左宗棠、郭嵩焘等在长沙期间均与火宫殿有着某种联系，其中曾国藩嗜好野味。徐珂编撰的《清稗类钞》第十三期中，有曾国藩嗜好野味的记载："曾文正食狐——曾文正嗜好野味，山豚（野猪）、野鹿、野鸡之类，好之尤笃。军人有射得封狐进献者，令宰夫燔之。于是军人庆得其皮，文正庆得其肉焉。即夕开筵，招募兵同食。客低首大嚼，莫能辨味。文正笑曰：此物媚，能惑主，其肉本不足食。以我之饕餮，污诸君齿类，再饭当不设此。举座顿悟。"另外，曾国藩对辣子粉也情有独钟，曰："辣子粉也，每饭不忘，便可邀将，后果如其言。"

咸丰皇帝御书"德威烜赫"题额

清咸丰二年（公元1852年），太平天国攻破郴州，北上直逼长沙。长沙军民奋起抵抗，战81天，不但未攻破城池，太平军首领萧朝贵死于战斗中，大挫了太平军锐气。太平军从广西打到广东，又打到湖南，一路势如破竹，唯长沙则损兵折将败退而逃，这让清朝廷始料未及。据传，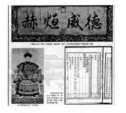
时任湖南巡抚张亮基在奏折中写道，此次大捷，一是全城军民，同仇敌忾；二是长沙庙宇多，有诸神保佑。咸丰帝得此喜讯，龙颜大悦，命大臣从朝廷银库拨出银两，慰劳长沙军民，并亲笔为长沙几座大庙御书题额。长沙火神庙火宫菩萨保佑战火不再蔓延，百姓免遭涂炭，而邀得头功。于咸丰三年（公元1853年）咸丰帝御书"德威烜赫"颁长沙火神庙，现悬挂于火宫殿古戏台正中。

【作业】

1.填空题

（1）火宫殿建于（　　　）年。

（2）"火神庙会"于（　　　）年被认定为省级非物质文化遗产。

2.问答题

（1）什么是火宫殿八大小吃？

（2）臭豆腐的制作过程中有哪几道主要工序？

3.讨论题

火宫殿的饮食风格特点是什么？

【参考文献】

[1]长沙饮食集团长沙火宫殿有限公司.火宫殿[EB/OL]. http：//www.huogong-dian.com/.

[2]陈阁."老字号"品牌的文化保护与传承——以长沙老字号"火宫殿"为例[J].广西经济管理干部学院学报，2014（4）：66-72.

主题 7.2　玉楼东*

玉楼东的来历

长沙玉楼东始建于 1904 年（光绪三十年），至今已有 100 多年的历史。玉楼东初名玉楼春，取白居易《长恨歌》中"金屋藏娇侍夜，玉楼宴罢醉和春"之意。"春"字有召妓饮酒之嫌，因玉楼春酒家正好位于青石桥的东茅巷口，故以"东"字取代"春"字，正式命名为玉楼东酒家。1920 年（民国九年），由当时号称"湖南第一厨"的谭奚庭掌勺主理。谭奚庭早年为殷实户操办酒宴，后受雇于江苏盐商朱乐堂和湖南省省长谭延闿当主厨，故其所制菜点果品除了具有浓厚的湘菜特点外，还兼有江浙淮扬的风味，取料精当，调味讲究，被时人称作"奚菜""奚点"。谭奚庭醉心于烹饪技艺的探究，只求菜肴之完美，常不计成本，因而经年累月难以为继，于是转由姚某经营，但仍由谭奚庭掌厨，生意红噪一时，宾客盈门，玉楼东成为当时达官贵人宴请宾客的首选场所。

【思考题】

玉楼东的饮食文化特点是什么？

---

　* 本主题图片来自企业官网：http：//www.yuloudong.com/。

一、玉楼东企业发展历程

1. 企业简介

长沙玉楼东是一家驰名中外的中华餐饮名店、中华老字号，一直被誉为正宗湘菜的发源地，享有湘菜"黄埔军校"之美誉，是湖南省唯一的国家特级酒家和全国十佳酒家，是湖南省餐饮企业中唯一的"小巨人企业"，是一家久负盛名、饮誉三湘的百年名店。目前，玉楼东正在向集团化、规模化、连锁化的方向迈进，现已形成五直营店、四连锁加盟店的经营格局，拥有玉楼东远大路店、玉楼东五一路店、新玉楼东美食文化广场、玉楼东星沙店和玉楼东张家界店五个门店。随着"两个效益"的不断攀升，玉楼东赢得了社会各界的广泛赞誉。百年磨一剑，"玉楼东"这一金字招牌已深深扎根于广大市民心中，成为家喻户晓的餐饮品牌。玉楼东作为湘菜的突出代表，其菜名更新换代快，获奖菜品层出不穷。随着品牌的不断拓展，玉楼东作为湘菜的第一品牌，已成功走出三湘四水，跻身全国餐饮市场。

现在玉楼东这块金字招牌更加光芒四射，湘菜"黄埔军校"的称谓更加名副其实，菜肴更新换代快，令人常吃常新，受到社会各界人士的高度赞誉，大大丰富了人们的饮食文化生活。玉楼东已在广大食客当中深深扎根，玉楼东已成为人民品尝湘菜，领略湖湘湘饮文化的首选地方。

2. 发展历程

玉楼东真正声名鹊起可追溯到 1920 年，当时号称"湖南第一厨"的谭奚庭掌勺主厨。玉楼东成为当时达官贵人宴请宾客的首选场所。近代翰林出身的著名书法家曾广钧为其题诗曰"麻辣子鸡汤泡肚，令人常忆玉楼东"。1938 年长沙"文夕大火"，玉楼东被烧成一片废墟，一度歇
业。解放后玉楼东迁至今五一广场续业，先后更名为"奇珍阁""广场饭店""实验餐厅"。1985 年，长沙市饮食公司为振兴湘菜，恢复名老特店和传统湘菜，将酒家恢复玉楼东原名。

1990 年，酒家在一代湘菜名厨、中国烹饪大师、湘菜大师许菊云及中国烹饪大师、湘菜大师、玉楼东董事长张涛的带领下，大胆推陈出新，供应麻辣仔鸡、汤泡肚尖等传统名菜数百种，保留了玉楼东的传统风味，同时开设早晚茶，经营长沙地方风味小吃，生意红红火火，成为当时长沙餐饮的一张名片，使百年老店重焕青春。

从 1993 年起，玉楼东大力实施名牌战略，发展连锁经营，其连锁店遍布中国各大中城市。2002 年，玉楼东大刀阔斧进行企业改制，对企业和员工身份实施"双置换"，成立长沙玉楼东有限公司。从此，玉楼东拉开了实施品牌发展战略的序幕，先后开设了直营店、品牌加盟店。企业规模不断拓展，企业知名度不断提升，员工素质不断提高，产品质量不断优化，经营业绩不断攀升。

玉楼东执掌湘菜之牛耳后，并未停滞不前，其不墨守成规，不泥古，既对历史文化有考究，又洞悉当今社会之变化，能在继承传统优秀湘菜文化的基础上加入现代元素，继承中创新，使得这个百年老店日益焕发出新鲜生命力。据《玉楼东志》载："集湘菜之大成，传湖湘之文化，品名师之技艺，掀美食之新潮。"细品之，真恰如其分也！

1993 年获国家内贸局授予的中华老字号称号；1997 年被评为湖南省优秀企业，同年被国家内贸局授予国家特级酒家；2000 年荣获国家内贸局授予的湖南省唯一的全国十佳酒家；2001 年中国烹饪协会授予中华餐饮名店称号；2002 年以玉楼东为骨干企业的长沙饮食集团进入全国餐饮企业 100 强；2003 年中国烹饪协会授予全国绿色餐饮企业；2008 年荣获湖南省著名商标。

二、传承创新

1. 特色产品

湘菜技艺几千年的厚重积淀，从十个方面可看出它深邃的内涵特点：水最为始，火为之纪，味为之本，刀为之要，料为之博，配为之当，器为之美，名为之雅，看为之新，筵为之丰。玉楼东作为湘菜的突出代表，在菜品的传承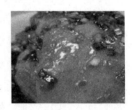与创新方面做出了突出贡献。经典湘菜麻辣子鸡、开屏柴把桂鱼、发丝百叶、酱汁肘子龙舟载宝、毛家红烧肉、洞庭龟羊、金鱼戏莲等先后在全国烹饪大赛上获奖。其中，酱汁肘子多次荣获中国金牌奖。风味小吃有火锅、药膳、烧烤、蒸菜、炖菜、湘点、稀饭、素点八大系列，品种达 320 个之多。

（1）开屏柴把桂鱼。开屏柴把桂鱼是此菜系长沙市百年老店玉楼东酒家特一级烹调师许菊云的创新菜，曾在第二届中国烹饪技术比赛中荣获金牌奖。桂鱼是一种古老的鱼类。1962 年，中国学者在湖南临澄县第三纪地层和湘乡始新统地层中，分别发现秀丽洞庭桂鱼和下湾铺洞庭桂鱼化石，证实当时湖南境内已有桂鱼生存。1972 年，湖南省考古工作者在长沙马王堆一号汉墓随葬动物中，发现了桂鱼骨骼。由此可知，至迟在 2000 多年前的西汉末期，桂鱼已成为湖南人民捕捞和食用的珍贵水产之一。

开屏柴把桂鱼，由传统菜柴把鸡、柴把鸭演化而来。看上去似孔雀开屏冷盘，实际上是热菜，整个形状完全突破了热菜不能拼摆的局限，采用象形拼盘制法，以各种不同性质、不同制法、不同形状的成品拼成，造型逼真，栩栩如生。

（2）麻辣子鸡。麻辣子鸡是具有浓厚地方风味的正宗湘菜名肴之一，首创于长沙玉楼东酒家，已有近百年历史。麻辣子鸡是选用 500 克左右的母子鸡为主料，配以大红辣椒或朝天椒，花椒子为辅料，经茶油炼炒，佐以绍酒、黄醋、大蒜和多种调料烹制而成，由于鸡色金黄，外焦里嫩，味道鲜美，很受欢迎。清末，曾国藩之孙登楼用膳，曾留下脍炙人口的"麻辣子鸡汤泡肚，令人长忆玉楼东"的诗句。湖南气候潮湿，人们易患风湿症，因而形成了爱吃辣椒、生姜的习惯。麻辣子鸡这道名菜，充分体现了湖南的地方特点。

2. 传承人物

（1）许菊云。1948 年出生，湖南省长沙市人。国家高级烹饪技师，中国湘菜大师，中国烹饪大师，中国餐饮文化大师，湖南省技能大师，第十一届全国人大代表，享受国务院政府特殊津贴的专家。先后荣获全国劳动模范称号、全国五一劳动奖章、全国技术能手称号、中国烹饪大师特

金奖、中华金厨特别贡献奖、中国十佳烹饪大师称号、中国烹饪大师突出贡献奖、中国烹饪艺术家称号、中华十大名厨称号及中国烹饪大师金爵奖等。现任中国烹饪协会副会长、中国名厨委员会副主任、世界烹饪大赛国际评委、国家烹饪一级评委、中国外交部外派厨师考核专家评委、美国中餐厨师联谊会顾问、湖南省烹饪协会副会长、湖南省烹饪协会名厨专业委员会主任、长沙饮食集团技术总监。同时，先后被聘任为扬州大学旅游烹饪学院教授、重庆市旅游学校客座教授、四川烹饪高等专科学校名誉教授、陕西旅游烹饪职业学院客座教授、湖南商学院客座教授、湖南省商业技术学院客座教授及长沙市商业职业技术学校客座教授。

1988 年在第二届全国烹饪大赛中他一举夺得一金二银一铜四块奖牌，实现了湖南在全国大赛金牌零的突破。他注重培养青年新秀，毫无保留地传授技术绝活，嫡系弟子达 260 多人，是一位德艺双馨的优秀烹饪工作者，是一位德高望重的烹坛前辈，是湘菜烹饪界的新一代领军人物。

（2）吴涛。1993 年 10 月，获全国第三届烹饪大赛团体金牌。1999 年 4 月，获湖南省人民政府财贸办、湖南省烹饪协会授予的湖南省优秀中青年厨师称号。1999 年 5 月 2 日，被长沙市团委授予优秀青年岗位能手光荣称号。2005 年 10 月 18 日，第十五届中国厨师节在武汉召开，吴涛被授予全国优秀厨师荣誉称号。2005 年 10 月被市劳动局授予长沙市技术能手称号。2005 年 10 月被长沙市劳动竞赛委员会，长沙市烹饪协会、共青团长沙市委授予 2005 年度长沙市杰出青年岗位能手称号。2006 年 4 月 26 日被授予全国五一劳动奖章、湖南省劳动模范称号。2007 年 12 月 10 日被省餐饮行业协会授予湘菜大师称号。

（3）黄邦伟。1993 年 10 月获全国第三届烹饪大赛团体金牌。1999 年 12 月 14 日获全国第四届烹饪大赛团体金牌。2006 年 10 月 29 日被中国烹饪协会授予中国烹饪大师称号。2007 年 12 月 10 日被湖南省餐饮行业协会授予湘菜大师称号。

3. 品牌经营

玉楼东有着 100 多年悠久的历史和厚重的文化，集湘菜之大成，传湖湘文化，品名师之技艺，掀美食之新潮。

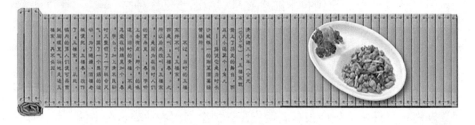

（1）店徽。玉楼东的店徽由"玉"字的汉语拼音 YU 变型，"Y"象征玉楼东人用勤劳的双手迎接四面八方的宾客。

（2）企业精神：互敬、务实、敬业、进取。"互敬"是玉楼东的腾飞之本。团结协作顺人心，同心同德创大业。以理服人、以情感人、精诚团结、同舟共济。"务实"是玉楼东的不败之源。实事求是勤开拓，脚踏实地求发展。勤勤恳恳、扎扎实实、适应市场、诚实经营，形成一种讲实话、办实事、求实效的工作之风。"敬业"是玉楼东的企业之基。竭力为企业，真诚待顾客。尽职尽责，不折不扣，廉洁守纪，文明礼貌，竭诚服务，树立良好的企业公众形象。"进取"是玉楼东人心中永远的理念。奋发自强图大略，勇于竞争大发展。勤奋好学，争当强者，艰苦节俭，优质高效，谋求企业的长盛不衰，兴旺发达。"讲求实效，诚信待人，让每一位顾客都满意"是玉楼东的经营服务宗旨。

三、品牌故事

1. 曾广钧题诗之谜

玉楼东历史上的佳话之一，是曾广钧登楼用餐后留下名句"麻辣子鸡汤泡肚，令人常忆玉楼东"。曾广钧是湘军首领曾国藩的孙子，是一位擅长诗文的高手。曾广钧为玉楼东题诗是可以肯定的。但他题的诗的全文

是四句还是八句，其他几句都是写的什么，又是一个谜了。是因为年代久远没有流传下来？这显然是不成立的，因为比它早了上千年的唐诗宋词都完好无缺地保留下来了。说他写得不好没有传世，似乎也没有说服力，因为就"麻辣子鸡汤泡肚，令人常忆玉楼东"这两句已足以让人垂涎。那为什么其他几句至今是谜呢？解释只有一个，那就是：当年曾广钧是将诗题写在墙上的。当时，曾广钧在玉楼东用餐，大概也吃得很高兴，所以即席赋诗一首，还向服务员（当时称堂倌）要了笔墨，将诗写在玉楼东的墙上。后来墙坍屋倒，玉楼东做厨师的又没几个认识字，记住了与自己做菜有关的这两句，恐怕已经不错了。

2. 玉楼东与名人

"潇湘观景武陵源，佳肴独指玉楼东。"玉楼东悠久的历史和厚重的文化，让历代名人赞赏不已。刘少奇的夫人王光美，军委原副主席张震，著名戏剧家田汉，著名电影表演艺术家谢添、郑再石、陈述、王馥荔、唐国强，悉尼奥运会冠军刘璇，中国羽毛球总教练李永波，中国烹饪协会领导张世尧、林则普、杨柳等，都亲临玉楼东品尝湘菜或品尝过玉楼东派出厨师精心烹制的风味小吃。

芙蓉蟹盒的由来

晚清年间，湘中名将彭玉麟协助曾国藩创办湘军水师，并自任水师都督多年。为攻打天京（南京）的太平天国，彭玉麟的水师长期驻防在安徽、江苏一带的长江水域。这一带的水乡泽国盛产大闸蟹，有位部属送了一筐蟹给彭玉麟尝鲜，但彭玉麟怕部下从送几只蟹入手来攀附他，助长了军中的不良习气，于是
说："此等东西生前横行霸道，死了还张牙舞爪，有个什么吃头！"他令勤务兵将螃蟹退了回去。此后果然再无人敢在彭玉麟面前提吃蟹。给彭玉麟做饭的火头军中有个彭玉麟的远房侄子，外号叫彭猛子，他目不识丁、嗜酒如命，却有一手好厨艺。这日闲了到老乡营盘中去走走，忽遇一军校也是湖南衡阳人，正宗的同乡，那军校想作弄一下猛子，就说："嗨，只要你能让彭帅吃只螃蟹，我就输你一对陈年花雕（酒）。"猛子胸部一拍："这有何难，漫说吃一只，就吃十只八只又如何？你只管将酒给我准备了。"这一日，军中有客人来了，猛子果然端上来一大盘十只蟹，不过这十只蟹不细看绝不知是蟹，因为蟹壳在下面朝天放着，蟹肉都装在壳子里，而蟹肉上又用鸡蛋清打成蛋松糊在上面，就像一只只贝壳里面装满了洁白晶莹的雪花，而在这雪花上面，猛子又别出心裁，用黄瓜、红椒、茄皮、香菜装点出一幅幅漂亮的翠竹红梅图画。菜一端上桌，宾主都怔住了，简直不忍下箸，争相夸奖厨师的技艺高，谁还管是什么原材料做的。精明的彭玉麟此时已看出了是蟹，但他也叹服猛子的手艺，他知道客人一动筷子就会漏底，便干脆借机挑明了。他故意粗声问："这是什么菜，我怎么平日里没有吃过呀？"彭猛子心里正在咚咚打鼓，万一这位叔爷一动怒，可是要挨军棍的呀！他哪里敢说是蟹，情急中随口乱答："这是我们湖南的盒子。"彭玉麟哈哈大笑："你小子扯白都扯不像，这是螃蟹盒子。我平日里不吃螃蟹，是为了杜绝军中的阿谀之气，这与你手艺毫不相干。我倒是觉得你这道菜做得精妙无比，将来定可传世，叫'湖南盒子'甚是不雅，我们湖南别号'芙蓉国'，不如叫'芙蓉蟹盒'吧。"芙蓉蟹盒果然流传至今，成为湘菜精品。

【作业】

1. 填空题

（1）玉楼东建于（　　　）年。

（2）玉楼东于（　　　）年获国家内贸局授予的中华老字号称号。

2. 问答题

（1）玉楼东具有代表性的菜品有哪些?

（2）开屏柴把桂鱼的制作过程中有哪几道主要工序？

3. 讨论题

玉楼东的湘菜风格特点。

【参考文献】

长沙玉楼东有限公司. 玉楼东［EB/OL］. http：//www.yuloudong.com/.

单元 8

粤菜系老字号餐饮文化案例

主题 8.1 广州酒家 *

广州大酒家来历

广州酒家位于文昌南 2 号，始建于 1935 年，光复南路英记茶庄店主陈星海看中了这个地点，便在这里开设了一间酒家，因店址面向西南而取名西南酒家。1938 年酒家毁于火灾。1940 年冬，陈星海、关乐民、廖弼等人集股重建复业，并取"食在广州"之意将西南酒家更名为广州大酒家。

1950 年 2 月，广州酒家歇业，后由蔡伟汉出资复业。1956 年 2 月公私合营后成为国营企业。20 世纪 50 年代末至 70 年代末，广州酒家在饮食业原料十分紧缺的情况下，一方面研制以瓜菜、番薯等物料作包点、馅料的代用品，保证大众化供应；另一方面则钻研烹饪技术，为"广交会"供应创制名菜名点。

【思考题】

广州大酒家在粤菜餐饮行业中的地位和影响如何？

---

* 本主题图片来自企业官网：http：//www.gzr.com.cn/。

138

广州酒家文昌店

一、广州大酒家发展历程

1. 企业简介

广州酒家集团是一家有着 80 多年历史的老字号餐饮企业，以经营传统粤菜驰名，素有"食在广州第一家"的美誉，主营业务包括餐饮服务和食品生产经营，目前拥有十多间酒家、一个大型食品加工基地以及 100 多家食品连锁商场。企业被国家商务部评为中国十大餐饮品牌企业、中华老字号，被国家工商总局认定为中国驰名商标，2015 年粤菜烹饪技艺成功入选广东省非物质文化遗产名录。

企业从改革开放的初期发展至今天，不断抓住机遇，改革创新，锐意开拓，使得公司规模不断发展壮大。近年来，广州酒家以集团化、连锁化、多元化、规模化的经营模式开拓市场，在餐饮服务的基础上大力发展食品工业，由原来的一间老酒家已发展成为现有员工 2000 多人，集餐饮酒家、连锁饼屋、现代化食品厂等十多家企业，总资产达到 5 亿多元的综合性大型饮食企业集团。企业集团拥有八间高级酒家（分店）、一个大型食品生产基地及遍布全市的连锁食品商场，并跻身全国餐饮业十强，成为一个总资产达 5 亿多元的最具广州餐饮特色的大型饮食企业集团。在 2000 年全国餐饮业业绩排名中，广州酒家跻身全国十强，居全省首位，2004 年公司营业收入超过 4.5 亿元，创利税 6000 多万元，取得了较好的社会效益和经济效益。2009 年广州酒家集团全面转制为股份有限公司，集团品牌、技术、管理、资金等资源优势得到了进一步整合。

集团主营业务有餐饮服务和食品生产经营两大板块。广州酒家集团拥有众多高级烹调、面点和服务大师，不断致力于发掘传统粤菜文化和创新菜品服务，备受赞誉。目前拥有十多间酒家、一个大型现代化食品加工基地以及近百间利口福连锁食品商场。

大型现代化食品生产基地——利口福食品有限公司，通过了 ISO 9000、HACCP、QS、绿色食品等认证，拥有专业的技术研发与食品检测中心和多条先进生产流水线，生产中秋月饼、速冻食品、秋之风腊味、西饼面包、方便食品等八大系列上百个品种。其中，中秋月饼更成为广式月饼的龙头，位居全国三甲，获中国名牌产品称号、绿色食品标志。广州酒家、利口福、秋之风等商标被评为广东省著名商标。

2. 企业发展历程

1935年广州酒家始建于文昌南2号，取名西南酒家；1938年酒家毁于火灾；1940年冬，陈星海、关乐民、廖弼等人集股重建复业，并取"食在广州"之意将西南酒家更名为广州大酒家；1950年2月，广州酒家歇业，后由蔡伟汉出资复业；1956年2月公私合营后成为国营企业；1957~1980年研制以瓜菜、番薯等物料作包点、馅料的代用品，保证大众化供应，为"广交会"供应创制名菜名点；1983年，酒家自筹和贷款进行全面装修改造，成为国家旅游城市定点接待单位；1988年9月，酒家被商业部评定为国家二级企业；1989年12月30日开设了滨江西广州酒家分店；1991年正式成立广州酒家企业集团，获得中华老字号、全国十佳酒家等荣誉称号；2000年全国餐饮业业绩排名中，广州酒家跻身全国十强，居全省首位；2009年广州酒家集团全面转制为股份有限公司。

3. 公司荣誉

广州酒家多次被评为全国、省、市优秀企业，先进集体，文明单位，如中华老字号、国家二级企业、国家特级酒家、全国十佳酒家、全国精神文明建设工作先进单位等；企业有3人荣获全国劳动模范称号；董事长温祈福更获全国五一劳动奖章、全国优秀企业家金球奖等荣誉。

二、传承与创新

广州酒家集团在秉承传统粤菜精华的基础上，深度发掘和弘扬粤菜文化，开发出满汉大全筵、南越王宴、五朝宴等宴席，并不断积极促进粤菜的创新和发展。近年来还开拓了"天极品"等副品牌，促进餐饮板块的多层次发展。

1. 特色产品

"宽、容、博、大"，"集东西南北，融古今中外"，"食全食美"都为"广味"之"广"。广州得天时、地利之优势，食物资源丰富，自古就民丰物阜，随着秦汉以来中原饮食、文化的精华带来了广州，扩大了广州人的饮食、文化领域，随着与海外进行商品和文化的交流，广州的饮食发展空间得到无限延伸。广州菜用料广而精，配料多而巧，使粤菜用料"广"而先胜人一筹，这也是粤菜脱颖而出、名扬海内外的原因。

在餐饮服务方面，广州酒家常年供应数千款佳肴美点，菜肴色、香、味、型、皿俱佳，有一品天香、麻皮乳猪、三色龙虾、白玉罗汉、广州文昌鸡、百花酿鸭掌等名菜和娥姐粉果、蟹肉灌汤饺、沙湾原奶挞等。

（1）广州文昌鸡。广州文昌鸡是一道美味佳肴，属于粤菜菜系，主要原料是肥嫩鸡、鸡肝、湿淀粉、上汤、郊菜、淡二汤等，特点为造型美观，芡汁明亮，三样拼件颜色不同，滋味各异，为广州八大鸡之一。广州文昌鸡的"文昌"二字，含义有二：一是首创时选用海南文昌县的优质鸡为原料；二是首创此菜的广州酒家地处广州市的文昌路口。文昌县产的鸡体大，肉厚，但骨较粗硬，以常法烹制，难于尽其特点，20世纪30年代广州酒家名厨梁瑞匠心独运，把它去骨取肉，用切成大小相等的火腿和鸡肉拼配成形，扬其所长，避其所短，恰到好处，数十年来，文昌鸡已传遍国内外。

（2）仿古筵席。将饮食行为从满足基本生理需求提升到一种文化享受，这是人类文明的进步，广州酒家通过开发仿古筵席将中国传统文化演绎得淋漓尽致。

1）"满汉大全筵"。"满汉大全筵"滥觞于清代中叶的宫廷，它将满汉两族的烹饪精华珠联璧合，是我国饮食文化中的一朵奇葩，其取料之珍稀、技艺之高超、器皿之精致、排场之繁复，在世界烹饪史上是屈指可数的，故有"天下第一宴"之称。

广州酒家推出"满汉大全筵"取料共一百零八款，它取三十六天罡、七十二地煞之数，寓天地万物、飞潜动植包罗万象之意，供宾客分四餐享用。其中，四时蔬果、水陆杂陈，有冷有热、有咸有甜、有荤有素，"飞"有东北飞龙鸟；"潜"有鲍、参、翅、肚、生猛海河鲜；"动"有哈尔巴；"植"有猴头菇、竹笋等。款款佳肴寓意深远，如"麒麟送子""龙马精神""一品天香""独占鳌头""海屋添寿"等。

2）五朝宴。千百年来，历朝历代产生了数不胜数的名菜佳肴，款款佳肴引出一段段瑰丽多彩、引人遐想的传说与故事。广州酒家通过对历朝古都进行实地考察，遍尝各地名店美食，并与当地名厨名师考究古菜沿革，继而推出了蕴含浓郁历史文化韵味的"五朝宴"。

五朝宴将唐、宋、元、明、清五朝的经典名菜与典故完美糅合。食客一边品尝美馔，一边体味典故，不啻美的享受。且听：唐徐茂公病危，太宗李世民为保重臣，毅然剪下胡须为其治病，"英公延寿"由此而来；"比翼连理"乃宋人有感于牛郎织女"在天愿作比翼鸟，在地愿为连理枝"的动人故事而创制出来的；"白玉如意"是明太祖朱元璋昔时最钟爱的面食；"黄金肉"为满清始祖努尔哈赤所创，一直被誉为"满族珍馐第一味"。

3）南越王宴。2000多年前，南越国中的"食官""厨丞"将中原先进的烹调技艺和炊具与越地丰富的食物资源及饮食方式完美糅合，在广州耕耘着岭南的饮食文明，历经2000年不断改进发展提高，形成独树一帜的粤菜风格，奠定了"食在广州"的历史地位。为发掘南越国时期的饮食文化，阐释"食在广州"的食文化品位，广州酒家与专家学者一道研究历史资料，酝酿取证，精心研制，重现昔日的食文化盛宴——"南越王宴"。

文昌南越王宴
越人小食——蚕蛹

豆干

金钱鸡

龙虱

萝卜条

山坑螺

田文鱼

虾干

斋扎

"南越王宴"菜品

（3）中秋月饼。"月是故乡明，饼是广州好"，广州酒家有着数十年悠久的月饼生产经验，生产的月饼具有色泽金黄、油润软滑、甘甜不腻、皮薄馅优、花纹玲珑清晰、角度四正分明、饼身膨胀呈腰鼓型、饼底杏皮色幼砂眼等特点，深得消费者喜爱。

作为广州酒家的月饼生产企业，利口福公司在月饼生产上引进了国内独一无二的热油循环莲蓉生产系统、隧道式月饼烘烤炉、多功能月饼自动生产成型机、全自动包装机等设备，从馅料生产、月饼成型、烘烤到包装实现全自动化生产，真正做到统一管理、统一原料、统一馅料、统一制作、统一检验。在保证质量的同时，产量也达到前所未有的水平，日生产能力达 7 万盒以上。

近年来，利口福月饼产销量以年均 10% 以上的速度递增，产销量一直稳居广东省第一位，居全国前三甲，成为国内广式月饼产销量最大的生产企业。2006 年，利口福月饼荣获中国名牌产品称号，月饼及馅料获得绿色食品标志，产品连续 8 年在国家质检部门抽查监督中全部合格，连续 4 年荣获国饼十佳称号。

广州酒家集团利口福有限公司还是月饼国家标准的制定单位，先后参与了 GB19855《月饼》、SB/T10351.1《广式月饼》、SB/T10266《月饼通用技术条件》、GB2760《食品添加剂卫生标准》等国标或行标的制定工作，树立了企业在行业中的权威地位。

2. 名师传承

（1）黄振华。黄振华，广州酒家前任总厨，中国特级厨师 。1990 年的世界杯烹饪大赛在卢森堡举行，24 个国家的烹饪大师分别代表自己的国家，中国队一行 12 人，队长就是黄振华。在一个 20 平方米的展台上，各队要完成面点、热菜和冷菜的制作。热菜，一人量的午餐 4 道菜，一人量的晚餐 7 道菜；冷菜，8 人量的大拼盘两个，餐前小点 8 款。全部要做 130 份，现场烹饪，并保鲜一天。黄振华和 5 个助手一起，经过 50 多个小时，最终拿到了金牌。

（2）吴自贵。吴自贵，广东顺德人，国家高级烹饪技师，中国烹饪协会会员，全国餐饮认定师高级营养师，现任广州酒家企业集团广州酒家滨江西有限公司总厨师长。

1989 年滨江西路店开张的时候，吴自贵已经担任了厨师长。自 1977 年从广州旅游服务中专毕业后进入广州酒家，他拿了 6 年的锅铲，1983 年升任广州酒家文昌店二楼厨房的厨师长，吴自贵对粤菜的心得和才华得到了认可。2005 年，吴自贵成为广州酒家企业集团的总厨和出品总监。1995 年的第三届美国"传统杯"世界大赛，队长则是吴自贵，比赛只有热菜和冷菜两项。吴自贵捧回了热菜铜牌和冷菜银牌。

吴自贵　　　　　　　　　吴自贵及其弟子

3. 品牌文化——优先原则

广州酒家集团的工作人员习惯称呼自己为"广酒人"，而广酒人将自身的特征罗列为"激情、真诚、阳光、厚道、自信、勤奋、朴实，严于律己，努力提高内在素养"，"广酒人"相信只要经常保持一种积极向上的心态，坚持不懈地努力，总有一天会通过自己的双手改变自己的命运。

广州酒家集团不仅倡导"诚暖顾客心"的经营理念，更加倡导中华民族的传统美德——孝敬父母、尊重师长、相互帮助、知恩图报，坚持"诚实、勤奋、思考、沟通、学习、进步、谦虚、包容"的价值观。集团在经营中奉行着一套独特的优先法则，即"公司领导与员工之间，员工优先；公司领导、员工与客人之间，客人优先"。

集团本着"诚暖顾客心，做到待客诚心、服务诚恳、买卖诚实"的企业精神，以"服务于大众"为经营宗旨，以"坚持高、中、低档并举，丰俭由人"为经营方针，坚持"顾客至上，服务第一"的经营思想和"质量第一，以质取胜"的经营战略，为实现"广酒人"的目标"食在广州第一家，打造中国粤菜精品，树百年粤菜饮食文化"而努力。

广州酒家认为"尊重员工，对员工负责"要表现在人尽其才、充分授权、鼓励创新、关心员工生活、倡导平等、公平；认为"尊重客户，客户是老板"，顾客是来消费的，只有提供超出顾客以外的需求，顾客才会再次回头，效益才会更好；尊重员工、尊重顾客，才能使企业的发展效益更好，才能对股东负责，让股东感受广州酒家经营带来的效益。

三、品牌故事

1. 番薯宴——"不可能完成的任务"

20世纪50年代，某届全国人民代表大会在广州召开，地点就是广州酒家。广州酒家曾经要完成一次400名的人大代表接待任务。因为当时的社会物质极度匮乏，广州酒家面临的全部原料只有一种——番薯。面对着来自全国的人大代表，广州酒家的大厨迎难而上，煎、炒、煮、炸，对各种番薯极尽加工之能事，就用这些原料，厨师和点心师们试制出了60多款点心和30多款菜肴，宴会当日，推出了每桌9个菜的"番薯宴"，其中，"西汁薯脯""五彩炒薯丝"两款评价最高，甚至还得到了当时用餐的归国华侨的称赞："西洋的西菜味道都没有番薯菜这样好！"让与会代表们啧啧称奇，也受到了政府的高度评价。

2. "满汉大全筵"——"天下第一宴"

1957年，政府安排在广州酒家召开第一届美食节。当时政府把美食节安排在广州交易会之前，寄予厚望。一方面是想通过广州酒家美食节来招待交易会宾客，另一方面也是希望通过美食节，展示新中国的美好形象，宣扬"食在广州"的美食文化。就是在当时相对困难的条件下，广州酒家不负众望，制作出了著名的"满汉大全筵"，让国内外宾客大开眼界，叹为观止。

"满汉大全筵"将满汉两族的烹饪精华珠联璧合，是中国饮食文化中的一朵奇葩，其取料之珍稀、技艺之高超、器皿之精致、排场之繁复，在世界烹饪史上是屈指可数的，故有"天下第一宴"之称。偌大的中国也只有广州酒家和北京的御膳房有能力承办。

知识拓展

"南越王宴"的故事

现在的岭南饮食文化，其实是从赵佗开始将中原先进的烹调技艺和炊具引入南越，并和当地丰富的食物资源和饮食方式糅合而成，使"飞、潜、动、植"都成为佳肴，最终形成兼容并蓄的饮食风气，流传到今天。因此，"南越王宴"可谓充分展现岭南饮食文化之源的代表作。

　　南越王宴共有九道主菜，出自史料记载的九个典故，原料选择秦时越人喜欢吃的蛇、鸟（雀）、海产类等，烹制方法也效法当时流行的烩、烙、炮、炙等做法，连餐前小食也精心选择，如选用当时流行吃的槟榔、荔枝干、青榄等。

　　"灵渠水浸煮河鲜"菜式来自"灵渠船曲"的典故。秦始皇三十年令史禄于铁炉村一带开凿灵渠，沟通湘水和漓水。灵渠是世界上第一条船闸式人工航道运河，当时秦军大批粮饷物资通过水路运送，为最后统一岭南提供了条件，而河鲜则是当时越人最常吃的食物之一。

　　"思乡饺变烙豆酿"其实是大家熟悉的东江酿豆腐，不过背后的典故则是

"越王思汉"：据传赵佗是最早从中原落户到南越的客家人，领军南下越地后未曾返回故里，尽管生活上已融入岭南习俗，但常有思乡之情。赵佗喜欢吃饺子，但当时南方少有麦面，于是将豆制品酿以肉馅，权当饺子以缓解思乡之情，民间流传这就是客家菜东江酿豆腐的来源。

【作业】

　1. 填空题

（1）广州酒家的饮食文化属于（　　）饮食文化。

（2）广州酒家集团股份有限公司始建于（　　）年。

（3）满汉全席在中国只有（　　）和（　　）有能力承办。

　2. 判断题

（1）"满汉大全筵"将满汉两族的烹饪精华珠联璧合，是中国饮食文化中的一朵奇葩，有"天下第一宴"之称。　　　　　　　　　　　　　　（　　）

（2）东江酿豆腐是粤菜但是不属于客家菜。　　　　　　　　　　（　　）

　3. 讨论题

（1）从广州酒家产品文化方面的开发得到什么启示？

（2）广州酒家的饮食文化特点是什么？

主题 8.2 杏花楼*

杏花楼的来历

　　1851年，在沪广东人徐阿润于福州路山东路转角处创立杏华楼。专营广式餐饮。徐阿润早年曾在外国轮船上掌厨，退休后在上海利用自己的养老金开设了这家小吃店。白天主要供应广州风味的腊饭，晚上供应五香粥、鸭子粥、云吞等。1872年，徐阿润因年近耄耋，于是将杏花楼盘给他人经营，后多次易手。

　　1913年民国初期，由于来沪经商的粤商逐渐增多，因此以粤菜为主的杏花楼生意日渐兴隆，店主李金海将最初的杏花楼小店扩建成一座老式两层楼房，取名"探花楼"，1927年，杏花楼再度翻修，建成一座七开间、四层高的酒楼，全店可同时开宴席将近百桌，成为当时沪上最大粤菜馆。申城工商界、军政各界名人都曾前往就餐，李宗仁、孙科、杜月笙等常至杏花楼就餐。此外一些官方大型宴会也放在杏花楼举行。由于业绩斐然，店主认为原店名不够文雅，因而决定更改店名。后经一位中学教师苏某建议，随据唐朝大诗人杜牧的诗句"牧童遥指杏花村"而更名为今名，即杏花楼。并且，聘请同为粤人的清末榜眼、知名书法家朱汝珍题写了"杏花楼"三字作为招牌。

---

　　* 本主题图片来自企业官网：http://www.xhlgf.com/。

【思考题】

从杏花楼的来历谈谈其饮食文化有什么特点？

一、杏花楼发展历程

1. 企业简介

杏花楼是家以餐饮起家、月饼发家的百年老店，声名遍布海内外，创始于清朝咸丰元年（公元1851年），属于海派粤菜馆，1998年改制成立杏花楼股份有限公司。

杏花楼擅制各式海派粤菜，中西糕点，粽子腊味；尤其以精制月饼著称。公司生产的杏花楼牌月饼具有外形美观、色泽金黄、软糯润滑、口味纯正、香甜适口的鲜明特色，以久放依旧软糯的品质著称。

公司坚持与时俱进的产品创新，不断地融入现代理念，使月饼向安全健康食品发展，又在优化月饼特色的基础上精益求精，从而保持鲜明的产品特色，历久不衰。

公司注重高起点品牌发展战略，实施科技管理创新，在月饼生产上率先导入HACCP危害分析和关键控制点质量管理体系，2002年又通过ISO 9001：2000标准的质量管理体系认证，使公司登上新的科技平台。公司建立了市场化的营销体系，月饼占了上海半壁江山，并进一步拓展了国内外市场，产品远销海内外。

几十年来，杏花楼月饼一直以销量、质量、技术、效益领先同行，连续五年月饼产值创亿元以上，获得国内各类奖项30余项。1997年杏花楼月饼商标被评为上海市著名商标，1998年以来连续四年进入上海名牌产品五十强和百强企业名单。

经过150年的发展，目前已成为集酒店、餐饮多个老字号品牌为一体的杏花楼食品餐饮股份有限公司。公司多年来始终遵循传承经典、融入时尚的发展理念，已发展成在上海乃至全国的餐饮行业享有较高声誉和较大影响力的餐饮企业。

2. 发展历程

1927年，杏花楼员工推荐名厨李景海当经理，在杏花楼发展史上可称为决定性的转折。他招股成立了股份制，并将店面扩建成七开间门面、钢筋水泥结构的四层楼饭店，将"探花楼"更名为"杏花楼"，全称是"杏花酒楼昇记股份有限公司"。当时，杏花楼的底层设外卖专柜，供应广东土特产；二、三层专营酒菜筵席；四楼设"船厅"，壁挂名人字画，全套红木家具，并专门到景德镇定制一些仿古彩釉瓷品，将餐厅布置得古色古香、典雅别致。从此，杏花楼吸引了大批工商界、军政界人士，名声大振，生意兴隆，声誉日高。除供应正宗粤菜，还兼营欧美大菜。

1930~1940 年，杏花楼有一幅五尺见方的木刻作品，名曰"探花图"，描绘的是状元、榜眼、探花及第三人骑马赏花的情景，木刻两侧配一副对联"长剑一杯酒，高楼万里深"。并请章太炎赠上一副对联"蜜汁能消公路渴，河鱼为解巨君愁"，横批是苏宝华题"婆娑尊俎"四字；于右任也赠对联"诗传画意王摩诘，船载书声米舍人"。

解放后，杏花楼几经装修改造，由原来的四层变成五层。一次可摆上百桌酒席，上千人可同时就餐，设有精致包房，装有中央空调，设备更加完善，装潢也讲究。由于菜肴选料精细、滋味鲜美、清淡可口，体现出浓郁的广东风味，深受中外顾客的好评。上海第一任市长陈毅曾来杏花楼就餐；上海前市长汪道涵来店就餐后留下"群贤毕至"的字墨；美国参议员爱德华·肯尼迪一家在杏花楼品尝由名师烹制的西施虾仁、酥炸淇淋球、蚝油牛肉等菜肴后赞不绝口，并称"如果你们到波士顿去做生意，一定非常好！"很多港、澳、台同胞及海外华人来到上海，还专程寻找杏花楼吃饭。

1998 年，杏花楼改制成立股份公司。2002 年，更名为杏花楼食品餐饮股份有限公司。

1928 年，杏花楼开始制作广式月饼。1933 年，特请上海著名国画家杭樨英绘制了一幅具有浓郁民族气息的重彩国画——"中秋明月，嫦娥奔月"图案，并配以"借问月饼哪家好，牧童遥指杏花楼"的诗句，寓意入画，耐人寻味，此画沿用至今。1995 年，杏花楼建成了地处浦东金桥占地 7000 平方米的食品厂，进一步做强、做大月饼品牌，连续被评为上海名牌产品 100 强和代表上海的"国饼十佳"之一。1998 年，企业以月饼为核心的品牌延伸形成系列，创出"春季糕团，夏季粽，秋季月饼，冬腊味"的四季品牌，形成长线产品与短线产品的品牌联动效应，开创了传统食品新潮。2003 年，杏花楼月饼、糕点、腊味被评为上海商业领头羊品牌，品牌战略卓有成效，被《解放报》头版报道"传统品牌赢了现代商机"。

3. 今日辉煌

2005 年，公司新建了地处浦江镇，占地 3 万平方米的国内规模超大、设备先进、自动化程度高、以"FDA+DIY"理念设计建立的现代化食品厂，被专家称赞为是以食品安全为第一考量的花园式工厂。产品研发大楼成立以总经理挂师、厂长负责、高技和专业人才组成的新品研发小组，以安全、卫生、提升、创新的工作方针，以引进、创新与自我研发结合，发扬传统经典，开创食品现代品质，打造"大众精品"的食品发展方向。公司已形成食品系列化，其中中点50余种，西点100余种，肉制品40种，正在研发的休闲食品及引进产品15种。

如今杏花楼仍以地道粤菜和精制月饼著称，同时又经营中西糕点、粽子腊味等，其手工生产的广式月饼被评为"上海市非物质文化遗产"。20世纪90年代以来，杏花楼快速发展，以现代商企的运作经营品牌，实施经销扩张与增强内涵的转化。上海杏花楼（集团）股份有

限公司已成为一个以特色餐饮业、品牌食品加工业和现代酒店业为核心产业的大型企业集团，拥有杏花楼、新雅粤菜馆、功德林、沈大成、小绍兴、扬州饭店、洪长兴、燕云楼、五芳斋点心店、老正兴、德大西菜社、德兴面馆、老半斋、鲜得来等一大批著名老字号企业，荣获中国驰名商标、中国名牌产品、上海市著名商标等。

4. 名师传承

（1）李金海。李金海，广东番禺人，自1888年开始，便在杏花楼厨房担任学徒，后成为该店名厨，1927年经过店员一致推荐，开始执掌杏花楼。

（2）徐璎俊。徐璎俊，杏花楼莘庄店技术总监，中式烹饪高级技师。曾获得FHC国际烹饪艺

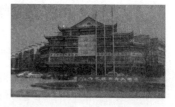

术大赛烹饪银牌和中国烹饪大赛金奖。他以时尚、实用、新颖、中西合璧的烹饪技艺将中国烹饪的艺术和美食完美结合。

二、传承创新

1. 特色产品

杏花楼知名菜肴有明炉叉烧、脆皮烧鸭、西施虾仁、蛇羹、香露葱油鸡、清炖海狗鱼、龙虎门、植物四宝等，其中龙虎门最为知名。杏花楼制作该菜肴时，选用眼镜蛇、金环蛇、过树榕蛇、猫、豹狸肉为原料，加以鸡丝、鱼肚、冬菇丝、木耳丝及调料烹制而成，风味独到，堪称沪上一绝。

（1）招牌菜。杏花楼的招牌菜主要有鸿运乳猪、泰式咖喱皇肉蟹、香葱生焗大连鲍、红焖海豹蛇、大虾粉丝煲等。

1）金牌鸿运乳猪。金牌鸿运乳猪选用 6 斤左右的乳猪，烤制后麻皮脆、香，无奶骚味。烤好后等一小时再切食，这时的乳猪味最美。出自广东，流行于东南亚，是喜庆宴席和重大活动时的首选，体现喜庆吉祥之意。

2）大虾粉丝煲。大虾粉丝煲是把粉丝做成主料烹制，用粤菜干捞和干炒的方法来操作，用冷水炮制特选的粉丝来加工，在烹制中加入资质的 XO 酱和草虾一同急火干炒，出锅时加入椰菜和香菜梗炒匀装入热煲。此菜具有干香、鲜辣、浓郁的口感，粉丝爽口有弹性、不黏连不结块。

3）香葱生焗大连鲍。作为"海味之王"的大连鲍是中国大连的特色。选用 2 两 1 只的大连鲍，采用粤菜传统的烹饪技法之生焗的方法操作大连鲍，肉嫩干香爽口，新鲜美味。烹制好后把原料装入垫有干葱的日本煲内，撒上葱绿的葱段，出品前烧热喷上自制的香料酒，上桌时热气腾腾，香味四溢，是一道色、香、味俱佳的特色菜肴。

4）健康养生炖汤。健康养生炖汤所用辅料有当归、虫草、虫草花、淮杞、枸杞、红枣、五子毛桃、鲜芦荟等。加上主料，炖五小时。投放原料充足，在炖时须将汤整理两次，再复炖出品。口味清甜，回味纯香，含丰富的胶质蛋白，有质感。

（2）杏花楼月饼。杏花楼月饼是杏花楼最负盛名的产品之一。1928 年，杏花楼首次推出广式月饼。专门聘请粤菜名厨定制独家配方。其中，豆沙采用海门特级大红袍作为原料，莲蓉使用湖南通心湘莲，椰蓉采用海南特级椰丝，橄榄选自广东西山，另有浙江北山的杏仁、云南头笋核桃等。此外，玫瑰豆沙月饼亦是其一大特色，必须选用两年以上的玫瑰花来制作以取代高粱酒。杏花楼月饼配方现储存于上海浦东发展银行的保险箱中。

杏花楼的月饼以独特的配方、精湛的工艺、长久软糯的特质，享誉海外。杏花楼坚持"千锤百炼，精益求精，信誉至上"的质量方针，使杏花楼月饼达到了经典与时尚交融的崭新意境，成为中华国粹的文化结晶。连续多年被评为上海名牌产品 100 强，并成为唯一入围"国饼十佳"的上海月饼。

2. 品牌经营

（1）改革求发展。杏花楼集团的发展历史上，经历了两次改革重组。20世纪90年代后期公司进行了第一次改革，由行政性公司改组成为企业，开始了面向市场求发展的经营实践。企业化以后，杏花楼集团虽然迈出了第一步，但是市场化的程度还远远不够，于是引发了杏花楼集团的第二次改制。2000年，杏花楼集团按照现代企业制度的改革要求，通过引进社会资本、自然人持股、企业经营者群体持股等方式组成了多元投资的有限责任公司。自此，公司进入了市场竞争的角色定位。

市场定位最大的体现就是主动性和成本意识。餐饮业是市场的前沿部分，历来是竞争激烈的地方。杏花楼集团的经营决策者们在其中摸爬滚打多年，强烈的市场意识使得其具备了很强的主动性。

2002年底，"SARS"席卷全国，各行各业都受到了严重冲击，餐饮业更是首当其冲。餐馆关门，员工回家，损失似乎是避免不了的，但杏花楼集团却突出奇招。他们利用"SARS"期间经营的低潮，对集团主要的特色餐馆进行了一次装修改造。"SARS"过后，餐饮市场迅速回升。此时，杏花楼集团的特色餐馆面貌一新，迎来了经营的高潮。企业节约了一次大装修的时间，这种市场的灵性如果不是成本意识深入人心是不会有的。

通过积极的、富有远见卓识的调整，杏花楼集团所属的众多老字号餐饮企业焕发了蓬勃的经营生机。2005年，杏花楼集团营业总收入达到8.1亿元，实现经营利润6000多万元，名列全国餐饮业经营百强前列。具有150多年历史的著名老字号——杏花楼品牌荣获最具影响力的上海老商标殊誉。

（2）振兴老品牌。在40多年的经营发展和历史变革过程中，杏花楼集团集合了上海餐饮业众多的老品牌。在背靠他人所羡慕的金字招牌的同时，杏花楼集团也肩负起了振兴发展老字号品牌的历史责任。

集团所属的老字号品牌，是前人们历经百年沧桑而累积起来的。延续这些老品牌的"香火"，更需要今天的杏花楼人在细节上做出一丝不苟的努力，反映在餐饮上就是无比考究。例如，蚝油牛肉是一道几乎所有餐馆都会提供的大众菜，但是集团旗下新雅粤菜馆的蚝油牛肉，却秀出群伦，做得比别家都好。原因很简单，因为一头牛身上只有特定部位的小部分牛肉适合用来做蚝油牛肉。集团旗下扬州饭店的蟹粉狮子头是闻名上海滩上的一道名菜，之所以如此，就是饭店用来制作蟹粉的螃蟹有着严格的标准，非鲜活的坚决不用。开在北京的杏花楼集团下属企业沪江香满楼，为保证上海特色小吃和风味菜肴的品质，每隔几天就要从上海采购新鲜的蟹粉冷藏空运进京。

（3）谋求新发展。餐饮业是杏花楼集团发展的基础。通过两次企业改革的推进，新观念、新体制、新机制的形成特别是品牌战略卓有成效的实施，杏花楼集团的经济实力、品牌声誉、经营能力迅速得到了充实和提升，企业进一步发展的基础已经铸就。

在经营发展思路上，杏花楼集团以老字号特色餐饮品牌为基础，积极延伸产业链。一方面，向食品工业方向开拓；另一方面，投资发展现代酒店宾馆业，不把鸡蛋放在一个篮子里。目前已形成老字号特色餐饮业、食品工业、现代酒店业齐头并进的产业发展格局。

月饼是杏花楼集团重要的经营项目之一。2005 年，在竞争日趋激烈的月饼市场，杏花楼集团的名牌月饼以深入人心的品牌效应、优质的产品质量和高超的市场营销方式，创造了销售业绩超过 3 亿元、稳占上海月饼市场半壁江山的历史新成绩。杏花楼月饼的经营成功，不仅仅来自其优秀的历史沉淀，还和其不断地创新有关。月饼制作的关键在于配方，杏花楼月饼的百年配方被视为经典，锁进了银行的保险箱。但是杏花楼人并不满足于此，在科技含量的投入、现代工业化大生产以及连锁销售等领域实施了更大的发展举措。

2005 年，杏花楼集团投资 1.8 亿元在闵行、松江工业园区建造了占地 100 亩的两大食品工业基地，引进先进的食品生产流水线十余条。食品工业基地的建成标志着集团的食品生产从传统作坊实现了向现代化食品工业发展的重大飞跃；集团的另一个投资方向是现代酒店宾馆业；2006 年，根据黄浦区政府拓展老字号品牌的发展战略，集团收购了另一家具有一定餐饮知名度的小绍兴公司全部股权，小绍兴、鲜得来、小金陵等一批具有一定社会影响力的餐饮品牌又进入了杏花楼集团品牌大家庭的行列。

三、品牌故事

1. "嫦娥奔月" 月饼包装的故事

杏花楼月饼的包装是一大特色。从 1928 年推出月饼起，杏花楼月饼便一直采用 "嫦娥奔月" 作为包装主题。当时，老板李金海特请当时上海最著名的画家杭穉英，依据中秋时令和神话传说故事，绘制了一幅 "八月中秋月更明，月里嫦娥舞蹁跹" 的图画作为包装。20 世纪 70 年代，杏花楼曾经聘请沪上著名画家唐云绘制了一幅 "嫦娥奔月"图。1985年，又请知名画家李慕白再绘制了一幅"嫦娥奔月"图，并以此制作了纸盒和铁盒两种包装，一直沿用至今。

2. 杏花楼店招牌

杏花楼店招牌是清朝末科榜眼朱汝珍特地为该店书写。这块七尺许长、三尺许宽的红木匾额，上写"庚午孟冬"，落款是"朱汝珍"和"甲辰榜眼"两枚印章。这是朱汝珍留存为数不多的墨迹中的一块，还是他第一次也是唯一的一次书写店招。这块招牌历经80多年的风风雨雨，终在杏花楼员工的全力保护下得以保全，至今仍悬挂在杏花楼大厅正门口。

知识拓展

杏花楼股票

在全国老股票收藏圈中，上海杏花楼的股票是颇为珍贵的。其年代虽不算早，并不是清朝或民国早期的股票，但由于是上海滩著名的百年老店和名店杏花楼的股票，流传下来极少。这枚1947年发行的上海杏花楼升纪股份有限公司股票（即杏花楼股票）设计精湛，印刷精美，刷色为红中带紫，看起来典雅庄重，极具中华民族的文化特色。这样漂亮的股票在老股票中不多见。该股票由上海新中国印刷公司代印，其尺寸为26.5cm×32cm。

杏花楼于1927年创立品牌，近百年来坚持传承优秀，不断为品牌注入内涵。杏花楼的品牌、商业史凝聚着传统文化和时代新意的企业发展写照。红杏枝头春意闹，百年品牌展新貌。杏花楼集团的老字号品牌团队，正在不断谱写中华老字号餐饮品牌振兴发展的新篇章。

【作业】

1. 填空题

（1）杏花楼名字来源于杜甫的诗句（　　　）。

（2）杏花楼的创始人是（　　　）。

（3）杏花楼的特色产品是（　　）。

2. 选择题

（1）（　　）年清朝末科榜眼朱汝珍特地为杏花楼书写招牌。

A.1921　　　　　B.1930　　　　　C.1940　　　　　D.1851

（2）杏花楼发起于（　　）年。

A.1921　　　　　B.1930　　　　　C.1940　　　　　D.1851

3. 讨论题

从杏花楼 150 年的发展史讨论企业是如何进行传承与创新的。

【参考文献】

［1］林永廷 . 红杏枝头春意闹——"杏花楼"集团（有限）公司品牌振兴记［J］. 上海国资，2006（6）：52-54.

［2］杏花楼食品餐饮股份有限公司 . 杏花楼［EB/OL］.http://www.xhlgf.com/.

主题 8.3　莲香楼 *

 导入案例

"莲香楼"的由来

　　莲香楼是一所过百年历史，有着"莲蓉第一家"美誉的老茶楼。莲香楼的前身是 1899 年在广州城西关一隅开业的一家专做糕点美食营生的糕酥馆。据说糕酥馆有位陈师傅有一天在啜饮莲子糖水时突然联想到如何改进制饼工艺，那碗中莲子散发出的清香令他灵机萌动，他决意用莲子来制作饼点馅料，经过多次尝试，陈师傅终于试制出色泽金黄、幼滑清香的莲蓉馅。为达精益求精，

---

　　* 本主题图片来自企业官网：http：//www.lianxianglou.com/。

该店严格选用当年新产的湘莲。这样一来，店里生意火爆，名气日渐远播。直到光绪年间，生意兴隆、门庭火旺的糕酥馆才改名为"连香楼"，并扩大经营。在 1918~1928 年，先后在香港岛和九龙最繁盛的地段（皇后大道中、旺角）开设了两家分店。

为了保证饼食质量，该店严格选用当年产的湖南湘莲。由于制作讲究，生意日渐兴隆。宣统二年，一位名叫陈如岳的翰林学士，品尝了莲蓉食品后，有感于莲蓉独特的风味，提议给连香楼的连字加上草头，众人一致赞同，他遂手书"莲香楼"三个雄浑大字，并保留至今。从此，莲香楼制作的莲蓉食品，进入千家万户，被誉为"莲蓉第一家"。

【思考题】

莲香楼的餐饮文化特点是什么？

一、莲香楼发展历程

1. 企业简介

莲香楼创建于清光绪十五年（公元 1889 年），至今已有 100 多年历史了，是广州老字号企业中的知名百年老店。莲香楼除经营传统粤菜之外，莲蓉、月饼、龙凤礼饼、鸡仔饼、嫁女饼等更是中外驰名，产品远销海内外。其中，月饼和馅料两大品牌素有"广式月饼鼻祖"和"莲蓉第一家"的美誉，深受海内外顾客的欢迎。

莲香楼是集传统饼食生产、销售于一体的中国商业名牌企业，包括酒家、食品工厂、贸易、食品连锁店等，经营面积达五万平方米。先后荣获中华老字号、国家特级酒家、中国月饼龙头企业、国饼十佳等美誉与殊荣。现有中秋月饼、月饼馅料、传统名食、速冻食品、广式腊味、生日蛋糕、面包及中西糕点八大系列，共 200 多个产品，是"老广州手信"传统和创新系列产品的代表企业，其经营和销售网点以华南为中心，辐射至全国各地。

莲香楼在国内烘焙（糕点）行业中，在生产技术、设备、管理以及品牌建设等方面，无论在省内乃至全国一直处于领先地位，有多条功能齐全的自动化生产线。通过了 ISO9001、HACCP 双体系认证和 QS 质量安全认证，并符合欧美进口国的质量卫生标准。

2.企业荣誉

莲香楼这些年以来除了经营传统粤菜之外，莲蓉、月饼、龙凤礼饼、鸡仔饼、嫁女饼等更是中外驰名，产品远销海内外，享有中国月饼龙头企业的美誉。由于它有着丰富的文化历史内涵，国家邮政部还特为莲香楼发行了纪念邮票。1993 年莲香楼被国内贸易部授予中华老字号称号；1998 年经国内贸易局批准为国家特级酒家，1999 年莲香楼被评为国家特级酒家。其产品被国家轻工业局、中国焙烤食品糖制品工业协会评为中国名牌产品，是首届全国焙烤技术比赛唯一指定产品。该楼生产的月饼在全国历次同行评比中屡获殊荣：1994 年荣获中国名牌月饼称号；1998 年被评为中国月饼市场调查畅销产品；1999 年再次获中国名牌月饼称号。2002 年、2003 年莲香楼月饼更是蝉联了国饼十佳，莲香楼月饼和莲蓉馅料同时被中国商业名牌管理委员会认定为中国商业名牌商品。

二、产品的传承与创新

初期的莲香楼只做早上的茶市，后来茶楼声名远播，开始做晚市和包办筵席。清末民初，其改名的同时，也确定了经营方向：名茶美点、礼饼月饼。经过市场调研，发现当时礼饼、月饼的销售对象主要为婚姻嫁娶，因此莲香楼联系媒人，许以酬劳，请其在做成每宗婚姻商议礼饼数量时，必声言礼饼首选莲香楼的。此举收效甚好，每逢良辰吉日，

大街小巷中都不断出现莲香楼的送饼队伍，并由此一传十、十传百。

"莲蓉家家有，莲香占鳌头"。莲香楼的莲蓉食品一直沿用湖南的湘莲，因湘莲历来作为进贡朝廷的珍品，故又称"贡莲"。湘莲呈绯红色，使制成的莲蓉包的馅也是绯红色，莲子香味扑鼻、莲蓉入口幼滑。所以，虽各家制作莲蓉

的物料配比相近，如莲子 10 斤、白糖 15 斤、生油 4.5 斤、枧水适量，但莲香楼选用的原料品质为最佳。

莲香楼始终以制作纯正的莲蓉类产品为坚持，在行业里可称得上是鼻祖，行业教科书收编的配方便是莲香楼百年以来沿用的配方。据了解，月饼馅料的莲子以湘莲为佳。湘莲莲香味重，颗粒饱满且淀粉多，做出来的莲蓉胶性、黏性和透明性自然就强，无论是摸起来的手感和吃起来的口感，都会比其他一般的莲子做出来的莲蓉要好。此外，莲香楼对选用的莲子颗粒大小也有一定的要求，按标准直径特制成的筛子便是帮助进行筛选莲子的有效工具。

"三分打饼，七分烘"，意思是说一个月饼好吃与否，三分是打饼的功夫，七分是靠烘的功夫。莲香楼的莲蓉月饼和面用的糖浆是以氧化糖慢火熬制成暗茶色再放置一个月后才拿来用的，这样做出来的月饼表皮才会金黄通透，还可以看到里面的馅料隐隐而现。另外，首创的蛋黄莲蓉迷你月饼、椰汁年糕等新产品也深受消费者欢迎。目前，月饼已发展到 40 多个品种，而以莲蓉为主料的月饼品种便达 20 多个。

正因为对传统的不离不弃，莲香楼也屡获殊荣，成为广式莲蓉月饼的领导者。近期，莲香楼的双黄白莲蓉月饼获得金牌月饼的称号，白莲蓉馅料也获得了金牌馅料的美誉。除莲蓉月饼外，饼屋中还经营有莲蓉包、老婆饼、鸡仔饼、豉油鸡、泰味酿鸭掌、龙凤饼、嫁女饼、杏仁饼、双莲藕饼、菠萝包等；适合作为手信的有鲍鱼酥、杏仁饼、南乳酥等；经营的冷冻食品有糯米鸡、三丝春卷、莲蓉蟠桃包、上汤水饺、椰汁年糕等。

莲香楼的经营特色如下：优质的服务，优雅的环境，低廉的价钱。莲香楼在继承传统的同时，积极推陈出新。无论是产品的品类、口感，都在不断适应新时代的需求。莲香楼在经营发展中，已经成为新广州的一张旅游名片，凡到中国广州旅游的中外游客都必到莲香楼进餐，独创的"老广州手信"饼食产品更是得到中外消费者消费与赞誉。

三、品牌故事

1. "莲蓉第一家"的故事

莲香楼是一间百年老号，享有"莲蓉第一家"之称。说起莲香楼的纯正莲蓉，还有一段故事，1889 年，在古老的广州城西一隅，莲香楼开业了。那时，广州城西多是商贾富裕人家，食肆十分兴旺，竞争也异常激烈，为了招徕食客，各店均竞相推出新特的食品。一天，莲香楼制饼师傅陈维清喝着用莲子煲的糖水，苦思着如何改进制饼工艺，忽然一股清香的甜味沁入心肺，他定神望着碗里的莲子，灵感一动，何不用莲子来制作饼点馅料。于是，他把莲子洗净去心，放在铜镬里煮，不停地搅拌，再放进白糖、花生油，最初制出来的莲蓉带点涩味。经过反复试验，陈师傅终于研制出用枧水去莲子皮的新工艺，使莲蓉保持莲子的清香而不带涩味、色泽金黄、幼滑、莲味浓郁，被誉为"莲蓉第一家"。在粤港一带饼食业内流传着一句话："有了莲香楼莲蓉，才有莲蓉月饼。"从此，奠定了广式莲蓉月饼鼻祖的地位。

2.《广州莲香楼合同》

莲香楼的员工在筹备 115 年庆典时，整理莲香楼旧物，意外地在一个锈迹斑斑的铁皮保险箱，赫然看到粉红色硬皮封面的《广州莲香楼合同》。

1910 年（宣统二年），莲香楼由当时广州的"茶楼大王"谭新义收购重新集资，与股东们订立《广州莲香楼合同》。据合同上的资料，当时股东有 122 人，多数股东入 2~3 股，全部皆入股 8 股以下。当时的招股人（创办）共有 9 名，分别是谭新义、谭晴波、区汉波、陈萼生、陈逸琛、陈轸富、招锦堂、杨殿芬、颜以庄。他们都是莲香楼的老板，且互相认识，而其他股东皆是他们的乡亲或朋友。各股东皆持有合同 1 本，另外还有 1 张入股凭证，引入分红制度，认证不认人。当时共有 122 人入股，共集得 414 股，合计 12420 两白银。

合同附有九条章程，内容涵盖人事、财政、薪酬等各方面，如"如在店内揽扰弊端由司事儿人立即开除永不复用""议店内数目银两必须两人分管不得一人总摄亦不得父子及同胞兄弟同当两职以防通同舞弊之虞……"一位对近代经济颇有研究的学者认为，合同条文清晰明确，毫不逊于今日的合同规定。同时莲香楼也成为当时较为有规模的股份企业，发展到十余间分店。

知识拓展

莲香楼文化

认识莲香楼还得从它的"饼"说起，历史悠久的龙凤饼、嫁女饼、老婆饼、"莲香楼月饼"等。以前人们婚嫁时，非得要订购莲香楼的嫁女饼、老婆饼，只有这样才显得体面，够"巴闭"。该楼所出品的月饼可以说是广州市民中秋节的指定食品了，以致人们都习惯在过节的时候买上一两盒送礼或自己品尝。现在广州地区还制作龙凤饼的店没几家了，而莲香楼则依然使用传统的方法来制作美味的龙凤饼。

现在的莲香楼开设有"三茶两饭"，"三茶"即为早茶、下午茶、夜茶，"两饭"是指中午饭、晚饭。高档的设备以中档为主的消费，大众化的价钱当然吸引了不少的客人来捧场，所以一到中午，这里都坐得满满的，来迟的，对不起，只能乖乖地等位子啰。另外，莲香楼每季、每个节日都会推出新的菜式，这样，"上帝们"就又多了不少的选择。

现在的莲香楼已成为饮食界的一个焦点了。江泽民同志在视察上下九步行街的时候，还特意在莲香楼门前停留了几分钟，挥手指着莲香楼的老招牌，当时在场的员工和市民们当然是万分的激动，并且马上为主席让出一条道路。另外，不少中国香港的电视媒体都不辞劳苦，纷纷扛上摄影机前来拍摄。香港的名人蔡澜先生也曾在这里大摆筵席，宴请好友……莲香楼的经营特色是优质的服务、优雅的环境、低廉的价钱。

【作业】

1. 判断题

（1）"莲蓉家家有，莲香占鳌头"，莲香楼的莲蓉食品一直沿用湖南的湘莲。

（　　）

（2）莲香楼是一所过百年历史，有着"莲蓉第一家"美誉的老茶楼。（　　）

（3）1910年（宣统二年）莲香楼由当时广州的"茶楼大王"谭新义收购重新集资，签订了《广州莲香楼合同》。当时的招股人（创办）共有10名。（　　）

2. 单选题

"有了莲香楼莲蓉，才有莲蓉月饼"，莲香楼莲蓉的发明人是（　　）。

A. 谭新义　　　B. 杨殿芬　　　C. 颜以庄　　　D. 陈维清

3. 多选题

莲香楼的特色产品除莲蓉月饼外，饼屋中还经营有（　　）。

A. 莲蓉包　　　B. 老婆饼　　　C. 鸡仔饼豉油鸡　　　D. 芋包

4. 讨论题

讨论莲香楼在产品方面是如何进行传承与创新的。

单元⑨
闽菜系老字号餐饮文化案例

主题 9.1 　好清香 *

好清香的来历

　　好清香品牌源自 20 世纪 40 年代。在厦门老街赖厝埕开张了一家小吃店，专门经营风味小吃，以其烧肉粽制作好、味道清香而出名，吃过的人无不赞誉"真味实料好清香"。说的人多了，小店就正式挂牌好清香。从此，好清香见证了厦门饮食业半个多世纪的风云变幻，凝聚着鹭岛的饮食文化史。

　　1978 年，厦门市要求恢复厦门的三家老字号品牌，其中就有好清香。由于当时好清香创始人已故，好清香便由其中三位大厨共同承包经营。直到 1984 年，好清香开始采用饮服公司的管理体系，才由小吃店真正发展成为酒楼经营模式。其创造性地将厦门小吃与饮食需求相结合，将小吃做成宴席摆上了中高档酒楼，开创了厦门餐饮界的先河。

---

　　* 本主题图片来自企业官网：http：//www.xslygroup.com/hqx/index.aspx。

【思考题】
为什么说好清香开创了厦门餐饮界的先河?

一、企业发展历程

1. 企业简介

坐落于厦门的好清香创办于 20 世纪 40 年代,至今已有 70 多年的历史,以经营闽南特色菜肴和地方风味小吃而闻名,在中国及东南亚一带享有广泛声誉。

1978 年,厦门市要求恢复厦门的三家老字号品牌,其中就有好清香。由于当时好清香创始人已故,好清香便由其中三位大厨共同承包经营。直到 1984 年,好清香开始采用饮服公司的管理体系,才由小吃店真正发展成为酒楼经营模式。其创造性地将厦门小吃与饮食需求相结合,将小吃做成宴席摆上了中高档酒楼,开创了厦门餐饮界的先河。此举既保存了好清香的市场竞争力,也为以后的发展奠定了坚实基础。

20 世纪 90 年代初,好清香人敏锐地意识到,要创出具有特色的餐饮业,就一定要有品牌意识,而及时将"好清香"报请商标注册,并取得商标所有权,为企业的品牌发展迈出了最踏实的一步。

1994 年 4 月,好清香大酒楼正式对外营业,这标志着好清香又迈出崭新的步伐。好清香总店坐落在景色秀丽的筼筜湖畔,环境优美,建筑风格富有闽南特色,餐厅营业面积达 4000 多平方米。2006 年 8 月,为了进一步发扬厦门地方特色小吃,好清香餐饮管理公司将数百种厦门特色小吃和好清香获奖名小吃、小点汇聚,成立了好清香美食中心,并运用现代化的管理模式运营。此外,好清香在中山路东海酒店、五缘湾商业街开设了两家好清香大酒楼分店,在文化艺术中心开设了融汇中西式美食的好清香闽南美食坊,这都标志着好清香迈出了连锁经营的步伐。

2. 企业荣誉

多年来,好清香坚持继承传统与开拓的经营理念,依托雄厚的烹饪技术力量,致力于开创好清香特色,把古老的饮食文化和现代化管理合理接轨,不断推陈出新,创出了一系列以闽南地方风味为主流,风味独具的特色菜肴。在国内历次烹饪大赛中有 28 道菜肴荣获金、银、铜牌奖,31 道菜肴获省级名牌创新奖。经过数十年的继承发扬、推陈出新,形成了一代厦门菜之典型代表。好清香大酒楼曾多次应邀前往日本、新加坡、菲律宾、中国香港等国家和地区以及国内许多地方的大酒店、宾馆举办美食节，其烹饪特色与实力得到行家及食客的肯定和赞许，声名远播海内外。好清香品牌先后被认定为厦门市著名商标和福建省著名商标，在商务部组织的老字号复核中又被首批认定为中华老字号。

好清香的品牌美食、优质服务名声在外的同时，为企业赢得了许多荣誉，主要包括以下内容：1994 年被国内贸易部授予中华老字号称号；2001 年 12 月被中国烹饪协会授予中华餐饮名店称号；2003 年 3 月被福建省烹饪协会授予福建餐饮名店称号；2003 年 4 月被中国烹饪协会、全国餐饮绿色消费工程组委会授予全国绿色餐饮企业称号；2005 年持续成长的好清香更是获得了诸多荣誉，包括：福建省十佳酒楼、厦门餐饮名店、厦门十大好店名、商业诚信企业、福建金牌老字号、巾帼文明岗、市级青年文明号、旅游行业优秀诚信单位。众多荣誉的获得体现了消费者和社会对好清香的高度认可。

二、传承创新

1. 特色产品

好清香长期坚持致力于塑造自身特色，立足厦门，注重传统技艺的传承和创新，推创出一系列风味独特的菜品和小吃，逐步形成了以闽南风味为主流，兼取粤菜、淮扬菜、台湾菜、马来风味菜等各大菜系风味之长的好清香特色风味。好清香佛跳墙全席、好清香风味宴被福建烹饪协会认定为福建名宴；并有多道特色菜肴和小吃、点心被中国烹饪协会、中国饭店协会、福建烹饪协会认定为中国名菜、中国名点、中华名小吃、福建名菜、福建名小吃。

好清香菜肴的风味特色可以用"清淡鲜脆"四个字来归纳。"清淡"不仅指味道清爽、纯正，而且含有"保持原味，味达隽永"之意；"鲜脆"则包含原料新鲜、口味鲜美、质地脆嫩、口感清脆之特色。具体表现为四个方面：山珍海味，原料丰富；烹调讲究，突出原味；汤菜配合，相辅相成；清脆爽口，别具一格。

好清香佛跳墙是一道非常有名的闽菜，相传源于清道光年间，距今已有 200 年的历史。此菜以十八种主料，十二种辅料制作而成。其中原料有鸡肉、鸭肉、鲍鱼、鸭掌、鱼翅、海参、干贝、鱼
肚、水鱼肉、虾肉、枸杞、桂圆、香菇、笋尖、竹蛏等。调料有蚝油、盐、冰糖、加饭酒、姜、葱、老抽、生油、上汤等。三十多种原料分别加工调制后，

分层装进绍兴酒坛中。坛中有绍兴名酒与料调和，先以荷叶封口，而后加盖。用质纯无烟的炭火（旺火）烧沸后再用微火煨五六小时而成。

好清香特色名菜点有风味独到、造型壮观的九龙风味拼盘；用墨鱼姜打成的面条制作成的银丝烩金纽清香四溢、鲜美爽口；代表厦门风味特色的烧肉粽、韭菜盒、葱糖卷、海蟹糯米粥、薄饼、五香卷等小吃。其中，好清香肉粽已有50年制作历史，是厦门好清香大酒楼的特色名品。该粽以"三精"取胜（精选、精配、精制），用料多样，味浓鲜香，糯软爽口，芬香扑鼻，风味独特。以香菇、虾米、栗子、鸡肉或猪肉拌糯米炒熟，包扎时松紧适度，别有一番风味，赢得市民和海内外侨胞由衷厚爱，以致有"不到好清香，枉费鹭"的说法。

| 银丝烩金纽 | 油葱粿 | 薄饼 | 肉粽 |

2. 品牌经营

（1）开发特色产品。经营者把好清香定位为风味宴席酒楼，将小吃产品做小、做精、做细，放到宴席上，形成了自己的风格，即以风味宴席为主的主题产品。好清香依靠风味宴席，发展迅速，2005～2008年又增开了4家店。企业通过挖掘这些年来大家忽略的小吃，民间偏方，开发了很多产品，壮大了自己的产品结构。目前，小吃小点共有60多个品种，其中大肉包已成为好清香的特色与代表之一，其销量占营业额的14%。好清香还开发了一些相关产品，例如，将佛跳墙做成礼盒，使之进入寻常百姓家，销量很好。

（2）加强生产管理。目前，好清香以大酒楼为旗舰店在管理，五家店既有统一又有相对的灵活。美食中心有一个制作部，提供五家店的小吃。好清香准备把它规范化，建立标准的车间。好清香在生产过程中注意原材料的循环利用，例如，做萝卜丝煲，萝卜削剩下的皮是很有营养的，挑选好的萝卜皮做成酱菜。还有一些菜品的边角，经过改刀过后也会变成另外一道菜品。

（3）创新店面模式。2006年好清香美食中心重新装修，模仿麦当劳的形式，做中式快餐，但配送经营和麦当劳不一样。这样既免去了将炉灶放在殿堂，殿堂一两年就要清洗装修一次，而且也能为顾客提供更加优雅舒适的就餐环境。好清香还提出了"好清香不做汉堡，但做和汉堡包装一样的大肉包"的口号。

（4）培育潜在客户群体。好清香利用一些节日，像端午节等传统节日，举办亲子活动。让孩子们自己动手，学习小吃的制作。通过这样的动手能力训练，避免了年青一代热衷"洋快餐"而对传统小吃缺乏好感，加强了孩子和家长们对好清香的认识，为企业的发展培育潜在客户群体。

三、品牌故事——芋子包的由来

"无山不客客住山""番薯芋子半年粮"，客家人多居住山区，芋子是主要杂粮。所以，吃杂粮时，不断变换口味，芋子包、芋子饺、芋子肉丸等种种食品便应运而生。民间有句俗语"吃上芋子包，包银包金包发财"。当地还流传着一个"芋赈饥"的小故事：古时有一寺僧，专力种芋，岁收极多，杵之如泥，筑造为墙，后遇大饥，独此寺四十余僧食芋泥以度凶岁。可见芋子是个好东西，是山中之珍品。聪明能干的客家人在吃杂粮时，不断变换口味，变换芋子的吃法，更新芋子的烹制花样，以芋子烹制菜肴宴请客人，于是就在生活实践中烹制出乡间美食——芋子包。

知识拓展

"闽南风味宴，华夏第一家"

中华老字号——好清香品牌"好清香"这三个字源自20世纪40年代。如今，几经商海沉浮，好清香成为厦门文化餐饮的代表，成长为厦门餐饮业一颗璀璨的明珠。其总店坐落在景色秀丽的筼筜湖畔，环境优美，建筑风格富有闽南特色，餐厅营业面积达4000多平方米。近年来好清香还分别在中山路东海酒店、五缘湾商业街开设了两家好清香大酒楼分店，在湖滨南路开设了专营厦门特色小吃的好清香美食中心以及在文化艺术中心开设的融汇中西式美食的好清香闽南美食坊，迈出了连锁经营的步伐。"好清香"以大众对极具浓郁地方风味和蕴含本土饮食文化特色的酒楼菜品质量、口感、特点等方面的综合评价"好、清、香"作为商标，寓意酒楼经营的菜肴真材实料，烹制精细，口味独特，独树一帜。正如它所表达的内涵："好友亲朋常相聚，清心畅饮会知音，香鲜佳肴醉人心。"有人说：老字号本身就是一部历史，"好清香"见证了厦门饮食业半个多世纪的风云变幻，凝聚着鹭岛的饮食文化史。早在 20 世纪 90 年代初，好清香人就敏锐地意识到，要创出具有特色的餐饮业，就一定要有品牌意识，而及时将"好清香"报请商标注册，并取得商标所有权，为企业的品牌发展迈出了最踏实的一步。多年来，好清香大酒楼坚持继承传统与开拓的经营理念，依托雄厚的烹饪技术力量，致力于开创"好清香"特色，把古老的饮食文化和现代化管理合理接轨，不断推陈出新，创出了一系列以闽南地方风味为主流，风味独具的特色菜肴。在国内历次烹饪大赛中有 28 道菜肴荣获金、银、铜牌奖，31 道菜肴获省级名牌创新奖。经过数十年的继承发扬、推陈出新，形成了一代厦门菜之典型代表。"闽南风味宴，华夏第一家！"中国烹饪协会张世尧会长的题词既是对好清香取得成绩的肯定，也是前进的动力，好清香将一如既往，用特色的餐饮文化为祖国与世界架构一条友谊的纽带。

【作业】

1. 多项选择题

（1）被福建烹饪协会认定为"福建名宴"的是（　　）。

A. 好清香佛跳墙全席　　B. 好清香风味宴　　　C. 龙凤功夫茶

（2）好清香以经营（　　）而闻名。

A. 闽南特色菜肴　　　　B. 闽南地方风味小吃　C. 福建茶叶

2. 单项选择题

（1）（　　）国内贸易部授予好清香"中华老字号"称号。

A.1994 年　　　　　　B.1996 年　　　　　　C.2005 年　　　　　D.2006 年

3. 判断题

（1）好清香最早是在厦门老街——赖厝埕开张的一家小吃店，专门经营风味小吃，以其"烧肉粽"制作好、味道清香而出名。　　　　　　　　　　　（　　）

（2）好清香创办于 20 世纪 20 年代，至今已有 80 多年的历史。　　（　　）

4. 讨论题

好清香的菜肴、风味小吃体现了哪个地域的饮食文化特点？

【参考文献】

［1］吕馨馨. 厦门好清香餐饮商务模式分析［J］. 中国外资，2011（18）：124-126.

［2］厦门好清香餐饮管理有限公司. 夏商·好清香［EB/OL］. http：//www.xsly-group.com/hqx/index.aspx.

主题 9.2　聚春园 *

聚春园的来历

　　聚春园前身为三友斋菜馆，创建于清代同治四年（公元 1865 年），是当时福州唯一的大型菜馆，承起始是安民巷一陈姓和北门外梅柳张姓两人想合股开设菜馆，因见城内多是官员士绅，富豪商贾，认为必须请一个与官场有关系的人参加股份，才能办好菜馆。他们看中福州府一位熟悉官场情况、交友广泛、手腕灵活的绍兴籍师爷，发动他参加了股份，成了三股，店名定为"三友斋"。三友斋馆址设在双门前的狮子楼口（即旧聚春园处）。由于地点适中，设备齐全，布置富丽，当时许多重要的大型宴会为了显示高雅和阔绰都要假三友斋举行。

　　至清光绪年间，因熟悉官场的师爷告老回绍兴，菜馆失去与官场的联系，加上福州被辟为通商口岸后，有许多广东人跟着来福州，在南台开了十多家"广"字号菜馆。三友斋营业大不如前，入不敷出，正在一筹莫展之中。佛跳墙的创始人郑春发闻知此情，即找陈张两人商议，于清光绪十年（公元 1884年）入股三友斋。1904 年，一代名厨郑春发独资全盘接手三友斋并对其进行扩建改造，改名为聚春茶馆。1905 年，由当时福建布政使周莲题写楹联"聚多冠盖，春满壶觞"而定名为聚春园。

---

　　* 本主题图片来自企业官网：http://www.jcy-hotel.com/。

【思考题】

1. 聚春园在闽菜中的地位如何?
2. 聚春园的第一菜在中式菜肴中的地位如何?

一、聚春园发展历程

1. 企业简介

聚春园始创于清同治四年(公元 1865 年),坐落于福州市区王者之地东街口,是福建省现存年代最悠久的历史名店,1996 年被商务部授予中华老字号。多年来,聚春园秉承"守百年基业、创一流业绩、树星级品牌、聚春色满园"的质量方针,已成为闽菜的摇篮。现为福州聚春园集团旗下品牌,聚春园集团由福州市饮食集团公司、福州颐丰集团公司、福州大酒家三家国有企业于 2002 年合并组建而成。

2. 发展历程

聚春园作为闽菜的主要发祥地,是清同治、光绪年间福州首屈一指的大型餐馆。创始人郑春发在闽菜传统烹饪技术基础上,吸收京、广、苏、杭等南北菜肴的精华,形成自己的独特风格,成为近代福州菜式的开山鼻祖。历史上的聚春园是达官显贵、商贾名流会聚之所,聚春园的楹联"聚多冠盖、春满壶觞"就是当年经营盛况的写照。

1950 年,聚春园成为福州市政府赎买的第一批国营企业。1956 年 3 月划归新成立的福州饮食公司管理。1994 年,聚春园改扩建为集餐饮、住宿、商务、娱乐、购物为一体的三星级旅游饭店。

作为福建省现存年代最悠久的历史名店,聚春园一直秉承着"老店新创"的经营方针。老字号要提高产品技术含量,必须应用现代科学技术,改进原有工艺,引进标准化生产方式,这方面聚春园走在了前列。2002 年经福州市人民政府批准,以百年老字号聚春园为品牌依托,由福州市饮食集团公司、福州颐丰集团公司、福州大酒家三家国有企业合并组建福州聚春园集团。2003 年 2 月,在福州已有 40 多家经营网点的聚春园集团挂牌成立。2006 年 4 月,纳入福州市国有资产监督管理委员会监管。2007 年 10 月福州市政府决定,将整合市属酒(饭)店、餐饮、温泉沐浴等同业态国有资产一律划拨给聚春园集团有限公司,授权集团统一经营管理。集团化改造后的聚春园积极进行资本运作、制度创新,在成功引进 ISO 9000 国际质量管理体系后,不断推陈出新,丰富自身的产品品种，成为福州餐饮业航母。

集团组建以来，坚持改革和发展两手抓，努力开拓市场，狠抓经营管理，经济效益稳步上升，各项经济指标名列福州市国有商贸系统和福建省餐饮住宿企业前茅。以弘扬闽菜文化为宗旨，集团发挥"聚春园"品牌效应，输出品牌和管理，开发境内外餐饮市场。先后获得全国五一劳动奖状、全国模范职工之家、中国餐饮百强企业、中国十大餐饮品牌、全国饭店业劳动关系和谐企业、全国商贸服务业先进企业、全国和谐商业企业、福建省五一劳动奖状等荣誉。

3. 传承人物

（1）创始人——郑春发。

郑春发（1856~1930年），祖籍福清南门。12岁进入玉春馆厨店当学徒；17岁在玉春馆停业后，前往苏、杭、京、沪、粤等地的名菜馆当帮厨，为其后来创立福州菜和使闽菜成为一个独立菜系打下了良好的基础；1884年入股三友斋，期间创制了名菜福寿全（即佛跳墙）；1904年独力承接了三友斋并将店名改为聚春茶园，后定名为聚春园。郑春发能在保持闽菜特色的基础上吸收其他菜系的长处，力以兼收并蓄，融会贯通，以使福州菜的品种更加多样化，口味更加丰富，地方特色更加突出，更加鲜明。郑春发不仅是福州名老菜馆"聚春园"的创始人，而且为创立闽菜代表——福州菜以及使闽菜成为一个独立菜系并最后被列入中国"八大菜系"做出了很大贡献。

（2）名厨荟萃。

1）罗世伟，聚春园餐饮总监。国家级非物质文化遗产佛跳墙制作技艺第七代传承人、中国烹饪大师、金爵奖获得者、福建闽菜大师、福建省优秀高技能人才、中国烹饪大师金爵奖、中国名厨卓越成就奖。

2）杨伟华，聚春园餐饮部副经理。国家级非物质文化遗产佛跳墙制作技艺第八代传承人、中国烹饪大师、国家级评委、中式烹调高级技师、福建闽菜大师。

3）林直，中国烹饪名师、福建闽菜名师、中式烹调高级技师、福建省技术能手。

4）陈玉龙，特三级中式烹调师、闽菜优秀烹调师。

5）赵若魁，特三级中式烹调师、闽菜优秀烹调师、"佛跳墙"主理。

6）罗升，全国饭店业十佳烹调师、中式烹调项目特金奖。

7）林秋萍，福建面点名师、中式面点技师、特二级中式面点师。

8）潘莹，获第十四届中国厨师节金厨奖、第四届福建省烹饪技能竞赛面点组金奖、第三届"绿进杯"烹饪技能大赛面点类金奖。

二、传承创新

1. 特色产品

（1）佛跳墙。佛跳墙系百年老店聚春园名师郑春发所创制，至今已有百余年历史。原名福寿全，古人以佛子闻香跳墙来形容其奇香异常，为食客增添了品尝的乐趣和谈资。

佛跳墙何以香飘四海，这首先与它的食材有关。古时烹制佛跳墙时，既已选取鸡、鸭、羊之肉，鱼翅、鲍鱼、刺参等品，配以绍兴美酒，调和美味，贮于特制的半密封大酒坛之中，煨两日始开坛，珍馐合烹，巧妙组合，你中有我，我中有你，味中有味，酒香、荤香、菜香相互融合，风味自是极美且异于寻常。现今佛跳墙为取其香气、留其味美，去其多余的脂肪、胆固醇，在选材上更是精益求精，精挑细选，虽上桌的佛跳墙坛内只有十余种食材，其他都用于熬制汤汁，但无论是主料还是辅料食材的挑选，聚春园的佛跳墙主理都极为苛刻，从产地、规格、品质等多方面衡量，好中选优，使得成品更为珍贵。

其次是佛跳墙烹饪讲究，制作细腻独特。聚春园佛跳墙的烹饪对原材料的泡发、切配、汤汁的熬制、火候的掌握、原料的装坛以及烹饪器皿等都有着严格的要求。对不同干货的泡发要采取不同的工艺；汤汁制作要经过长时间调制；各种食材要按质地分层、分时，分别装坛煨制、调味时各种调料的投放顺序、用量要一次性到位，煨制的火候大小、时间等要掌握得恰到好处；才能使佛跳墙口味醇香浓厚、香气扑鼻。佛跳墙烹制工序之繁杂，既耗时耗力，又需要厨师独具耐心，手艺精湛，不是一般店家所能制作。

佛跳墙如此珍贵，品尝亦十分有讲究，要求食客们要认真品尝、细细品味，切不可如"猪八戒吃人参果"般狼吞虎咽、全不知滋味。品佛跳墙有一套说法，首先要闻其香味。闻香是茶道里素有的一环，借用到品佛跳墙是同样的道理，即开坛后别急着吃，先把鼻靠近坛边，深吸口气，让原深藏在坛内的香气大部分吸进体内，任香气在肺腑间蔓延开来。然后用汤匙轻轻拨开摆在上层的鸽蛋，舀半匙汤汁，送入口中，让高温浓汤充分调动舌尖味蕾，感受其复合美味。最后才逐层分食，细嚼慢咽，任荤香美味在口中萦绕，充溢齿喉。

现今，聚春园人学习西方烹调用料精细、用量准确、崇尚节约的经验，制定了《聚春园佛跳墙制作标准》，将佛跳墙用料标准量化，有效控制了制作成本，提高了成品的质量，使革新后的佛跳墙闻起来更加荤香浓郁，吃起来更加醇厚精细，更加适合现代人的口味。

（2）茶食蛎。福州人爱喝汤，无论宴席还是居家，餐桌上必少不了一碗或鲜或醇的汤。与广东、北方一带不同的是，广东人素喜煲汤，其汤口味较清淡，清中求鲜、淡中求美，宛如风流典雅的公子；北方的汤嗜加葱蒜，味道浓烈，犹如古拙朴实的北方壮汉；闽式汤类则汤中有菜，菜中有汤，变化无穷，故又称汤菜。

茶食是一种形似油条、麻花的油炸面制品，比油条细、硬，比麻花软、长，一根根筷子般粗细。制作时，将鸡蛋和入面粉中，如做线面一样牵拉成线，然后投入滚油锅中猛炸，炸时要用长竹筷不时左右转动，使其炸得均匀，待色泽金黄、面条硬酥便成。茶食制作讲究色型好，体质松而不散，浮而不实，吃起来爽滑甘美。将炸好的茶食放入碗底，再将牡蛎肉洗净，滤干水分，裹上干淀粉。将大蒜入锅爆香，加入冬笋片，香菇末略炒，再调入虾油、料酒、高汤，用湿淀粉勾薄芡，倒入牡蛎肉稍烩一下，加入芹菜段后起锅，冲入装好茶食的汤碗内，瞬间进出卜吱声，香味随之漫开，最后撒上胡椒粉即可享用。

茶食蛎汤色呈褐黄，荤鲜爽口，是一道典型的"福州传统菜"。茶食蛎汤讲究汤的浓稠适度和茶食添加的时间，太早加入茶食，汤汁会被茶食过多吸入膨胀，导致汤面变糊；太迟加入茶食，则不能充分吸收高汤和牡蛎的荤鲜。故要在火候适中时在汤内撒入茶食，并不时用筷子将茶食挑起，使其飘在汤面，汤菜融为一体，高汤的荤香与牡蛎的清鲜被完全吸到茶食内，加上茶食本身的香味，和醇、不腻，滋味沁深融透，使人回味无穷。过去，每当冬至将至或是逢年过节，福州家家户户都会做上一碗茶食蛎汤，或摆上火锅直接将茶食、牡蛎倒入锅中沸腾，就着袅袅升起的薄烟吸上一口汤。

（3）大盘炒。大盘炒是一道传统闽菜，是将猪、鸡、鸭的内脏，腐竹、山东粉等荤素食材混合炒成的一道菜。

萨伯森的《垂涎续录戏咏》中有诗《福聚大盘炒》咏道：福聚临江过客多，登楼饱啖乐如何？佳肴一簋大盘炒，下酒堪资满座酲。

大盘炒的用料普通，制作简单。荤料有猪肺、猪大肠、罗汉肉等切片呈长条状，鸭（鸡）肝切片、鸭（鸡）剞十字花刀，焯水去骚味；素料有粉丝、腐竹浸透，切段，香菇、黑木耳，冬笋、胡萝卜等均切成片状，花菜切小朵，芹菜和葱白切段，蒜头切末。成品口味酸中带甜，猪肺脆爽、猪肠肥腴、鸭肝嫩滑、鸭胗脆嫩，各种素料也吸足荤料和调料的浓香，风味十足。

如今为迎合现代人少荤多素的饮食健康需求，大盘炒的用料也在转变，少用或不用动物内脏，甚至全素食的大盘炒颇受食客的欢迎，在筵席菜肴中占据了一席之地。

（4）白蜜黄螺。每一道传统菜肴的形成，都与当地的地理特点、文化背景、口味特色及物产种类有着密切的关系。福州临江靠海，自古以来盛产各种海产、河鲜，故闽菜尤以烹饪海鲜佳肴见长。

白蜜黄螺是一道颇具传统风味的特色闽菜，做法传统，口味经典。黄螺是福州的特产之一，历来属于比较高贵的海味，其烹制方法有较高的技术要求，特别是火候的拿捏直接影响螺肉的口感。

白蜜黄螺在闽菜中属于"醉"炒类菜肴，这种做法也是闽菜的特色之一，"醉"类菜肴具有香、咸、甜的口感，在闽菜中较为常见，如醉排骨等。但在闽菜中冠以"白蜜"的菜肴，却只有白蜜黄螺。这里的"白蜜"不是指蜂蜜，而是形容蜜一样甜、黏、稠的菜肴。解放前物资匮乏，百姓生活水平低，餐桌上不易见白糖，而白蜜黄螺以白糖、白酱油为调料，咸中带甜，香味扑鼻，在那个年代算是奢侈的佳肴了，故冠以"白蜜"二字，寓意此菜像蜜一样美好，寄予了百姓向往美好生活的朴实愿望。

2.企业文化

聚春园有着百年历史，多年来聚春园人始终将坚持传承和弘扬百年品牌作为其经营理念。在深厚的文化积淀上紧跟时代的步伐，不断地在原有的企业文化上、精神上增加新的内涵。

聚春园秉承"守百年基业、创一流业绩、树星级品牌、聚春色满园"的质量方针，弘扬闽菜文化宗旨，集团发挥"聚春园"品牌效应，输出品牌和管理，开发境内外餐饮市场；加强行业交流协作，开展两岸厨艺交流，推广闽菜美食文化；重视文明建设，热心公益事业。积极参与社会活动和慈善事业，向希望工程、儿童福利院、受灾地区等捐款捐物，资助贫困学生，支持慈善事业的发展，回报社会。

2002 年，应中国台湾中华美食交流协会的邀请，聚春园派出高级烹饪技师组成福州市风味小吃代表团赴宝岛台湾，参加台北中华美食展活动，现场烹制福州风味小吃，受到台湾业内人士和民众的高度赞誉。2002 年组织人员承办福建省在中国香港举办的福建美食节，现场烹制佛跳墙等闽菜特色菜肴，好评如潮。2004 年 10 月和 12 月分别应中国澳门中华妈祖基金会和澳门饮食业联合商会的邀请组织烹饪技术人员赴澳门，参加澳门福建美食节和澳门美食节活动，展卖福州特色风味菜肴和小吃，受到澳门民众的普遍赞誉。2006 年 1 月集团再次组织烹饪技术人员赴中国台湾台中市与涵碧楼交流烹饪技艺，展卖佛跳墙等闽菜。

3. 品牌经营

近年来，不少老字号在市场的竞争中逐渐萎缩甚至关闭，而聚春园横跨三个世纪，历经风雨沧桑，依然焕发勃勃生机，在新时代开创出一条独特的品牌之路。

（1）传承发扬闽菜文化，再创老字号餐饮品牌。不同历史时期，聚春园的掌门人皆为餐饮经营的行家高手。从第一代掌门人郑春发承办满汉全席、研制佛跳墙，到第二代掌门人邓世端在战争频繁年代开辟经济餐厅，增加西餐，推出和菜业务，精制酥鲫、全折瓜等名菜。即使在经营困难时期，聚春园也不曾放慢发展的脚步，一幕幕的风云变幻形成了历史的积淀，积累了佛跳墙、鸡汤氽海蚌、灵芝恋玉蝉、蟹肉冬瓜茸等几百道经典闽菜。最具特色的佛跳墙于 1990 年被商业部授予"金鼎奖"，曾款待过里根总统等多位来华访问的外国元首，获得高度赞誉。闽菜，成为聚春园的象征和骄傲；传承和发扬闽菜文化，成为聚春园人光荣的使命。

聚春园不仅仅是一家古老名店，而且是一份人类美食文化遗产，需要发扬光大。于是聚春园提出"餐饮优先、客房为辅、成龙配套、共同发展"的特色经营策略，目标是把聚春园大酒店建成福州最大、种类最齐全的餐饮中心。在实践中，聚春园大酒店以宾客的需求为依据，以市场变化为契机，把酒店的经营放在动态的运作中，不断调整，不断创新。

（2）厚积薄发展示实力，巩固品牌。文化是闽菜的生命支撑，闽菜不仅是菜肴，更是文化的集中展示；闽菜表象上的衰微，不是它本身不好，而在于它"藏在深闺人难识"的限制，就是它跟外界交流得少，参与全国性的活动少。

聚春园人厚积薄发，参加各类烹饪大赛，屡屡夺魁。2002 年 10 月，在成都举行的第十二届全国厨师节名宴评定中，福州市选派的聚春园大酒店制作的佛跳墙宴一举摘下"中华名宴"的桂冠，以总厨师长罗世伟为首的 6 位聚春园名厨获得本届厨师节最高奖——"金厨奖"；2004 年 10 月，在福州举办的第十四届中国厨师节暨海峡两岸美食节中，聚春园的牡丹蝴蝶鲍荣获"中国名菜"称号；同年 12 月，聚春园派出林直、杨伟华等闽菜名厨首次进军中央电视台和中国烹饪协会主办的"满汉全席——全国烹饪电视擂台赛"，在强手如林中两度荣登擂主宝座，聚春园的蚧籽香螺片还被评为"金牌菜"，美食评审团对酒店名厨们出色的闽菜刀工、调汤技艺、菜肴色彩的合理搭配、口感的鲜香脆嫩给予了极高的评价；2005 年 4 月第 97 届中国出口商品交易会开幕式招待宴会，首次由福建省承办，省政府指定聚春园大酒店操办，聚春园获得机遇向世界展示推介了闽菜的独特魅力。

（3）输出品牌，让闽菜走向国际。随着"聚春园"这一品牌的价值不断扩大，成都、北京等地不断派人到聚春园协商合作事宜。聚春园适时把握发展机遇，大胆决定对外输出品牌。2003 年 12 月，成都聚春园餐饮有限公司正式成立。福州聚春园大酒店为使正宗的佛跳墙落户成都，专门从酒店抽调 8 名优秀厨师到成都主厨。目前，成都聚春园餐饮公司宾客盈门，生意红火。2005 年 4 月，聚春园大酒店又与新加坡远东机构签

订合作协议，决定在新加坡远东广场成立"新加坡聚春园有限公司"。经过百年锤炼的餐饮老字号正以稳健从容的脚步迈进国际餐饮市场，闽菜也在新的台阶上接受市场的考验。

三、品牌故事——佛跳墙的故事

佛跳墙是一道非常有名的闽菜，相传源于清道光年间，距今已有 200 年的历史。佛跳墙原名福寿全，为福州老牌聚春园所创，说起来还有一段有趣故事。

从前有一个富翁携带全家男女老少前来聚春园。一是慕其名，二是为了显示阔绰，点了所有的名菜。厨师便来了一个两全俱美的办法，考虑到将全部名菜上完肯定吃不了，而采取每菜一小点，合起来煨在一起端到桌上。老富翁一看竟是一盆大杂烩，怒责酒家。但酒家的掌柜是一个小伙子，聪明伶俐，有随

机应变之才，便说："老先生一脸福相，真是'福如东海，寿比南山'，现在全家团圆，子孙满堂，真为'福寿全'也，故借此名菜献上以祝贺先生。"富翁听之大喜，食之果然大开胃口。如是便到处夸奖此菜，一传十，十传百，百传千，千传万，很快就传遍了神州大地。

几名秀才也慕名来到聚春园订了"福寿全"，去野外聚餐。既是春游，也是吟诗会。但是菜冷了，只有用火煨热。因而浑香飘溢，飘进了田野，飘进了寺院，飘入了僧人的肺腑。寺里的僧人禁不住诱惑而偷偷跳墙出寺，和秀才们共享美酒佳肴。一筋一咏，情尽乐极。一秀才吟出："启坛菜香飘四邻，佛闻弃禅跳墙来。"而使福寿全改为佛跳墙沿袭至今。这个名菜之名可谓贴切之致，恰到好处。

据说此菜最初由当时福州官钱局一位官员的内眷所做。这位官员设家宴请布政使周莲，菜上桌后香飘四溢，周莲品尝后赞不绝口，命家厨郑春发仿制。郑春发十几岁就开始学艺，曾在京、杭、苏、粤从厨深造，手艺极高。他请教了官员的内眷之后，回家对此菜进行了改造，原料多用海鲜，少用肉，并起名为"坛烧八宝"。后来，郑春发集股开办三友斋菜馆，后又更名为聚春园。聚春园主要承办官场宴席。根据一些美食家的建议，郑春发不断改进此菜的配料，并正式起名为福寿全，为聚春园的第一菜。自新中国成立以来，每逢重要的国事外交活动，各届中央领导均以佛跳墙作为国宴的第一道主菜招待外国元首，如英国前女王伊丽莎白、美国前总统里根、新加坡前总理李光耀等，受到广泛赞誉。柬埔寨前国王西哈努克曾说："没吃过'佛跳墙'，就不算吃过中国菜。"日本前首相田中角荣在中国尝过佛跳墙之后，还将其带回日本。现在日本东京的著名食府中均推出佛跳墙。

1986 年，在福建省名优菜肴评定会上，佛跳墙夺取魁首，名列闽菜状元。1990 年，佛跳墙荣获国家商业部"金鼎奖"。1996 年，聚春园被国家商贸部授予中华老字号称号。2008 年 6 月，"聚春园佛跳墙制作技艺"被列入国家级非物质文化遗产名录，彰显出佛跳墙的尊贵。

知识拓展

闽菜创始人郑春发

郑春发祖籍福清南门，生于清咸丰六年（公元 1856 年），祖上一贯务农，其父郑天贵，在郑春发 11 岁时亡过，其母又是裹足妇女，此时他们寡母幼子，生计无着，日夕难度。12 岁时，郑春发上穿背心，下着短裤，足蹬木拖鞋，痛别亲娘，离乡背井，由同乡人叶依嫩带到福州，进入叶依嫩开设的玉春馆厨店（原东街白鸽弄口）当学徒。随后，其母也搬来福州，居住在旧闽县小巷。不幸的是，郑母在来福州后的第二年也弃幼儿而去。此后，郑春发便一直在玉春馆学艺，由于为人聪颖、厚道、能吃苦、肯钻研，技艺提高很快，深得叶依嫩欢心。叶依嫩有一儿子叫叶骏清，小名可三，系清末举人。郑春发与之交好，甚为相得，并从叶骏清处学得一些文化，郑春发的儿子后来还和叶骏清的儿子成为连襟，俩家关系更为密切。

郑春发 17 岁时，玉春馆停业。叶依嫩为了使郑春发的厨艺能进一步得到提高，即带郑春发前往苏、杭、京、沪、粤等地的名菜馆当帮厨，以深入学习各个地方烹调的特点和长处。郑春发在学习各地烹制名菜技艺中，能在保持闽菜特色的基础上吸收其他菜系的长处，力以兼收并蓄，融会贯通，以使福州菜的品种更加多样化，口味更加丰富，地方特色更加突出，更加鲜明。这次四处学习，使郑春发的技艺确实得到很大提高，为郑春发后来创立闽菜代表——福州菜和使闽菜成为一个独立菜系打下了良好的基础。

【作业】

1. 填空题

（1）聚春园始创于（　　　），坐落于福州市区王者之地东街口，是福建省现存年代最悠久的历史名店。

（2）聚春园的质量方针是（　　）。

（3）聚春园的第一菜是（　　）。

2. 选择题

（1）聚春园的特色菜有（　　）。

A. 茶食蛎   B. 佛跳墙   C. 白蜜黄螺   D. 臭鳜鱼

（2）聚春园的创始人是（   ）。

A. 郑春发   B. 杨伟华   C. 罗世伟

3. 讨论题

（1）聚春园的饮食文化有哪些特点？

（2）聚春园在品牌经营方面采取了哪些举措？

【参考文献】

［1］许丽霞，李水金. 闽菜摇篮"聚春园"的百年品牌路［N］. 中国食品质量报，2005-07-28（3）.

［2］品牌万里行. 闽"老字号"：选择差异化生存［N］. 公共商务信息导报，2006-07-21（9）.

［3］福州聚春园大酒店. 聚春园大酒店［EB/OL］. http://www.jcy-hotel.com/.

川菜系老字号餐饮文化案例

主题　陈麻婆豆腐*

"陈麻婆"的来历

　　1862 年，大约在清朝同治年间，四川省成都北门顺河街是一片木材集中地，遍街之上，几乎家家都是木行，即使有三家两家做的不是木材生意，也依赖木材过活。唯一例外的，就是靠近郊区的万福桥，顺记木材行四掌柜陈春富由木材行改业成陈记兴盛饭铺。简陋的灰瓦破房里，住着年轻店主陈春富（陈森富、陈兴盛）和他的妻子陈刘氏。当年的万福桥是一道横跨府河，不长却相当宽的木桥。两旁是高栏杆，上面绘有金碧彩画的桥亭，桥上常有贩夫走卒，推车抬轿下苦力之人在此歇歇脚、吃点饭、喝点茶，日久天长陈记兴盛饭铺就成了落脚之地，聪明、贤惠、美丽的妻子热情好客，餐馆买卖日益红火。他老婆姓陈叫刘氏，后来，他老婆做的豆腐菜自然而然也就随着姓了陈。度过了十年幸福生活，陈家遭遇了不幸，光绪年间，一次翻船事故使陈刘氏失去了她心爱的丈夫。

---

* 本主题图片来自企业官网：https：//www.maigoo.com、http：//www.cdysgs.com.cn。

　　陈刘氏的娘家在北门火神庙,她是万丰酱园大掌柜的七姑娘,小名巧巧。她上有三个哥哥,三个姐姐,个个相貌平庸,唯有巧巧出落得芙蓉如面柳如眉,一双水汪汪的眼睛和玲珑有致的身材,粉红的脸蛋中间,小小的雀斑使她娇美,让她俏丽妩媚。十七岁那年,她嫁给北门顺河街顺记木材行四掌柜陈春富。

　　美丽的陈刘氏见到客人总是笑脸相迎,热情相送,善解人意,惹人喜爱,她烧的豆腐两面金黄又酥又嫩,客人们很爱吃。有时遇上嘴馋的顾客想吃点荤的,她就去对门小贩处买回羊肉切碎了炝个锅,做羊肉烧豆腐供客人食用。她聪明好学,能虚心听取顾客们的意见,改进烹调方法,譬如下锅之前先将豆腐切成小块,用淡盐水焯一下,使豆腐更加软嫩。羊肉切成块状再变成细粒,蚂蚁大小的肉也叫肉。那时,温顺善良的耕牛大牲畜可是农家的主力,绝对不能杀戮吃肉的。陈刘氏做这道菜,除了注重调料的搭配,更注意掌握火候。她烹制的牛肉烧豆腐,具有麻、辣、香、烫、嫩、酥等特点。俗话说:穷人解馋香辣咸,很多人吃起她做的豆腐被刺激得出汗,麻在嘴上,辣在心中,麻辣热情,全身舒畅,越吃越想吃,因此招来不少回头客。因为麻辣诱惑的麻字,还有脸上几颗雀斑,来往的客人熟了,亲切地称呼她麻嫂豆腐,她从不见怪。后来年纪大一点,晚辈们改口尊敬地称她为"麻婆婆",她烧的豆腐就成了"麻婆豆腐"。

【思考题】
　　陈麻婆豆腐的来历。

一、陈麻婆企业历程

1. 企业简介

　　陈麻婆豆腐是四川地区汉族传统名菜之一,中国八大菜系之一的川菜中的名品。陈麻婆是中华老字号老牌名店。其创业于清朝同治初(公元 1862

年），开业于成都北郊的万福桥。原名陈兴盛饭铺，主厨为陈春富之妻。陈氏所烹豆腐色泽红亮，牛肉粒酥香，麻、辣、香、酥、嫩、烫、形整，极富川味特色，陈氏豆腐很快便闻名遐迩，求食者趋之若鹜，文人骚客常会于此。有好事者观其陈氏脸生麻痕，便戏之为"陈麻婆豆腐"，此言不胫而走遂为美谈。饭铺因此冠为"陈麻婆豆腐店"。清朝末年，陈麻婆豆腐就被列为成都的著名食品。

陈麻婆在 20 世纪荣获四川省著名商标，历年来在国内烹饪大赛中数次夺得金牌。陈麻婆川菜馆不仅能保持麻婆豆腐的传统特色，而且还在川菜菜肴的烹制上，有所发展和创新。随着旅游事业的发展，不少海外人士慕名而来，以品尝到真正的麻婆豆腐为一快事，被省旅游局授予旅游定点单位、著名商标，被中商部授予中华老字号称号，被商贸委授予中国名菜称号，获得中华名宴奖，被成都市人民政府授予食品卫生 A 级餐饮店称号。

2. 发展历程

（1）发展初期。到 20 世纪 20 年代，陈麻婆已是远近闻名的响亮品牌。其店虽仍在万福桥，堂子依旧，但却有了一定实力。人们仍称其店为"陈麻婆饭铺"或"麻婆豆腐店"。陈麻婆本人年事已高，便由女儿及李姓女婿主理，先前请的红案厨师薛祥顺总厨掌灶，自己则垂帘听政了。此时，万福桥木材加工交易兴起，麻婆豆腐生意更加兴隆。"厨政总监"薛祥顺担负起传承麻婆豆腐的重任。

薛师傅厨技娴熟，比之陈麻婆自然要专业许多。经他烧出的豆腐，在色香味上特色更为鲜明，风味也更醇浓，把原先较单一的麻辣烫特色提升到了更丰富的层次。

（2）抗战时期。抗战时期，由于四川是大后方，中国各地各阶层的人来到了成都，认可了麻婆豆腐。抗战胜利后，人们将麻婆豆腐带到了中国各地。这是陈麻婆豆腐第一次大规模地走出成都，并得到了全国各地人们的认可。

（3）解放初期。解放初期，大批的军阀外逃出境，一些军阀的家厨也跟着出去，陈麻婆豆腐也就被带了出去。初时在中国香港、中国台湾地区，后被传至日本，在日本得到了很大的发展。但此时的陈麻婆豆腐已变味非真正的陈麻婆豆腐了。在日本的麻婆豆腐只是有其名而无其实了。日本一位烹饪专家本间栟子说吃过众多麻婆豆腐，究其谁为正宗多年来不得一解，直到 1982 年，陈麻婆厨师应邀赴日讲习川菜目睹麻婆豆腐的制作过程后才说道"糊糊涂涂几十载，今日方知此君真面目"。

（4）改革开放后。改革开放以来，随着旅游事业的发展，不少海外人士慕名而来，以能品尝真正的陈麻婆川菜为一快事。由于川菜在国内外均受到人们的喜爱，因而海内外仿冒者众多，但各地的川菜馆做的麻婆豆腐大多有名无实。为了让人们品尝到传统的麻婆豆腐，现在陈麻婆川菜馆店又将自己制作的麻婆豆腐调料推向了市场，得到了众多喜食麻婆豆腐者的欢迎。陈麻婆川菜馆经过多年的努力，从成都到全国从国内到国外得到了海内外食客的认可和厚爱，目前在成都、北京都有连锁经营，不仅如此，20 世纪 50 年代，麻婆豆腐传入日本，逐渐成为当地众所周知的中国名菜。2000 年，日本 FBD 株式会社正式将"陈麻婆豆腐"品牌引进日本。十余年间，"陈麻婆豆腐"在日本广受追捧，已开设多家分店。

2005 年，百年老店陈麻婆豆腐青羊店受隔壁大火殃及，毁于一旦，有识之士深感痛惜。为传承发扬陈麻婆豆腐传统绝技，支持城市建设百年老店移址新华大道更名为陈麻婆豆腐双林店。现陈麻婆豆腐双林店深受成化区人民和广大消费者及美食家的喜爱，发展良好。

如今，经过近一个半世纪的洗礼，陈麻婆豆腐早已从当初一家简陋的"幺店子"发展成了今天多家店连锁经营的规模，头顶中华老字号、中国名菜、四川名牌等耀眼光环，在口碑和人气上都达到了前所未有的辉煌。1992 年被四川省工商局授予著名商标，1993 年陈麻婆川菜馆被中商部授予中华老字号称号，1999 年被《华西都市报》评为巴蜀名菜，2000 年陈麻婆豆腐又被商贸委授予中国名菜称号，1996 年被成都市人民政府授予卫生红旗单位称号，1990 年在中国全国大赛中获"金鼎奖"，2000 年获中国全国豆腐菜大赛金牌，2002 年在中国全国大赛中获"中华名宴"奖，2005 年陈麻婆川菜馆被成都市人民政府授予食品卫生 A 级餐饮店称号。

陈麻婆豆腐制作技艺传承人张盛跃，就是当时在日本开店时第一批被派驻前往的中国厨师，先后两次到日本驻店的经历让他感触颇深，"日本人对麻婆豆腐的喜爱程度简直超乎我的想象"，几年下来他甚至还拥有了不少的铁杆粉丝。有一次一名日本老太太来店里，询问今天是否由他掌勺，在得知他当天休息后，她扭头就走；第二天照例过来问，店员告诉她肯定答案之后老太太还不放心，亲自看过确定真是张盛跃之后才点菜享用。还有一名男性顾客对陈麻婆豆腐的喜爱已产生了痴迷心理，每次享用完豆腐之后都不过瘾，还会用手指蘸着汤料放到嘴里吮吸。

二、传承创新

1. 选料规范严谨

平常豆腐百年文章，麻婆豆腐制作技艺的精髓之处就在于用料的考究和火候的掌控。这首当其冲的用料挑选标准真可以说是几近苛刻。

配肉末四川叫作"俏荤"，不宜多放，点到为止。牛肉也可改为猪肉，以便不吃牛肉的食客也能品尝，但若干老食客对此改变评价不一。牛肉代表的利益似乎更加广泛，肥瘦相间的牛胸肉是传统菜式的内涵，但以猪肉为配料的做法也已广为各地厨师和食客接受。肉末瘦肥少，油中轻轻煸炒至水分蒸发，不干、不老、不粘连结块，油亮酥香。

优质大豆磨制的豆腐是神，豆腐要嫩而不易碎，烧制前先焯水，去除石膏和豆腥味。烧制时必须小心轻轻晃动，避免翻搅破损，让味道与豆腐融合，而保持形状完整。

四川原产郫县豆瓣辣酱是麻婆豆腐永远的灵魂，炒前先剁碎研磨至细，色泽要红亮，香辣味正，咸淡适中。它是核心的味道，会影响到整道菜的色泽。

太和、永川的豆豉永远都是故乡的情结。这两种豆豉咸鲜味和酱味都很正，少量的豆豉就可以使豆腐升华。

汉源大红袍磨制的花椒面当然是最佳。麻香扑鼻，回味悠长，离开了它就失去原汁原味的陈麻婆豆腐。

辣椒面选用龙潭寺二荆条或大红袍，香辣不燥，辣椒面与豆瓣辣酱的辣味结合起来增添了口味上的层次感。

温江的青蒜有着独特的新鲜翠绿品质，其馥郁的特殊香气可以给菜肴提香，必须出锅撒放。如果川菜中的回锅肉、水煮牛肉中，没有青蒜踪影，就算不上正宗。

豌豆淀粉也是传统秘密武器，出锅前的勾芡也很重要，因为豆腐煮后会出水，所以只勾一次芡是不够的，要两至三次才能出效果。勾芡以后的豆腐红润油亮，佐料随着芡汁均匀地包裹着豆腐块，蒜苗鲜绿清香，尤其是软韧香酥的牛肉和滑嫩无比的豆腐在口感上形成了反差，但又把彼此的妙处烘托出来，怪不得正宗的麻婆豆腐一定要求用牛肉制作。裹了芡的豆腐能有效地锁住热度，吃进去又烫又麻又辣又香，令人赏心悦目。

豆腐出锅时淋上几滴芝麻油、红油或花椒油，以增加色香味，陈麻婆豆腐的明油是独家秘制。

2. 传统风味的特点

以"烧"制法烹之，雪白细嫩的豆腐上点缀着棕红色的牛肉末和翠绿的青蒜，外围一圈透亮的红油，如玉镶琥珀，具有麻、辣、烫、嫩、酥、香、鲜7个独特风味。

麻：豆腐勾芡起锅装盘后，洒上由汉源贡椒焙香研细的花椒末，麻味纯正，沁人心脾。

辣：用龙潭寺的大红袍油椒制作的蚕豆瓣辣椒酱又辣又香。

烫：成品立即上桌，油多保温，不易冷却，烫口烫心，酣畅淋漓。

香：肉末、豆豉、青蒜、辣椒、豆瓣、肉末、花椒等多元素，共同形成和谐的香味韵律。

酥：牛肉酥香，色泽呈褐色，酥而不韧。

嫩：特指豆腐氽烫得法，色白如玉，棱角分明完整而不破碎，用勺食用，更有情趣。

鲜：青蒜鲜嫩翠绿，红白相间，汤汁鲜美厚道。

活：陈麻婆川菜馆店的一项绝技。豆腐上桌，酱汁蠕动，热气上升，翠绿的蒜苗，油泽甚艳，活灵活现，但入口俱皆熟透。

美：美丽的传说，美妙的滋味和美丽的色彩，有着浪漫神秘般的麻辣诱惑。

三、品牌故事

麻婆豆腐，本来不算是一道高贵的名菜，在全世界的中餐厅和食堂里，也都以麻辣豆腐形式作为风味特色主菜，麻辣味道超越地域、民族、种族、文化、时空、社会制度，用于全人类，成为朴实、平凡、简约、经济、健康、和谐、自由、平等的普世价值。

1. 陈麻婆豆腐的两次关门事件

一次是抗战时期，成都遭遇大轰炸而不得不关门，而另一次则是因为花椒调料问题，20世纪30年代初，由于军阀割据混战，蜀中往来贸易的交通路线一度被阻断，而此时陈麻婆豆腐店里的汉源花椒告罄而得不到及时补货，按说这种特殊情况下是完全可以用普通花椒来应急的，但为了保证麻婆豆腐一贯的品质和风味，店主就是不愿意将就，害怕从此被砸了招牌，于是索性就贴出告示，宣布麻婆豆腐暂时歇业，直到能买到需要的花椒为止。正是这种诚信果断的作风，成为一段至今都在被津津乐道的美谈。可见优良的配料对麻婆豆腐是何等重要，这也许正是麻婆豆腐走到今天还能依然保持旺盛生命力的缘由吧。

2. 成功跻身"非遗"名录

传统一道菜品，历史悠久、行业鲜明、世代传承、活态存在，具有文化代表性，与文化、社会、经济、民生、情感、地域等关系密切，它所包含的精湛技艺、丰富的人文讯息、广为传播的趣事美谈等，都是文化审美不可忽视的部分。让麻婆豆腐这样的传统名菜成为"非遗"项目对促进传统技艺的传承与保护起到了积极的作用。

在 2009 年的中国"非遗"传统技艺大展上，北京全聚德挂炉烤鸭技艺等 13 家烹饪技艺集体亮相，影响巨大，而这些技艺都早已名列省级乃至国家级"非遗"名录，这给同为中华老字号的陈麻婆豆腐以深深的触动，历史悠久、行业鲜明、世代传承、活态存在，具有文化代表性……这些"非遗"的标准在陈麻婆豆腐身上几乎都能找到对应。很快，陈麻婆豆腐等 8 项成都名小吃在管理公司的组织下进入了申遗的程序，并最终于 2010 年成功跻身"非遗"名录。

知识拓展

陈麻婆豆腐赋

汉代刘安，一代名儒；点浆成玉，发明豆腐。从此百姓，大饱口福。豆腐入菜陈麻婆豆腐，千姿百态；或煎或炖，或荤或素；人见人爱，营养丰富。华夏经典，庖事宝库。"麻婆豆腐"，川菜经典；百年老号，中华奇葩。名肴因人得姓，老店以菜命名。晚清诗云："麻婆陈氏尚传名，豆腐烘来味最精。万福桥边帘影动，合沽春酒醉先生。"好一幅市井食趣风情画，真一个川菜川酒神仙境。

同治初年，成都北郊，万福桥头，府河侧畔，陈氏饭铺，食客盈门。掌灶麻婆，独具匠心。烹制豆腐，色香味美；技法独到，传承至今。取府河清水，用川西菜油；东山"二荆条"，郫筒辣豆瓣，时蔬绿蒜苗，汉源"大红袍"。料到物到火候到，物优料足出味道。油亮一条线，热烫更添鲜。红白绿三色增辉，麻辣香三味浓郁。牛肉酥糜可口，豆腐形整不烂。

食客未入堂，早闻扑鼻香。天下食家，慕名前往；趋之若鹜，火爆异常。觅得餐座，味蕾顿开，欣喜间，堂倌翩翩而至；瞩目处，豆腐鲜活出堂。品之开胃忘怀，观之动容神往。故有清代食家曰：麻、辣、烫、香、嫩、鲜，味之极致也；炒、烧、煎、煮、炖、熘，技之超群也。一道民间豆腐菜，风光无限逾百载。

时过境迁，神韵依旧；已历三朝，经久不衰。味本菜之魂，适口者为珍。名肴无敌，能调天下之口；豆腐不俗，可系万民之心。声蜚神州大地，名驰五湖四海。李渔有云："脍不如肉，肉不如蔬：谨五味，正筋骨，渐近法自然"，至理名言也；喜看今朝，中华老号，厚积薄发：出夔门，下东瀛，欧美开分店，诸国扬美名。风骚百载非造化，口之于味同嗜焉。

美哉麻婆豆腐，快哉豆腐麻婆！

【作业】

1. 判断题

（1）陈记兴盛饭铺，聪明贤惠美丽的妻子热情好客，餐馆买卖日益红火，他老婆原本姓刘。　　　　　　　　　　　　　　　　　　　　　（　　）

（2）麻婆豆腐的背后，有着数不尽的美丽与善良，忠贞与情感，辛酸与奋斗，流不完的眼泪与汗水。　　　　　　　　　　　　　　　　　　（　　）

（3）四川原产郫县泡辣椒是麻婆豆腐永远的灵魂。　　　　　　（　　）

（4）麻婆豆腐具有麻、辣、烫、嫩、酥、香、甜的 7 个独特风味。　（　　）

（5）陈麻婆豆腐两次关门事件，一次因为成都遭遇大轰炸，而另一次是因为辣椒供应问题。　　　　　　　　　　　　　　　　　　　　　　（　　）

（6）在传承过程中，"变通"让麻婆豆腐流风余韵，香气飘飘，雅俗共赏。
　　　　　　　　　　　　　　　　　　　　　　　　　　　　　（　　）

2. 单项选择题

（1）陈麻婆川菜馆豆腐第一次大规模地走出成都，并得到了全国各地人们的认可是在（　　）。

A. 抗战胜利后　　B. 解放初期　　C. "文化大革命"后期　　D. 改革开放初期

（2）解放初期，大批的军阀外逃出境，一些军阀的家厨也跟着出去，陈麻婆豆腐也就被带了出去。初时在中国的香港和台湾地区，后来在（　　）得到了很大的发展。

A. 东南亚　　　　B. 韩国　　　　C. 美国　　　　　D. 日本

（3）制作正宗的麻婆豆腐永远都离不开的调料是（　　　）。

A. 豆豉　　　　B. 豆瓣酱　　　　C. 黄豆酱　　　　D. 干辣椒

（4）制作传统麻婆豆腐"俏荤"的意思是配少量的（　　　）。

A. 肉末　　　　B. 豆豉　　　　C. 青蒜　　　　D. 花椒面

（5）陈麻婆老店把豆瓣辣酱引入菜肴的人是（　　　）。

A. 张盛跃　　　　B. 薛祥顺　　　　C. 陈春富　　　　D. 陈麻婆

（6）制作麻婆豆腐选用的是（　　　）。

A. 南豆腐　　　　B. 北豆腐　　　　C. 韧豆腐　　　　D. 都可以

3. 说明题

简述陈麻婆的发展史。

【参考文献】

"百年老店之成都记忆"——陈麻婆豆腐［EB/OL］.https：//www.360kuai.com.

北京菜系老字号餐饮文化案例

导入案例

全聚德的来历

　　杨全仁（字全仁，本名寿山），河北冀县杨家寨人，初到北京时在前门外肉市街做生鸡鸭买卖。杨全仁对贩鸭之道揣摩得精细明白，生意越做越红火。他平日省吃俭用，积攒的钱如滚雪球一般越滚越多。杨全仁每天到肉市上摆摊售卖鸡鸭，都要经过一间名叫"德聚全"的干果铺。这间铺子招牌虽然醒目，但生意却江河日下。到了同治三年（公元 1864 年），生意一蹶不振，濒临倒闭。精明的杨全仁抓住这个机会，拿出他多年的积蓄，买下了"德聚全"的店铺。

　　有了自己的铺子，该起个什么字号呢？杨全仁便请来一位风水先生商议。这位风水先生围着店铺转了两圈，突然站定，捻着胡子说："啊呀，这真是一块风水宝地啊！您看这店铺两边的两条小胡同，就像两根轿杆儿，将来盖起一座楼房，便如同一顶八抬大轿，前程不可限量！"风水先生眼珠一转，又说："不过，以前这间店铺甚为倒运，晦气难除。除非将其'德聚全'的旧字号倒过来，即称'全聚德'，方可冲其霉运，踏上坦途。"

---

　　*　本主题图片来自企业官网：http://shop.kexunhk.com/。

风水先生一席话，说得杨全仁眉开眼笑。"全聚德"这个名称正合他的心意，一来他的名字中占有一个"全"字，二来"聚德"就是聚拢德行，可以标榜自己做买卖讲德行。于是他将店的名号定为"全聚德"。接着他又请来一位对书法颇有造诣的秀才——钱子龙，书写了"全聚德"三个大字，制成金字匾额挂在门楣之上。那字写得苍劲有力，浑厚醒目，为小店增色不少。

在杨全仁的精心经营下，全聚德的生意蒸蒸日上。杨全仁精明能干，他深知要想生意兴隆，就得靠好厨师、好堂头、好掌柜。他时常到各类烤鸭铺子里去转悠，探查烤鸭的秘密，寻访烤鸭的高手。他得知专为宫廷做御膳挂炉烤鸭的金华馆内有一位姓孙的老师傅，烤鸭技术十分高超，于是千方百计与其交朋友，经常一起饮酒下棋，相互间的关系越来越密切。孙老师傅终于被杨全仁说动，在重金礼聘下来到了全聚德。

全聚德聘请了孙老师傅，等于掌握了清宫挂炉烤鸭的全部技术。孙老师傅把原来的烤炉改为炉身高大、炉膛深广、一炉可烤十几只鸭的挂炉，还可以一面烤、一面向里面续鸭。经他烤出的鸭子外形美观，丰盈饱满，颜色鲜艳，色呈枣红，皮脆肉嫩，鲜美酥香，肥而不腻，瘦而不柴，为全聚德烤鸭赢得了"京师美馔，莫妙于鸭"的美誉。

【思考题】

全聚德在餐饮企业的地位如何？

一、全聚德企业历程

1. 企业简介

中华著名老字号全聚德，始建于1864年（清朝同治三年）。150多年来，特别是解放后在党和政府的关怀下，逐步走向繁荣，获得了长足的发展。

1993年5月，中国北京全聚德烤鸭集团公司成立，为全聚德在改革开放时期的大发展奠定了坚实的基础。1998 年，中国北京全聚德烤鸭集团公司按现代化企业制度转制为中国北京全聚德集团有限责任公司。全聚德集团成立后，将周恩来总理对"全聚德"的精辟解释——"全而无缺、聚而不散、仁德至上"确定为集团的企业精神，确立了充分发挥全聚德的品牌优势，走规模化、现代化和连锁化经营道路的发展战略，以独具特色的饮食文化塑造名牌形象；积极开拓国内外市场，加快特许连锁经营的发展，全聚德取得了突飞猛进的发展和新的骄人业绩。

全聚德经过百年发展，在传统与现代的融合与交替中、传承和创新中开拓进取，延续壮大，已经成为"新型综合餐饮产业集团"。集团成立以来，发挥老字号品牌优势，强化精品意识，实施正餐精品战略。现已成为拥有 50 余家成员企业，年营业额 7 亿多元，销售烤鸭 200 余万只，接待宾客 500 多万人次，资产总量近 6 亿元，无形资产价值 7 亿多元的中国最大的餐饮集团之一。

在百余年里，全聚德菜品经过不断创新发展，形成了以独具特色的全聚德烤鸭为龙头，集"全聚德全鸭席"和 400 多道特色菜品于一体的全聚德菜系，被各国元首、政府官员以及社会各界人士所钟爱，成为中华民族饮食文化的精品和杰出代表。

2004 年底，仿膳饭庄、丰泽园、四川饭店等京城著名餐饮品牌进入中国全聚德（集团）股份有限公司，全聚德从此不仅仅是一个烤鸭品牌，而是由丰泽园、仿膳、四川饭店以及聚德华天旗下鸿宾楼、烤肉宛、烤肉季、砂锅居等20 多家具有很强实力的优秀老字号餐饮品牌组成的首都餐饮联合舰队。全聚德集团成为北京乃至全国最大的涵盖烧、烤、涮，川、鲁、宫廷、京味等多口味、多品牌的餐饮集团，成为代表北京古老历史文化和新生餐饮文化概念的最著名的餐饮品牌。

1999 年 1 月，"全聚德"商标荣获中国驰名商标，成为我国首例服务类中国驰名商标，极大地丰富了全聚德的无形资产价值，在中国乃至世界树立起了质量上乘、品位卓越、文化内涵深厚的驰名民族品牌。先后被评为世界餐饮500 强中国入选企业第一名、中国最具竞争力的大企业集团、中国餐饮百强企业、中国连锁百强企业第四名、全国优秀特许品牌、全国质量管理先进企业，两次获得北京市质量管理先进奖（市长奖），并荣获国际质量管理金星奖、白金奖和钻石奖。

2. 发展历程

（1）创业时期。全聚德的几代创业人，经历了衰亡的晚清、民国建立、北洋军阀统治、全民族抗战、新民主主义革命、新中国成立时期。

1）杨寿山。全聚德创始人，字全仁，1834 年（晚清道光十四年），河水泛滥漫至河北冀州杨家寨，15 岁的杨全仁，为谋生流入北京，因为跟鸭子的缘分，先给人养鸭子，学会了填鸭和宰杀加工鸭子的粗活谋生技艺。

前门楼子九丈九，四门三桥五牌楼，前门外大街，这条天路，南至天桥天坛，这条御道，北上皇宫相府。这里是寸土寸金、承上启下的黄金宝地。道光年间，1837 年他在正阳门石拱桥头开始露天摆摊，贩卖活禽鸡鸭。

不久买下前门广和楼北口井儿胡同的房子，开始做他的白条鸡鸭生意。

前门楼子九丈九，九个胡同九棵柳，前门这里物宝天华，人杰地灵，1864 年清同治年间，肉市胡同一家干果杂货铺面房"德聚全"，生意江河日下，破产倒闭，杨全仁激情冲动，拿出积蓄，盘下店铺，改成炉铺做起烤肉、烤鸭生意。生意并非一帆风顺，并非他的时来运转，找风水先生看了看说："这块风水宝地，前程无量，只是此店以前倒运，要冲其晦气，除非将'德聚全'的旧字号倒过来，称作'全聚德'，新字号才能踏上坦途。"他把全字挪到第一，改头换面，焕然一新。天下第一楼全聚德老炉铺、鸡鸭店的故事开始了。

2）孙师傅。精明的东家知道，他山之石可以攻玉，生意就得靠好厨师、好堂头、好掌柜、好伙计。他时常到其他烤鸭铺子里转悠、打探秘密，寻访炙烤高手。

当时北京东安门大街的金华馆里，一位孙姓师傅，曾在清宫御膳房包哈局里专管烤猪烤鸭，杨全仁力邀他合伙，几经工作，反复说服，挖空心思，千方百计，重金礼聘之下，挖到老炉铺。

他就是全聚德当之无愧的"烤炉的"祖师爷。他燃起了挂炉炙烤的烽火年代。他为全聚德带来了清宫挂炉烤鸭的全活，从盘炉子搪炉子到挂坯子晾坯子烤炙，他盘的开放式挂炉，炉身高大，炉膛深广，他用烤鸭杆将一只只肥鸭挑起，飞一般地飘过火苗，横着钻进炉膛，稳当地挂在炉梁之上，他手里的挑杆运用自如，有规律地调换鸭子的位置，一炉就能烤十几只鸭子，木炭烧烤，进出自由，边烤、边续、边取。烤熟一炉鸭子，冬天 40 分钟；夏天 25 分钟，时间快，省燃料，皮色均匀枣红色，外皮质感如同绸布一样光滑细腻，吃起来皮脆、肉嫩、香酥、细腻。

晚年，他将盘炉子、晾坯子、炉案等独门绝技传给弟子蒲长春，他点燃的老炉火传承至今。

3）杨庆茂。第二代传人——杨全仁二子杨庆茂接管老铺，适逢清朝末年和民国初年，杨庆茂请来了"军师"李子明作副手，出谋划策，在全聚德大门外挂着"全聚德""老炉铺""鸡鸭店"三块金字招牌，大门旁挂着两块明亮的铜幌子写着："包办酒席，内有雅座"；"应时小卖，随意便酌"。烤炉铺发展成为一个名副其实的饭馆了，祖传经营得法，一时誉满三津。当初刻于老墙门楣之上"全聚德""老炉铺""鸡鸭店"，虽经百年风霜雨雪，砖刻大字依稀可辨。三子杨庆祥少年壮志，在天津开设分店，自立门户，发扬光大家族产业。

4）李兴武。风水先生查看了老铺方位地势风水说：如果再起一座小楼，与旁边井儿胡同的"井"字构成八抬大轿，那可是坐上了八抬大轿啊，1901年小楼落成了，只是经营烤鸭、炉肉，没有压桌子硬货，镇不住席面。李兴武被重金请来作为大师傅掌勺，他就是《老店》中吴壹勺的人物原型。他煎炒烹炸样样都行，拿手鲁菜风味地道纯正，来到了老铺幕后，他相中了用之不尽的鸭杂内脏下货，创造出了清炸珍肝、油爆胗花、烩鸭胰、烩鸭杂拌、芙蓉鸭腰、火燎鸭心、干烧鸭四宝、糟溜鸭三白等一系列杨家特色鸭菜，一鸣惊人，他的炒勺响了，老铺的锅碗瓢盆交响曲开始了，一楼烤鸭，二楼炒菜，生意红火，一帆风顺，蒸蒸日上。

5）李子明。大掌柜，1922年1月，第一次直奉战争爆发，直系军阀吴佩孚取得胜利，军需官找到他，点名要全聚德准备200大桌，每桌必须上一只烤鸭，为吴大帅庆功，这几乎是个不可能完成的任务，避免得罪军方，他接了这个大活，调动所有人马完成任务，从此全聚德在京城声名大震，顾客盈门。1924年9月，第二次直奉战争爆发，奉系军阀张作霖打败了吴佩孚，占领北京城，同行老板趁机以当年他为吴佩孚做庆功宴通敌为由，到张作霖处密告，他于是被抓，全聚德的堂头和伙计们在大帅60寿辰之际，愣是博得了大帅的欢心，释放了他。

李子明经营一绝，独具匠心。设卖点，让顾客在挑选的晾好的鸭坯子题字为证，验明正身，让顾客感觉到货真价实。营业低峰期推出"低价鸭"。发行"全聚德老炉铺鸭票"抵债，非常实惠方便，如同消费卡，很快在京流行，人们逢年过节互赠鸭票，不仅代替了油乎乎的鸭子，又当作礼物一样送给亲朋好

191

友，非常实惠。20世纪30年代，全聚德的买卖超越了京城老对手便宜坊。

6）李之植。大掌柜，他管理非常严格，坚决按规矩办事，对谁都不留情面。一位潘姓伙计，犯了规矩，李掌柜听说后，二话没说，立即让他卷铺盖走人，他脾气倔强，东家求情，也没给面子。日伪时期，老铺生意惨淡、门庭冷落，耿直的他，不愿再苟且偷生，更不愿伺候日本人。1940年，他愤然离去，回到老家荣成，置办田地，专心务农了。

7）蒲长春。第二代烤鸭传人，肉是样样精通，他手快麻利，开生，别人开一只的时间他开三只。炉前，他半个小时，可以烤出十六七只，而且皮色一致。买卖高峰时，他一天能烤300多只。据说，每个鸭坯都是其亲自用嘴吹气，有时嘴都吹肿了。俗话说"教会了徒弟，饿死了师傅"，1932年，他辞工远走高飞了。

8）杨魁耀。第三代传人，1948年当了大掌柜，此时，北京解放前夕，兵临城下，混乱不堪，物资奇缺，生活饥寒交迫，许多商号店铺纷纷倒闭或出逃。加之通货膨胀等系列打击，元气大伤，濒临倒闭，回天无力，全聚德在难以为继的窘境下，于是把掌柜的重任传给了堂侄杨福来。

（2）成长时期。新中国刚成立，当时彭真市长提出，政府决定保留全聚德这个品牌企业，支持全聚德公私合营。

1）杨福来。第四代传人，临危受命，此时，老店日渐衰落，外强中干，经营上难以为继，劳资双方纠纷加重，亏损日益严重，万不得已，停业变卖全部资产，1952年6月1日，公私合营，私方代表杨福来留任副经理，全聚德获得新生，重新焕发青春，买卖一年强似一年，他作为杨家末代老板，老字号代表，出席全国"群英会"，受到毛主席的接见。

2）刘化龙。公私合营店经理，北京市人民政府彭真市长指示，给全聚德注入资金，实行公私合营改革，对老店采取了抢救和保护措施。公方代表是市政府委派原北京市信托公司经理刘化龙任经理，保住了老店、杨家和全聚德。

3）张文藻。第三代烤鸭传人，师从蒲长春，专攻烤鸭，是新中国成立后北京烤鸭行当中奇人。炉内的烤鸭仅凭眼睛一看，挑杆一掂，他就知道几成熟度。使用热水灌注鸭腹做法，加快烤鸭成熟时间，杜绝鸭肉外熟里生现象，他总结的"先右后左再裆脯"烤炙顺序，成为经典。1957年五一国际劳动节，他带着一个徒弟服务人民大会堂举行万人宴会主菜，12小时里连续烤出1000多只烤鸭，出色地完成了任务。

4）田文宽。第四代烤鸭传人，20世纪40年代初，他来到前门老店，人勤快、机灵、利索，拜师张文藻学习烤鸭。20 世纪 80 年代初，他和其师张文藻成为北京仅有的两名专业烤鸭技师。

（3）发展时代。1956 年，毛主席在全国工商联会议上提出："老字号要保持自身发展的优势，要有一种创造民族品牌的长远考虑"，"瑞蚨祥、同仁堂一万年要保存。全国有名的招牌要拍下照片来，有许多招牌的字是写得好的，不留下来后代就不知道了。王麻子、东来顺、全聚德要永远保存下去"。1956 年，王府井店开业，1979 年，周恩来总理生前指示选址兴建的北京和平门烤鸭店开业，1982 年前门老店经过扩建，归属北京第一服务局，而和平门、王府井店隶属北京第二服务局，天安门店、团结湖店等联营方式在 20 世纪八九十年代遍地开花。

1）陈守斌。曾任北京全聚德集团有限责任公司总厨师长，他继承和发展了京鲁菜技艺，制作"全鸭席"使全聚德名声大振。创作了罐焖牛头、全味牛排、奶汤牛筋、鸭翼烧牛头、翡翠大龙虾、人参冬瓜盅、八生火锅等菜品。1986 年首次参加卢森堡烹饪艺术世界杯大赛，为中国荣获金牌，获得了世界烹饪大师的称号，被授予全国劳动模范称号。

2）王春隆。第四代烤鸭传人，首任和平门烤鸭店总厨。他精益求精，敢于打破门户之见，借鉴吸收川粤、江苏淮扬菜的精华，勇于创新，对继承和发展全鸭席起了重要的作用。他的代表菜品有火燎鸭心、北京鸭卷、干烧四鲜等。

3）杨宗满。第五代传人，1980 年进老店，从冷荤干起，1996 年任前门全聚德店副总经理。她把全聚德的德与北京女性传统的美德结合起来，形成了独特的魅力。荣获北京市劳动模范、全国内贸系统劳动模范，成为杨家骄傲。她说：我是传人，传的不是一个店，一个字号，而是字号所包含的德字，就是让顾客满意。

（4）顾九如。国家中式烹调高级技师，中国烹饪大师，北京市政协委员，师承鲁菜泰斗王义均先生。现任中国全聚德集团股份有限公司总厨师长，精通"全鸭席"菜肴及烤鸭的制作，他认为，"德是从厨之魂，勤是餐饮行业之根"，他的厨政理念是"传承不能守旧，创新不能忘本"。

（5）集团化时代。1993 年，在北京全聚德烤鸭店、前门全聚德烤鸭店、王府井全聚德烤鸭店的基础上，组成了大型集团企业——中国北京全聚德烤鸭集团公司。1997 年，中国北京全聚德烤鸭集团公司按现代企业制度转制为中国北京全聚德集团有限责任公司。2004 年，全聚德集团与首旅集团、新燕莎集团实行强强联合，成立中国全聚德（集团）股份有限公司。

二、传承创新

1. 特色产品

全聚德的经营方针为发挥品牌优势，坚持诚信为本，贯彻精品战略，实现持续发展。

（1）挂炉烤鸭。

1）填鸭。鸭子自然进食 1 个月后，人工每日三次强行填食喂饲料（塞满鸭嗉），育肥养殖 20 天至 1 个月，鸭毛色洁白、体态丰满、肉质细嫩、肉味鲜美。

2）工序。鸭子在烤制前，先得经过开生、清洗、充气、支撑、挂钩、烫皮、打糖、晾皮、冻结、晾坯等工序，充气把鸭身吹膨胀，使鸭皮紧绷而不产生皱纹。打糖给鸭身刷上饴糖水，使鸭皮烤出鲜亮艳丽的色泽。不仅如此，用高粱秆节堵塞鸭肛门，在进炉前还要先灌入滚开的清水。

3）烤制方法。传统炭火烤炉选用枣、梨、杏、桃、苹果等果树原木燃料，利用炉壁辐射热 230~250℃的温度，恒温加热。烤制时间在 50 分钟左右（受大小、多少、公母、季节等影响），时间越长，油脂水分流失越多，传统挂炉明火烧烤，果木甜香沁入鸭体，热气进入，能使水蒸气蒸发，使烤制鸭分外香美。烤的时候还要不断转动吊杆，使鸭脯上色均匀。烤的鸭子，肥油流出然后又渗入鸭体，鸭皮呈枣红色，通体油润光亮，赏心悦目，令人垂涎。

4）烤鸭成品特点。烤鸭成品特点如下：芬芳独特，油润枣红、皮酥肉嫩，清香纯正，果香浓郁，回味甘甜。烤熟鸭子体重比生鸭体重减少 1/3 或 1/4。烤鸭外皮胶原蛋白膨胀发亮，脱水之后形成酥脆膨化的口感。

5）吃烤鸭最佳季节。秋季无论温度、湿度都最适宜于制作烤鸭。贴了秋膘的鸭子比较肥壮，即所谓"秋高鸭肥，笼中鸡胖"。夏天空气湿度大，人们不适油腻，鸭坯潮湿，烤鸭皮不松脆，酥脆感不强烈，容易回软。

6）烤鸭服务时机。在全聚德，一般是人等鸭子，客人入座后，如果需要烤鸭，服务员马上通知鸭班，鸭班开始烤鸭，等 50 分钟后，客人就可吃到热喷喷的烤鸭了。烤鸭现片现吃，吃到嘴里，皮是酥的，肉是嫩的，最为鲜美。

7）烤鸭片切方法。烤鸭技巧一半在烤，一半在片。杏仁片，这是最传统的片法，片好的鸭肉如杏仁；柳叶条，还有一种是皮肉分吃，鸭皮又酥又脆又香，鸭肉薄而不碎，裹在荷叶饼中食之，酥香鲜嫩。

8）佐料的选用。第一种是甜面酱加葱条，可配黄瓜条，萝卜条等。第二种是蒜泥加酱油，也可配萝卜条等。蒜泥可以解油腻，蘸着蒜泥吃烤鸭，在鲜香之中，增添了一丝辣意，风味更为独特。第三种是蘸白砂糖，这种吃法适合鸭胸脆皮，甜味可以降低鸭油腥腻，形成香甜酥脆的美感。

（2）智能烤鸭。全聚德烤鸭制作分为制坯、烤制、片鸭三大工序，传统技艺已经满足不了市场需求。全聚德和德国合作，研制的微电脑傻瓜烤炉，把人工经验，通过电脑数据参数设计控制，因此清洁、环保、高效、智能化的

现代烤箱烤制已经广泛应用，在大型电烤箱中完全模拟传统烤制过程，烤鸭质量更标准、更稳定。为了使电炉烤鸭与传统烤鸭的果木香味完全一致，专门配制出天然果汁和糖色，将特制天然果汁喷涂在鸭胚上，烤出的鸭子同样有果木香味，甚至更香。流水线自动化生产烤鸭，已经成为主要产品。

（3）芝麻空心烧饼。芝麻空心烧饼是老北京面食，有挖空心思、缅怀之意，隋朝时期，瓦岗寨起义少年将领罗成，被敌箭射中而死，每年忌日，百姓用空心烧饼祭奠。空心烧饼成为烤鸭伴侣，是周总理亲自选定的，通过仿膳中肉末烧饼得到启发，相信烤鸭配空心烧饼组合会更好吃，一次宴请活动中，向全聚德的管理人员建议这一吃法组合搭配，从此，这种鸭肉汉堡包很快被推广应用。

（4）荷叶饼。源自春饼，传统春饼与菜放在一个盘子里，成为"春盘"。立春吃春饼有喜迎春季、祈盼丰收之意。杨全仁出身贫苦，为人善良正直，他曾看到王公贵族们穷奢极侈，挥金如土，吃完宴席后，用发面制成的荷叶夹（荷叶饼）沾去嘴边的油腻后随手扔掉，很是愤慨，便对店里伙计说"咱们全聚德可不能干这种缺德事"。从此订下规矩：全聚德不做发面主食，吃烤鸭无论顾客贫富贵贱，一律自己动手用烫面荷叶饼卷食。

（5）烤鸭蘸酱。孔子曰：不得其酱，不食。酱汁是菜肴的灵魂和精神，今天，北京全聚德仿膳食品有限责任公司生产的"全聚德"牌风味酱汁调料，已经成为吃烤鸭规定的专用酱汁调料。

（6）章丘大葱。章丘大葱因产于济南章丘而得名，山东著名特产，被誉为"葱中之王"。葱中富含微量元素硒，被誉为"富硒大葱"，特别是含有维生素A、维生素C和具有强大的杀菌能力的蒜素。大葱，有君子的象征，朴实植物，立足大地，伸臂向天，身姿傲然挺立。比起脱离土地的红辣椒，它没有那么鲜艳靓丽，却默默无闻地培养出一清二白的正气，它不做作，不炫耀，不追求辣的极致，不张扬个性，只内敛情怀，吃烤鸭一般都会配上大葱。

（7）全鸭席。由各类鸭菜组成的筵席。特点如下：除烤鸭之外，还有用鸭的骨、舌、脑、脖、皮、心、肝、胗、胰、肠、血、脯、翅、掌等为主料烹制的不同菜肴。

（8）贯标菜。全聚德技术研究室统一研发的首批20道"全聚德京味菜"，对菜式繁多的中餐进行规范量化，在北京所有的直营店销售。菜式融入了京菜宫廷、清真内容，集合北方地方风情，突出全聚德的特色"鸭"元素，并融入多种当下时尚养生食材，既突出了全聚德品牌独特的个性，又能感觉到"老北京"的味道情怀。

2. 企业文化

"全聚德"150多年的历史孕育了丰富的文化内涵，独具特色的饮食文化，是"全聚德"的财富，更是"全聚德"在商海中制胜的法宝。百年老店，从丰厚的华夏文化中汲取了诚信、仁德等儒家伦理文化和儒商风范，也从源远流长的中华饮食文化中吸收了精益求精、推陈出新等优良传统。周恩来总理更是将"全聚德"的内涵解释为"全而无缺、聚而不散、仁德至上"，成为了全聚德的企业精神。这三句话精确地概括了"全聚德"150多年来一贯追求和秉承的经营理念。"全而无缺"意味着全聚德广纳鲁、川、淮、粤之味，菜品丰富，质量上乘无缺憾；"聚而不散"意味着天下宾客在此聚情聚力，情意深厚，表达了"全聚德"内外强大的凝聚力；"仁德至上"集中体现了全聚德人以顾客至上为本，真诚为宾客服务、为社会服务的企业精神和良好的职业道德。

3. 品牌经营

全聚德集团自成立以来，按照周恩来总理对全聚德"全而无缺，聚而不散，仁德至上"的精辟解释，发扬全聚德人"艰苦创业、开拓创新、争创一流"的精神，扎扎实实地进行体制创新、观念创新、科技创新、营销创新、经营创新、管理创新和文化创新七大创新活动，给百年老字号全聚德带来了跨越式的发展。

（1）开拓创新，全聚德发展的源泉。集团以规范产权关系为重点，推进体制创新，建立现代企业制度；以深化改革为动力，进行观念创新，建立激励约束机制；以科技研发为先导，推行科技创新，提升餐饮企业的现代化水平；以扩大市场占有率为目的，搞好营销创新，取得经济效益、社会效益双丰收；以连锁经营为模式，推行经营创新，实施正餐精品战略；以质量控制为核心，实施管理创新，建立质量保证体系；以历史积淀为基础，进行文化创新，提高企业核心竞争力。

（2）联合重组，全聚德的发展战略。集团通过强强联合，优势互补；扩展品牌内涵，提高整体竞争；走国际化路，创民族品牌。坚持实施品牌经营战略，坚持餐饮主业，全力推进专业化经营，不断提高市场份额。充分发挥以全聚德为代表的众多老字号品牌的优势，新餐饮集团拥有和控制 30 个左右的老字号品牌，其中除全聚德外，具有发展潜力，需重点开发的品牌有仿膳、丰泽园、四川饭店、鸿宾楼、烤肉季、烤肉宛、砂锅居、柳泉居、护国寺小吃等十个优秀品牌，构筑餐饮产业体系，形成品牌规模效应，打造中国餐饮业的联合舰队。

全聚德的企业文化是一本书，是全聚德 100 多年来所经历的大大小小事件的艺术写照。因此，它内容丰实，有传统的，有现代的，都是全聚德文化的重要组成部分。既体现了老字号的历史底蕴，又充满了时代的气息。

三、品牌故事

1.“德”字之中少一横

悬挂在每一家全聚德门楣之上的黑底金字匾额，庄重典雅，苍劲有力，浑厚醒目，洒脱豪放，神圣凝重，几经风雨几度春秋高悬 150 多年。细细辨认不难发现，其中“德”字的笔画比现代汉字“德”少了一横。它是全聚德专用文字，是全聚德独一无二永恒的图案标示。

说法一：当时东家杨全仁请来书法非常好的秀才钱子龙，为全聚德老铺题字，两人对饮开怀，秀才多喝了两杯，精神恍惚，一不留心，“德”字，“故意”少写了一横。“德”就像多音字一样，它是多写字，有两种写法，无论秀才钱子龙怎么写都念“德”，严格地说两种写法都正确。

说法二：东家杨全仁创业时，一共雇了 13 个伙计，加上自己一共是 14 个人。为了让大家安心干活，同心协力，让秀才将 15 个笔画的德字，少写一横，寓意全心全意，同舟共济。

说法三：开始时的全聚德老铺，顾客不知深浅，不敢进来，东家请来风水先生看看，发现牌匾中德字的一个笔画，像横在客人的心口中，似悬挂在客人头上的一把刀，凶多吉少，于是东家改头换面，有了少一横"德"字。当然。加上一横，表示一心一意。选用这个少一笔画的德字，东家究竟是什么用意，至今仍是个猜不透的谜。

全聚德的核心价值观就体现在这十二个字中：全而无缺，聚而不散，仁德至上。

经评估，全聚德品牌评估价值已经达 100 多亿元人民币，2007 年度排在中国 500 最具价值品牌第 54 名，2013 年度被评为北京十大商业品牌之一，是中国首例服务类中国驰名商标，中华著名老字号。

2. 金炉不灭千年火

老铺每天晚上打烊，都由炉头师傅"封火"，将没烧透燃尽的柴炭用铁锅扣上，得留一点缝儿，让它能透气儿，慢慢燃烧，不会熄灭，保留火种，第二天上工，揭开铁锅，续上新劈柴，炉火很快就熊熊燃烧起来。为保持火种延续，炉头往往在

全聚德第四代传人的遗孀普老夫人与员工在一起

深夜里还摆上烤鸭供奉火神。日复一日年复一年，炉火生生不息，迄今为止，前门全聚德仍沿袭着这一传统。2007 年前门老店装修前，特意准备了一个铜铸宝鼎，将炉火引入收藏，专人看管，每天添加燃料，重新开业的时候请回来，重新点燃。炉火的延续对全聚德意义重大，那是浓缩着北京餐饮历史发展的圣火，那是京城老字号的希望之火。烤炉从标准化砖炉、内胆式鸭炉、分体快装式鸭炉发展到新型微电脑环保烤鸭炉，全聚德的炉火已进入国家级非物质文化遗产名录，得到呵护养育。

知识拓展

解放后全聚德最早的文字广告

在一本 1950 年 11 月 1 日出版的旧书里，有着全聚德的一则广告。只可惜

这本书已没有书皮儿，无法知道它的书名。但从这本书的前言内容上分析推断，它是一本介绍北京、类似于《北京指南》的书。看它的出版时间可以推断，它是解放后全聚德最早的文字广告之一。它对于我们研究解放初期的全聚德提供了一手资料。

这则广告的上半部分是从右到左繁体字排列的四句话：

"各位到北京必须到前门外肉市廿四号北京第一著名烤鸭专家全聚德去尝尝挂炉烤鸭"。

广告的下半部分是纵列从右到左的繁体字说明文字：

"经百余年精心研究　营养丰富　酥脆焦嫩　美味适口　中外驰名　特聘名师精做各种菜羹　远年花雕　座位清洁　服务周到　诸君一尝　保证满意"。

总共54个字连着写，没有一个标点符号。接着是四列小字：

"电话订座七·零六六八　外叫电话通知　准时送上不误"。

从这里我们可以看出，当时全聚德的烤鸭已很有名气，就餐环境优雅，服务更是没得说，不仅可以让客人堂吃，还可以为顾客送烤鸭上门，而且有"准时""不误"的服务承诺。

【作业】

1. 判断题

（1）全聚德的几代创业人，经历了衰亡的晚清、民国建立、北洋军阀统治、全民族抗战、新民主主义革命、"文化大革命"时期。　　　　　　　（　　）

（2）全聚德的烤鸭产品有果木烤鸭、电炉烤鸭、传统烤鸭和智能烤鸭等品种。
　　　　　　　　　　　　　　　　　　　　　　　　　　　　　　（　　）

（3）全聚德的核心价值观就体现在这十二个字中：全而无缺，聚而不散，仁德至上。　　　　　　　　　　　　　　　　　　　　　　　　　（　　）

2. 单项选择题

（1）全聚德获得新生重新焕发青春，实现公私合营是在（　　　　）。

A.1949 年　　　　　B.1952 年　　　　　C.1956 年　　　　　D.1957 年

（2）全聚德烤鸭配食的主食是（　　　　）。

A. 空心烧饼和荷叶饼　　　　　　　B. 荷叶饼和荷叶夹

C. 荷叶饼　　　　　　　　　　　　D. 空心烧饼

（3）已进入国家级非物质文化遗产名录得到呵护养育的是全聚德的（　　　　）。

A. 挂炉烤鸭　　　　　　　　B. 老店砖炉

C. 新型微电脑环保烤鸭炉　　　　D. 炉火

3. 多项选择题

（1）毛主席在 1956 年的全国工商联会议上提出了重要的指示（　　）。

A. 要有一种创造民族品牌的长远考虑

B. 狗不理、便宜坊要永远保存下去

C. 东来顺、鸿宾楼、全聚德一万年要保存

D. 全国有名的招牌要拍下照片留下来

E. 老字号要保持自身发展的优势

（2）全聚德烤鸭的配合食物有　　　　　　　　　　　　（　　）。

A. 黄豆酱　　B. 香菜　　C. 大葱　　D. 蒜泥　　E. 黄瓜条

4. 讨论题

在风险与机遇、冲突与共融的矛盾中，全聚德怎样才能做得更好？

【参考文献】

［1］https：//www.quanjude.com.cn.

［2］王晓琪. 中华老字号的传承与创新——以同仁堂、全聚德为例［D］. 北京工商大学硕士学位论文，2011.

［3］http：//www.canyin.hc360.com.

主题 11.2　东来顺*

东来顺的来历

　　东来顺的创始人名叫丁德山，字子清，河北沧州人，早年以往城里送黄土卖苦力为生。光绪二十九年，丁德山全家搬到东直门外二里庄，盖了几间土房

---

*　本主题图片来自企业官网：http：//www.donglaishun.com/。

住了下来。丁德山每日拉黄土往城里送，都要路过老东安市场。当时的东安市场人来马往，热闹非凡。

丁德山看准了这块儿风水宝地，把干苦力攒下的积蓄，全部投入到了东安市场北门，搭了一个棚子，挂上"丁记粥摊"的牌子，卖些豆汁儿、扒糕、凉粉儿等大众吃食。后来顾客渐多，又加上全家苦心经营，诚信待客，受到广大吃客的认可。如此一来，小粥摊已不能应付越来越多的食客，哥儿几个就打算把母亲接来，一是让她看看现在的买卖，二是一块儿商量商量把粥摊扩大，并且起个正式的字号。老母亲来了以后，看了又看，流下眼泪说："咱们是从东直门外来到这儿的，现在买卖虽然小，可是生意做得挺好，咱们但求这买卖能顺顺当当的，我说就起名叫'东来顺粥棚'吧！"这就是老字号"东来顺饭庄"字号的最初起源。

【思考题】

东来顺在鲁菜餐饮业中的地位如何？

一、东来顺企业历程

1. 企业简介

东来顺饭庄创建于 1903 年，以经营独具民族特色的涮羊肉而驰名海内外，并逐步发展成为涮、炒、爆、烤四大系列 200 多个品种的清真菜肴体系。东来顺主要经营涮羊肉，每到秋冬季节，东来顺门前总是车水马龙，呈现出一片繁荣景象。

目前成立的北京东来顺集团有限责任公司，连锁店覆盖全国 22 个省、市、自治区，全国连锁店总数达到 130 家，原料供应基地 7 家，区域分部 7 家，经营面积共 8 万余平方米，2005 年销售额 8 亿元，员工人数达 8000 余人。自

1996 年以来，公司创造了年营业收入连续六年持续高速增长的良好业绩。近年东来顺集团致力于传承、精典、健康、品质的美食经营理念，已是中国知名清真连锁餐饮服务和多元化产品服务供应商。集团下设东来顺餐饮直营、清真食品、特许加盟、肉业加工等业务板块，形成了以北京、武汉为依托的北南直营区域发展格局。

东来顺先后获得中华老字号、中国驰名商标、中国餐饮、中国连锁业百强、北京名菜名点、中国商业服务名牌等称号；近年来，东来顺陆续在国内和美国、日本、加拿大、马德里协约 52 国及中国香港、新加坡等共60 多个国家和地区进行了东来顺商标注册，为民族品牌国际化发展奠定了基础。

2. 发展历程

1903 年（清光绪二十九年），百官上朝走在东华门外，文官下轿、武官下马，老东安市场就是存马的地方，每天早晚这里熙来攘往，人来马去，周围逐渐形成了市场。

河北沧州的大哥丁德山向亲友借了个手推车、木案板、长板凳、小矮桌，赊来筷子和饭碗，带着弟弟丁德富、丁德贵闯入了东安市场。

1906 年（光绪三十二年），东安市场初步成为大型市场。摆摊的哥仨有了点积蓄，搭起大棚，竖起"东来顺粥铺"的招牌。

1912 年，大清帝国宣统三年与中华民国元年交替时刻，原始积累之后的丁家兄弟，开始职业理财，在东直门外买下百亩良田设置菜园牧场，在德胜门外马甸买地种粮，2 月，袁世凯制造了"北京兵变"，曹锟纵军哗变，趁乱闯入东安市场劫掠，之后点燃东安电影院，火势凶猛蔓延整个市场，全场商户无一幸免，丁德山的粥棚被焚毁。

1914 年，兵变过后，丁德山又在原地重建起三间瓦房，招兵买马，在东八面槽里挂起了"东来顺羊肉馆"的字号，增添爆炒煎烤新花样。

1923 年，他们买下粥铺的地皮，1928 年，买下了紧邻的太平洋烟行等邻居地基。1930 年，东来顺的地标建筑——三层大楼在东八面槽濒临东安市场北门旁的黄金宝地上崛起，开设雅座包间，能接待上百人的厅堂，以涮羊肉为纲，卖羊肉片、山珍海味，包办清真教席全面发展，据 20 世纪 30 年代的账面记载，每年秋冬季节售出的羊肉片均在十万斤以上。

1932 年，买下创始于清咸丰年间已有近 200 年老店"天义酱园"，这个专门经营油、盐、酱、醋的老酱园油盐店，据说西太后慈禧最喜吃天义成的桂花甜熟疙瘩，天义成早就誉满京都，在王府井大街的金鱼胡同西口，跟东来顺做邻居，东来顺所用副食调料均由天义成供应。天义成由于经营不善，生意衰落。后被丁家买下，丁家于是借东来顺的"顺"字，把天义成改成天义顺。前店后场的店铺，制作销售酱醋、酱菜、韭菜花、糖蒜等，形成了"产、供、销"一条龙，保证了东来顺涮羊肉味道。

1940 年，在朝阳门内，开设永昌顺油坊，经营米面油粮、磨面、面条、香油、芝麻酱，自产自销，做到滴水不漏、利不外溢，让剩余价值最大化，还陆续开办了大中公寓房地产以及大车店旅馆业等产业，形成早期东来顺集团。

1942 年，丁富亭成了东来顺大掌柜的，他认为，涮羊肉要好，必须具备选肉精、刀工细，当时，民国初期，正阳楼饭庄以烤肉、涮肉誉满京城。里面有京城厨行最有名的切肉师傅，他想方设法，抬高价码，不吝重金，把这位主刀师傅给"挖"来，传帮带徒，刀工精湛，使东来顺肉片成为京城一绝，薄如蝉翼的羊肉片，铺在青花瓷盘里，隐约可见透过的花纹，东来顺由此享名。京城流传的歇后语："东来顺的涮——真叫嫩。"老竞争对手北京著名"八大楼"之一，建于清道光年间的正阳楼宣布倒闭，东来顺在京城火锅店中从此首屈一指，独占鳌头。

1943 年，店铺状况日渐惨淡，风光不再，三兄弟黯然分家。

1945 年，子承父业，丁德山把东来顺的大旗正式传给其子丁福亭。在这期间，日本占领时期东来顺已被折腾得奄奄一息，朝不保夕。

1948 年，解放军围城之际，丁福亭宣布停止营业，全员解雇。

1948 年 8 月 8 日，时逢北京解放前夕，当时繁华的西单路口西南侧，丁福亭的东（来顺）系的支派又一顺饭庄开业，京城商业繁荣地界素有"西单、东四、鼓楼前"，可谓黄金地段，加之东来顺的名气，名噪一时，与天义顺、永昌顺和东来顺合称京城的"四大顺"，又一顺饭庄，在经营特色上保持了东来顺的风格传统。以涮羊肉为主，兼营炒菜、小吃以满足不同顾客的需求。北京和平解放后，在 20 世纪 50 年代，由著名厨师杨永和主厨，他继承的全羊席，堪称一绝，所有菜名都不露一个"羊"字，而以生动形象命名。盛世而兴，其店的茯苓夹饼、炸羊尾等小吃深受大众喜爱，北京清真菜形成东西流派，东派菜以东来顺、又一顺的爆、烤、涮为代表，而西派菜独以西来顺为代表，菜式华贵、典雅，精于小炒，杂糅西菜手法，品种十分丰富。

北京解放后，在党的工商业政策感召和国家贷款扶植之下，东来顺又恢复营业，职工成了企业的主人。1955 年，东来顺在人民政府的支持下，成功地实现公私合资，完成社会主义改造。

3. 发展时期

1966 年 6 月，"文化大革命"期间"东来顺饭庄"的老牌匾被毁坏，更名为"民族饭庄"。1969 年，东安市场拆建时重建了三层楼房，营业面积达到 2700 多平方米；职工增到 256 人。一、二、三楼各有一所可容 100 多人同时进餐的大众餐厅；一楼有小吃部，供应奶油炸糕、烧饼、奶酪和各种甜食；二楼单间雅座；三楼高级宴会厅。羊肉由食品公司作为必保的"特需"供应。

1977 年，在党和政府的关怀下，又恢复了"北京东来顺饭庄"的名称。

20 世纪八九十年代东来顺开始走出店堂，拉着切肉机到北京饭店、人民大会堂等党代会、政协会代表驻地进行现场加工服务。

4. 现状

1994 年，在首届全国清真烹饪大赛上，东来顺冷荤、热菜获得了铜牌，面点、手工切涮羊肉获得了金牌。东来顺涮羊肉获得最佳风味食品奖。1996 年 6 月，东来顺连锁总部成立，先后在全国 20 多个省、市、自治区建立了 60 多家连锁店，老字号东来顺走上了特许加盟的连锁发展道路。1997 年炸羊尾、扒羊条、它似蜜等 17 种菜点荣获北京市名菜名点称号。

北京东来顺集团有限责任公司，连锁店覆盖全国 22 个省、市、自治区，全国连锁店总数达到 130 家，原料供应基地 7 家，区域分部 7 家，经营面积共 8 万余平方米，2005 年销售额 8 亿元，员工人数达 8000 余人。伴随着北京流通现代化发展的步伐，为增强品牌的市场竞争力，东来顺成立了集团有限责任公司，实行财务一级核算和扁平式管理。集团公司拥有资产 1 亿多元，现有东来顺新东安饭庄、东来顺王府井饭庄、东来顺沙子口饭庄、东来顺广内饭庄、东来顺华龙街饭庄、东来顺宝景饭庄、东来顺林达饭庄、东来顺双井饭庄、武汉东来顺等 16 家直营店和遍布全国 22 个省、市、自治区的 130 家连锁店，年销售额近 8 亿元。

在现代连锁发展中，配送中心是连锁体系成熟、规范、发展的枢纽。东来顺集团市场配送以商品配送和服务为工作重点，突出服务职能，利用品牌优势逐步拓宽产品开发及营销渠道，提高了市场覆盖面和占有率。

目前配送品种有设备类、羊肉类、肥牛类、饮料类、调料类、餐具类六大类 200 余个品种，其中包括荣获国家专利的东来顺铜火锅、火帽；东来顺特供羊肉坯、小包装羊肉片、肥牛片、羊肉串、牛肉串；涮肉系列、肥牛系列；独具特色的大六瓣糖蒜、瓷片等。

配送中心充分发挥连锁的规模优势，采用进、销、调、存库管系统，加大科学管理力度；在营销上也进一步向区域化、网络化靠拢，以基地提供的东来顺品牌产品为主，面向各大超市、零售商场等销售网点，将东来顺系列产品逐步推向全国市场，为广大消费者提供更多的餐桌食品。

东来顺商标的系列半成品在北京各区都有销售，网点百余个，福州、厦门、天津、石家庄等外埠的经销商已经成为东来顺民族品牌事业的合作伙伴。

5. 传承人物

（1）杨永和，清真烹饪大师，又一顺饭庄厨房的祖师爷，擅长全羊席制作，乾隆年间的诗人袁枚在《随园食单》中写道："全羊法有七十二种，每次可吃者不过十八九种而已。此乃屠龙之技，家厨难学，一盘一碗，虽全是羊肉，而味各不同才好。"用整个羊的各个不同部位，或烤或涮，或煮或炸，烹制出各种不同口味、不同品名的菜肴。

（2）杨国桐，国宝级烹饪大师，清真菜泰斗，1948 年到又一顺饭庄厨房工作，在京城清真名店又一顺饭庄主厨 40 余年，师从享誉京城清真菜大师褚连祥和杨永和，成了北京清真菜肴的传人，杨国桐北京清真菜烹制技艺已被定为北京老字号非物质文化遗产。编撰出版了《清真菜谱》，他改造和创新菜肴百种，他的京版全羊席，许多品种已是北京清真菜馆的看家菜，有名菜葱爆牛羊肉、炮糊、爆肚、烤牛羊肉、焦熘肉片、滑羊四宝、芝麻羊肉等。

（3）陈立新。100 多年来东来顺的后厨房里，时过境迁，师徒相传代，人才是企业发展的根本，1971 年开始从事厨师专业工作，现任集团加工厂厂长。1989 年，他加工制作的涮羊肉获得商业部金鼎奖；1994 年，他加工制作的涮羊肉获得全国首届清真烹饪大赛金奖；2008 年，他的羊肉加工技艺，被认定为北京市级非物质文化遗产项目，是《东来顺》涮肉制作技艺代表性传承人；2009 年被认定为北京市首批中华传统技艺技能大师，他肩负着传承东来顺文化、涮羊肉技艺的历史重任。

二、传承创新

1. 特色产品

（1）涮羊肉的八大特点。

1）选料精。一般选自内蒙古集宁、锡林郭勒盟小尾寒羊，由于当地水甜草嫩，故羊肉肉质细嫩，无膻味。屠宰前后经过检疫，由有资格的阿訇主刀，严格按照穆斯林文化食用标准加工，经过排酸处理之后，剔除板筋、骨底等，有冷

却肉和冷冻肉。磨档、小肥羊、东来顺羊肉片、传统手切鲜羊后腿、羊上脑、金牌羊后腿、多赛特羊后腿、多赛特羊肋排、多赛特羊上脑、安多牦牛上脑、安多藏羊上脑、钻石级杜泊羊等。

2）刀工美。涮羊肉之经久不衰，肉质细嫩，色泽鲜艳，刀工精美，薄厚均匀，排列整齐，形如手帕。无论用机器还是手工，切出的羊肉片舒展开来，放在青花瓷盘上，透过肉片，青花花纹清晰可见。那真是薄如纸，软如棉，肥而不腻，瘦而不柴，一涮就熟，久涮不老不花。手工切肉，冷冻羊肉从 −15℃的冰柜里取出，放入冷藏在 −5℃的冷库内缓慢解冻，或在室温20℃条件下，用毛巾覆盖回化45分钟，其目的是使肉里外回化速度一样。或用一层冰一层肉压12小时（冰与肉隔离），待肉冻僵后，修去边缘的碎肉、筋膜、脆骨等，再用切刀切成片，每500克切成长152毫米、宽34毫米、厚0.9毫米的薄片80~100片。每盘羊肉片40片，净重200克。

3）调料香。涮羊肉与调料永远不离不弃，涮羊肉调料包含了辛、辣、卤、糟、鲜的成分，五味调和：甘——芝麻酱、花生酱；咸——酱油、酱豆腐；酸——糖蒜（自制的大六瓣糖蒜酸甜适口）；苦——韭菜花、料酒；辛——韭菜花、辣椒油。同时，鱼露特有的鱼鲜味与羊肉的香味结合起来，融会贯通，形成了独特的鲜香气息。

4）火锅旺。几家制造的铜火锅，具有盛炭容积大、通风口合理、开锅快、燃烧时间长的特点。现在，为了保

护生态环境，改用了环保型的机制碳，无烟、耐烧、火旺。景泰蓝电磁炉铜火锅，清洁、高效、美观。

5）底汤鲜。传统东来顺火锅使用清汤，底料包括海米、葱花、姜片、口蘑汤。其中，口蘑汤发挥着不可忽视的作用，与海米结合，使火锅汤味道鲜美。

6）糖蒜脆。东来顺涮羊肉的佐料中最有特色的是糖蒜。它选自河北省霸州市大清河的优良品种大六瓣蒜，由公司配送中心自制加工三个月精制而成。它无异味，酸甜适口，口感清脆、开胃解腻。

7）配料细。与涮肉调料同时上桌的还有几样配料，葱花、香菜、雪里蕻、腌韭菜必不可少。

8）辅料全。东来顺涮羊肉火锅一个显著的特点就是辅料品种丰富。除涮羊肉部位齐全以外，各种蔬菜、面点应有尽有，符合荤素互补、酸碱中和、营养搭配的要求。

（2）东来顺的涮羊肉吃法。

1）文吃。一次吃多少，就用筷子夹着羊肉片放到火锅开水里，三上两下，肉变了色，夹出来的肉放在小碟内，再用小勺把佐料从碗里舀出来，放在涮好的肉片上，搅拌一下再吃。

2）武吃。把盘里的生羊肉片一下子全都拨到火锅里，瞬间煮制，把肉捞到佐料碗里，搅拌好就可以吃了。

（3）烤肉。东来顺在烤上也很有功夫，如传统烤肉，大圆桌中间，架起一个直径 80 公分的烤肉炙子，燃烧热情，蒸腾温暖。

（4）炒菜小吃。北京清真菜东系代表作有焦熘肉片、红烧松肉、红煨牛肉、醋熘肉片苜蓿、扒羊条、芫爆百叶、葱爆羊肉、它似蜜、炸咯吱、秘制羊排、烧羊肉，清真小吃拥有糖卷果、江米凉糕、萝卜丝饼、传统芝麻烧饼、芸豆卷、驴打滚、艾窝窝、核桃酪、炸羊尾、奶油炸糕多种花色品种。

2. 品牌经营

1956 年，毛主席提出老字号要保持自身发展的优势，要有一种创造民族品牌的长远考虑，毛主席明确提出"有许多招牌的字是写得好的，不留下来后代就不知道了。王麻子、东来顺、全聚德要永远保存下去"。

东来顺集团以"品牌经营"为核心，积极开发清真餐饮和清真食品两个市场，努力实现连锁店、连锁加工厂、连锁供应商三联体系，做大、做强直营餐饮、连锁加盟、物流配送和食品深加工四大业务板块。新集团将以餐饮主营为基础，专业连锁为主线，产业化经营发展为链条，建立具有清真特色、连锁特许经营的东来顺集团化公司，实现品牌化、市场化、多元化的战略发展目标，力争将东来顺打造成为"中国清真第一品牌"。

三、品牌故事

东来顺老堂训的话是这么说的：能来咱铺子里站一站的人，那是缘分；能到咱铺子里坐一坐的人，那是瞧得起咱；能到咱铺子里吃饭的人，那是照顾咱。

东来顺都红得发紫了，丁德山并没有因有了名气而摆起架子，老掌柜的招真使绝了，饭庄除了涮羊肉外，继续经营着大板凳粥摊生意，他有三个目的：一是感情投资，招待好他们，使车夫、马夫、苦力人常来常往，让他们在消费中，自豪自信自尊，成为活广告，他们到处跑，到处宣传，并主动把主顾送到东来顺；二是东来顺饭庄的下脚料有地处，肥水不流外人田；都能再卖一次钱，降低了成本，滴水不漏，最求剩余价值，提倡勤俭节约；三是激励后人艰苦朴素创业经营，互相较量，互相促进，公平竞争，优胜劣汰。

1. 大板凳

经济实惠饮食服务形式，东来顺新楼建成后，仍然在楼下的东厅保持了可容百余人同时就餐的"大板凳"。这里饺子、馅饼、肉多油大，这里的大烙饼、杂面条、棒子面粥、锅贴、饺子和廉价炒菜，分量足、质量好；黄釉粗瓷大碗大盘，给得多，价格低廉。吸引了做小买卖的等各行各业的劳动者，而且有些家在外地的大中学生也来吃"包月"，"大板凳"生意兴隆，经常爆满，赢得称赞"丁掌柜到底是摆摊出身，发了财还不忘咱穷哥们"。

丁德山经营的生意经："穷人身上赔点本，阔人身上往回找；让他背着活广告，内外四城到处跑。"果然，照顾过"大板凳"的穷苦人，吃了便宜饭，往往互相传告，招来新的顾客。特别是那些拉洋车或排子车的和串家做零工的，更容易起宣传作用。有时外地旅客下了火车找饭馆，拉车的便主动把他拉到东来顺。

2. 活广告

丁德山经营上绝招花样繁多，层出不穷。他在店门前搭起炉灶，架一口大锅，请一位能够不使用笊篱直接用手从开水里捞面条的师傅当众表演，耍把式卖艺的大声吆喝，吸引顾客。

冬天里，他在店门前路边摆开一排肉案，冻好的肉送给切肉师傅，十几位切羊肉片的师傅一字排开，冒着西北风在街头切肉片，晚上雪白灯亮，更能招人，亮出家伙事儿，露出功夫绝活，摁着冻肉，挥舞着长刀，当众比试。

翻修炉灶暂停营业前几天，这里的饺子馅饼比平时多加油和肉，顾客也许不觉得特别好，等到停业后，顾客到别处吃饭，相比之下便觉得还是东来顺好。等炉灶修好后，顾客自觉返回，甚至还能带来新的顾客，这也是丁家得意经营之道。

东来顺的机械化时代

1974 年北京亚非拉乒乓球邀请赛，东来顺接受供应 1400 多名宾客吃涮羊肉的任务，发动了十四位刀功高超的师傅切肉四天三夜。当时，万里同志看到师傅们手工操作太辛苦，于是亲自下任务给当时的第六机床厂，要求他们一定要实现涮羊肉切片的机械化。1975 年振动式切肉机成功应用。东来顺饭庄开始使用羊肉切片机。每台每小时可切出肉片五十多斤。手工切片厚度为 1.2 毫米，机器切出的只有 0.6 毫米，劳动强度减轻了，肉片质量提高了，加工工艺规范了，肉片品质一致了，经营速度加快了。

【作业】

1. 判断题

（1）毛主席在 1956 年的全国工商联会议上提出了重要的指示：王麻子、东来顺、全聚德要永远保存下去。   （   ）

（2）东来顺的北京清真菜东系代表作有焦熘肉片、红烧松肉、炸羊尾、醋熘

肉片苜蓿、扒羊条、糖卷果、它似蜜。 （　　）

（3）1966年6月，"文化大革命"期间破四旧"破除旧思想、旧文化、旧风俗、旧习惯"，"东来顺饭庄"的老牌匾被毁坏，更名为"民族饭庄"。 （　　）

（4）1974年北京亚非拉乒乓球邀请赛，东来顺应用振动式切肉机机成功，供应1400多名宾客涮羊肉服务。 （　　）

（5）早期的东来顺，让十几位切羊肉片的师傅一字排开，冒着西北风在街头切肉片作活广告。 （　　）

2. 选择题

（1）东来顺的羊肉，一般选自内蒙古集宁、锡林郭勒盟的（　　）。

A. 苏尼特羊　　　B. 滩羊　　　　C. 蒙古绒山羊　　D. 小尾寒羊

（2）东来顺在人民政府的支持下，成功地实现公私合营，完成社会主义改造是在（　　）。

A.1949年　　　　B.1952年　　　　C.1955年　　　　D.1969年

（3）东来顺的大板凳服务是一种（　　）。

A. 经济实惠的饮食服务形式　　　B. 街头涮羊肉服务

C. 早期的粥铺服务　　　　　　　D. 让路过人休息

3. 讨论题

东来顺的企业营销、服务模式有哪些？

主题 11.3　仿膳[*]

"仿膳"的来历

仿膳，可理解为对皇家饮食的模仿。这种模仿追求的自然是原汁原味。清朝时，皇帝的厨房雅称御膳房，不仅要满足皇帝本人的一日三餐，逢年过节

---

[*] 本主题图片来自企业官网：http：//qjdfood.21food.cn/。

还常常大摆满汉全席，赐宴文武百官，以显示皇恩浩荡。御膳房堪称当时中国最高级的大食堂了。那里面制作的美点佳肴，在老百姓的心目中近似于传奇了。

　　随着中国革命的发生，清王朝垮了，皇宫里的御厨也流落到了民间。1925年，仿膳饭店在开放了的北海公园北岸开张了。而这时，离清王朝的覆亡、御膳房的解散已有十四年。经营者是原清宫御膳房菜库当家的赵润斋，他召集了几位同样曾经给皇帝做过饭的大师傅孙绍然、王玉山、赵承寿等人，开始以这种方式吃皇帝的"遗产"。在北海公园北岸开设茶社，取名"仿膳"，意为仿照御膳房的制作方法烹制菜点，经营的品种主要是清宫糕点小吃及风味菜肴。保持了"御膳"特色，深受食客欢迎。既然仿照御膳又不直称"御膳"，是因为清朝皇帝刚刚被推翻，对于皇帝的专用词语仍不敢随便使用。仿膳经营的主要菜点品种有抓炒鱼片、抓炒里脊、豌豆黄、芸豆卷，居然一下子就火了起来。直到今天，谁都知道北京有家"仿膳"，北海有家"仿膳"。有条件的食客，都想进去品尝皇家的菜系，骨子里恐怕还是为了模仿一番当皇帝的感觉。仿膳，可以说是最具诱惑力也最受欢迎的"假冒"产品了。

【思考题】

　　"仿膳"的意思是什么？

一、企业发展历程

1. 企业简介

　　仿膳饭庄位于北海公园，1925 年创办，是京城有名的宫廷菜馆，北京市旅游局定点涉外餐馆，特级饭庄，人们一般称之为仿膳儿。仿膳饭庄前身是"仿

膳茶社"，主要经营宫廷糕点小吃，以肉末烧饼、小窝头、豌豆黄最为有名。1956年仿膳茶社更名为仿膳饭庄，经营宫廷菜肴，以"满汉全席"驰名中外。1959年，仿膳饭庄由北岸迁至琼岛漪澜堂、道宁斋等一组乾隆年间兴建的古建筑群中。这里背山面水，游廊怀抱，景色十分秀美。"文化大革命"期间，北海公园停止开放，仿膳也停止营业。仿膳饭庄位于北海公园内，是以经营宫廷风味菜点而驰名中外的老字号饭庄，至今已有80多年的历史。仿膳饭庄是中国宫廷菜代表饭店，国家二级企业。

2. 发展历程

（1）北海公园。位于北京市中心区，景山西侧，故宫西北面，与中海、南海合称三海。全园以北海为中心，明清辟为帝王御苑，是中国保留下来的最悠久最完整的皇家园林。

（2）赵仁斋仿膳茶社。1925年（民国十四年），辛亥革命推翻帝制，宫廷御膳机构随之瓦解，许多御厨散落到民间，原清宫御膳房菜库厨师的赵仁斋，掌握一套宫廷菜的选料、配制和烹饪技术。北海公园修缮后正式开放，赵仁斋和他儿子赵炳南，邀请了原御膳房的孙绍然、王玉山（被慈禧封为"抓炒王"）、赵承寿、牛文质、温宝田、赵永寿（圆梦烧饼创始人）、潘文响、杨青山等这些专业御厨，他们是一代宗师，结伴跑江湖跑码头，合伙在北海公园北岸码头开了个小小饭馆，取名"仿膳茶社"，仿照御膳房的制作方法烹制菜点，经营清宫糕点小吃和风味菜肴，以及茶水饮料。

（3）国营仿膳饭庄。1955年，仿膳茶社由私营改国营，完成了社会主义改造。解放初期，这里是公安局七处的一个派驻点，那时，北京城里的特务多，都喜欢在公园里秘密碰头，公安局在北海也秘密设了两个情报点开展反特工作，这个茶社就是其中的一个。

1956年，改名"仿膳饭庄"，社会主义蓬勃发展，扩大经营，又请回孙绍然、王玉山、赵承寿等厨师指导弟子，传授技艺。

（4）琼岛仿膳饭庄。1959年，在中央领导的关怀下，仿膳饭庄由北海公园北岸迁至琼岛漪澜堂，漪澜堂是仿照镇江金山寺建造的，原为帝后们泛舟、垂钓后，休息、进膳之所，中华人民共和国初期曾接待过许多党和国家领导人、外国政要及社会知名人士，仿膳的独特历史和深厚的文化底蕴，已经成为中国宫廷文化重要的传承载体和"人文北京"的一道风景，这里背山面水，游廊环抱，景色十分秀美。

（5）溥杰。1958 年以后北海、景山两个公园合并成北海景山公园管理处。1959 年国庆十周年，清朝末代皇帝溥仪和弟弟溥杰获得大赦。周总理建议溥杰先从事一些轻微的体力劳动。于是，溥杰被安排到景山公园边劳动边改造。党的十一届三中全会后，1979 年仿膳饭庄重整旗鼓，溥杰先生题写了"仿膳饭庄"，为 5 个宴会厅书写了匾额："飞觞""清漪""醉月""烟岚""芙蓉"。

（6）"文化大革命"中的仿膳。1966 年"文化大革命"期间，北海公园停止开放，仿膳停止了对外营业，主要从事国家政府招待宴会服务工作。1970 年，"五一九工程"北京分指挥部决定将北海景山公园作为地道施工基地，两座公园停止对外开放。北海公园主要的任务就是接待中央首长来园休息。仅 1975 年，北海就接待中央首长 370 多人次。

（7）集团发展。1978 年，北海公园重新开放，仿膳饭庄也恢复了对外营业。成为突出清代北京宫廷宴席高端正宗的皇家服务、皇室文化、生活气息、礼仪氛围，原汁原味宫廷菜文化之窗，2005 年加入全聚德集团，成为北京首旅集团控股餐饮板块中华老字号品牌。

3. 企业荣誉

多年来，仿膳饭庄先后接待了我国党和国家领导人周恩来、邓小平、叶剑英、彭真、万里、王震、罗瑞卿、聂荣臻、徐向前、乌兰夫、康克清等；接待的重要外宾有美国前总统尼克松、国务卿基辛格、舒乐茨、日本前首相田中角荣、大平正方、英国前首相希恩、柬埔寨国王西哈努克及宾努、乔森潘、意大利总理克拉克西、马耳他总统巴巴拉、联合国秘书长瓦尔德海姆等；接待中外知名人士，台湾女作家琼瑶女士及郭婉容女士等。改革开放以来，仿膳饭庄的经济效益和社会效益连续十几年大幅度增长，几项主要经济指使在全市同行业中居领先水平。

近年来，仿膳饭庄先后荣获国家二级企业、市级先进企业称号，荣获国家、国内贸易部、北京市"质量管理奖"，荣获首都旅游"紫禁杯"最佳企业称号。被国家商务部认定为第二批"中华老字号"，被评为"五星级"餐馆和"国家级特色酒家"。企业在国内外的知名度也不断提高，饭庄 17 次选派代表团赴美国、日本、英国、荷兰、瑞典、意大利、新加坡、马来西亚、中国香港等国家和地区进行技术表演，均获圆满成功。日本西尾忠久先生在其所著《世界的名店》一书中介绍了世界 80 家名店，其中就有我国的"仿膳饭庄"和"荣宝斋"。他写道："在北京，北海公园的仿膳饭庄，可以说是清朝宫廷风味的再现。"

4. 仿膳传人

仿膳的第一代传人曾经服务过清代三个统治者——同治、光绪和慈禧。第二代王景春，第三代董世国，李双进获得了北京市商业服务业"中华传统技艺技能大师"称号，2009 年 10 月，仿膳"清廷御膳"制作工艺被北京市政府批准为"市级非物质文化遗产"。

二、传承创新

仿膳饭庄在几十年的经营中，始终保持了宫廷风味特色。为了不断挖掘开发宫廷名菜，仿膳派人多次前往故宫博物院，在浩繁的御膳档案中整理出乾隆、光绪年间的数百种菜肴。随着 2011 年"仿膳（清廷御膳）制作技艺"被列入国家非物质文化遗产名录，标志着以仿膳饭庄为代表的仿膳"清廷御膳"制作技艺得到了有效的保护与传承。仿膳是中华优秀传统文化的忠实传承者和弘扬者，在菜品开发中坚持古为今用，去伪存真，去粗取精，弘扬传统文化精华。

1. 特色产品

（1）"四大抓"。据说一天慈禧太后看着满桌子的菜没有胃口，吓坏了御厨。此时，王玉山制作了一道小酸甜口的里脊端上桌，慈禧太后从没见过这道菜，于是品尝起来。吃罢她感觉滋味妙不可言，便问太监这道菜的名字，太监也不知道，但他看到王玉山在制作此菜时用手抓里脊的情景，慌忙回答是"抓炒里脊"。慈禧大悦，封王玉山为"抓炒王"，于是此菜便流传开来。后来王玉山又推出了"抓炒腰花""抓炒鱼片""抓炒大虾"，并称为"宫廷四大抓"。

（2）"四大酱"。黄酱是满族人的饮食习惯，一年四季离不开豆酱，并且往往是以生菜蘸生酱佐饭。据说此习惯与清太祖努尔哈赤南征北战打天下有关。由于连年征战，加上行军中长期缺盐，军士们的体力明显下降。为此，每到一地，便征集豆酱，晒成酱坯，作为军中必须保证的给养品之一。野战用餐时，将士们便以酱代菜，或就地挖取野菜蘸酱佐饭。这种以生酱生菜为重要副食的军粮，竟然大大地提高了努尔哈赤大军的征战能力，所以后来清朝进关入主北京后，为了不忘祖上创业之艰苦，便立下一条不成文的规矩；在宫廷膳食中，常要有一碟生酱和生菜。传到民间，相沿成习，所以至今在北方某些地区，每到春夏季节，生菜生酱入餐桌，乃不失为一道时鲜佳味，并且确实有熟菜所难以比拟的风味和营养。慈禧太后垂帘听政后，御厨们怕生酱生菜吃坏了老佛爷，为保饭碗又不违背祖制，便琢磨出几道放少许豆酱的菜肴，这就是后来有名的清宫四大酱菜，即炒黄瓜酱、炒榛子酱、炒豌豆酱、炒胡萝卜酱。

（3）"四大酥"。即酥鱼、酥肉、酥鸡、酥海带，源于山东淄博传统的酥锅。

（4）"四大点"。豌豆黄、芸豆卷、肉末烧饼、小窝头，宫廷御点中的四大状元。

1）肉末烧饼档案。别名芝麻烧饼、圆梦烧饼，据说慈禧太后梦中吃了夹着肉末的烧饼，非常好吃，巧的是当天早上用膳的时候，竟有这种烧饼，慈禧好梦成真，非常高兴，问是谁做的；太监说是赵永寿御厨做的，太后一听，更高兴了，因为永寿代表着永远健康长寿。焦香酥脆与五香酥肉末、刚柔相济，唯我独尊，慈禧当即令人赏给赵永寿一个尾翎和二十两银子。

从此，肉末烧饼作为圆梦的烧饼流传了下来。1975 年 5 月的一天，周总理晚餐后来公园散步，对仿膳的经理说："仿膳的小窝头很受欢迎，要保留下来。肉末烧饼也好吃，如果肉末里加上点荸荠和笋末，吃起来就不感到油腻，更加爽口。"从此，仿膳的肉末烧饼就按照总理的提议进行了改良，一直延续至今。

2）小窝头档案。曾用名大窝头。1900 年，八国联军入侵北京时，慈禧仓惶逃往西安。途中，饥饿之中，狼吞虎咽地吃了个大窝头。签订了不平等的《辛丑条约》后，她安全回到北京，一天想起那个窝头，让御膳房给她做窝头吃，御厨不敢给她做大窝头，于是把玉米面用细箩筛过，加上白糖、桂花做成栗子大小的小窝头，慈禧吃了说，正是当年吃过的那个栗子味的窝窝头。后来，小窝头成了大宴席点心中的主角，回味历史，面向未来。

2. 传统御膳

（1）满汉全席。满汉席、翻桌席、三撤席、清台（汉人称），由满点和汉菜组成，清代时期国宴，它是宴会集合，席中套席。官场中举办宴会时满人和汉人平起平坐相互尊重。

从历史角度看，存在封建愚昧的饮食观念，兴于勤俭，败由奢。从文化角度看，它是中国烹饪大熔炉，浓缩了华夏饮食文明史，是中华菜系文化的瑰宝，深深影响着我们今天的饮食习俗、礼仪、秩序、方式、菜式、养生等。从乾隆年间开始，集天下美食大成，是一种有形的亲和力、向心力和凝聚力，加强民族的团结，体现了满族狩猎生活、蒙古游牧和汉族农桑多民族生活情趣。清廷设置满汉全席主题是和谐团结安定，并不在乎吃什么，后期，注重了原料的珍奇、特别、奢华，光绪年间西太后的奢侈生活使满汉全席达到登峰造极的境界，导致民间极力效仿，攀比斗胜。

筵席一般分三个阶段进行，第一阶段喝软酒吃软菜（绍酒冷菜），第二阶段喝硬酒吃肥菜（白干、肥腻的主菜），第三阶段喝汤吃面饭点心，小饭桌吃饽饽，大饭桌吃火锅。上菜讲究四平八稳吉祥，菜肴讲究有头件、二件（四大件和八大件），有三福、四禄、五寿、六喜、七君、八臣等名目。在民间演绎出燕翅席、海味席、山珍席、鱼翅席、鸭翅席、海参席、烤鸭席、乳猪席、全鱼席、全鳝席、全羊席等。

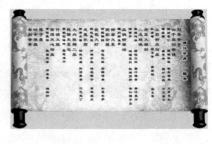

（2）蒙古亲潘宴。每年在正大光明殿举行，皇帝招待与皇室联姻的蒙古亲族的御宴。由满族一品、二品大臣作陪，历代皇帝均重视此宴，蒙古亲族视为大福，对皇帝在宴中的赏赐十分珍惜。

（3）廷臣宴。每年正月十六日于奉三无私殿举行，皇帝施恩宠臣，钦定大学士，九卿中功勋者参加，与宴者享有至尊荣殊。宴时循宗室宴之礼，皆用高椅，赋诗饮酒，蒙古王公等皆也参加。

（4）万寿宴。帝王寿诞大宴，后妃王公，文武百官，无不以进寿献寿礼为荣。其间名食美馔不可胜数。如遇大寿，则庆典更为隆重盛大，系派专人专司。衣物首饰，装潢陈设，乐舞宴饮一应俱全。光绪二十年十月初十慈禧六十大寿，于光绪十八年就颁布上谕，寿日前月余，筵宴即已开始。仅事前江西烧造的绘有万寿无疆字样和吉

祥喜庆图案的各种釉彩碗、碟、盘等瓷器，就达29170余件。整个庆典耗费白银近1000万两，在中国历史上是空前绝后的生日宴。

（5）千叟宴。始于康熙，盛于乾隆时期，规模盛大，以敬老爱老为主题。

康熙五十二年第一次在阳春园举行，乾隆五十年于乾清宫举行，与宴者 3000 人。嘉庆元年正月于宁寿宫皇极殿，与宴者 3056 人。

（6）九白宴。始于康熙年间，康熙初定蒙古部落时，部落为表示忠诚臣服，每年以九白为贡，即白骆驼一匹、白马八匹。以此为信。蒙古部落献贡后，皇帝御宴招待使臣，谓之九白宴，每年循例而行。

（7）节令宴。清宫内廷按固定的年节时令而设的筵宴。如元日宴、元会宴、春耕宴、端午宴、乞巧宴、中秋宴、重阳宴、冬至宴、除夕宴等，皆按节次定规，循例而行。

满族虽有其固有的食俗，但在满汉文化的交融中和统治的需要下，大量接受了汉族的食俗。鉴于宫廷的特殊地位，遂使食俗定规详尽。其食风又与民俗和地区有着很大的联系，故腊八粥、元宵、粽子、冰碗、雄黄酒、重阳糕、乞巧饼、月饼等仪器在清宫中一应俱全。

此外，还有其他主题：修书宴、凯旋宴、殿试宴、恩荣宴、御堂宴、龙门宴、金华宴、鹿鸣宴、监雍宴等。

三、品牌故事

1. 红梅珠香

相传清朝康熙皇帝四子胤禛青年时期化名四哥与几个朋友出外远游，来到一条江边。突然下起倾盆大雨，一连数日。河水猛涨，冲散了胤禛和他的朋友。他在河水中泡了一天一夜，好不容易挣扎着爬到一棵树上。这

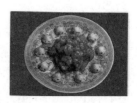

时，前面跑来一位漂亮的姑娘，奋不顾身地跳入水中，拼力将他救上岸，背到自己家中。

此时，从里屋走出一位老人，他对胤禛说："孩子，你刚才太危险了，怎么一个人跑这么远？"胤禛对老人和姑娘说出了事情的原委，并问这是什么地方，是谁救了他。老人说：这个地方叫半凤坡，几乎年年发大水。我姓冯，那是我女儿艳珠，是她跳进水中将你救起的，她水性很好，心肠也很好。

由于受累、受凉、受惊，胤禛病得很厉害。在老汉和女儿的精心照顾下，胤禛慢慢恢复了健康。正当胤禛准备起身回家，老汉对胤禛说："你是个好人，

定是江湖好汉，我死后，我的女儿无依无靠，我就将她托付给你，不知你意下如何？"

胤禛说："老人家你尽管放心，你们二人的救命之恩我定当涌泉相报。"不久，两人拜了天地。

胤禛在这里住了半年之久，洪水退了。一日，胤禛对艳珠说："我外出时间太长，家中父母肯定挂念在心，我想先回去，日后再来接你。"

艳珠同意并含泪送别说："可我已有身孕，将来生了孩子，叫什么名字？"胤禛说："如是男孩，取名红梅；如是女孩，就叫珠香。"

艳珠生下一对双胞胎，是一男一女，正好取名红梅、珠香。

日复一日，年复一年，孩子五岁了，胤禛仍杳无音信。

她只好带着两个孩子去寻找他们的父亲——她根本就不知道，几年后胤禛就是雍正皇帝。

一日，她们三人来到一个饭店里，店主听了艳珠的故事，大吃一惊，但一看艳珠是个老实人，她讲的"故事"又有根有据，于是很同情她，答应帮助她。

店主找到朋友皇宫御厨，这位朋友心地善良富有同情心，答应下来。

他瞅了个机会，在皇上用膳时，有意给他上一道十分别致的菜。

皇上听说菜名叫红梅珠香，睁大了眼再三盘问，人们便一五一十地向皇上道出了原委。从此，"红梅珠香"这道菜成了皇宫中的名菜。

2. 宫门献鱼

据传清朝康熙皇帝为此肴亲笔命名所赐，是清宫廷大典中钦定的菜肴。

传说，1670 年，康熙皇帝南巡微服私访，一天，他来到山脚下的小客栈。

店主迎上前说，"客官，想用点什么？"

康熙皇帝说："请拿条鱼和一些酒来。"店小二端上了鱼和酒，康熙皇帝便自斟自饮起来，好不痛快。康熙皇帝是个美食家，一向对菜名颇感兴趣。

他边吃边问店小二："请问这菜叫何名？味道这么好！"

店小二连忙答道："腹花鱼。因为此鱼喜吃池中的鲜花嫩草，腹部长着的花纹，所以人们就叫它腹花鱼。"

康熙皇帝说道："这菜名倒也挺好听，就是俗了些。我给它取个菜名

如何？"

店小二拿出了笔、墨、纸、砚，康熙皇帝大笔一挥，写下"宫门献鱼"四个大字，最后又写了"玄烨"二字。店小二目不识丁，根本不知字中的奥秘，觉得字写得好看，便将它挂在门上。

不久，浙江总督路过，一见门上挂的字便大吃一惊，找来店小二问明原委。

总督听罢皇上曾"到此一游"惊喜道："这字果真是当今圣上所写！实在太好了！"忙跪在四个大字面前叩首，说"谢主隆恩"。

知识拓展

老舍的题字匾牌

北京之内两个地方有老舍先生题写的匾额，一是天桥万盛剧场，二是仿膳饭庄，饭庄入口处是宽敞的大红门，左右有两块木隔板，各刻两个漂亮的大字："仿膳"，下面署名：老舍。这种店名布局，醒目典雅别致，和北海的格局融为一体，宛如它的一景。老舍先生很喜欢仿膳，也很欣赏仿膳的菜和点心，除了有宴会之外，他自己常常带孩子来吃饭，还要把肉末烧饼揣回家来。公园有一个时期成了江青的私人休养地。她让人把"仿膳"两字下面的"老舍"名款挖掉，残缺之处另补两块木头上去，留着明显痕迹。周总理看见名款被挖掉，便对旁边的老服务员说："还是把老舍的名字补上去。"今天，人们再看见的匾额和名款见证了历史的变迁。

【作业】

1. 判断题

（1）传说"宫门献鱼"是清朝雍正皇帝为此肴亲笔命名所赐，是清宫廷大典中钦定的菜肴。 　　　　　　　　　　　　　　　　　　　　（　　）

（2）满族虽有其固有的食俗，在满汉文化的交融中和统治的需要下，改变成汉族的食俗。 　　　　　　　　　　　　　　　　　　　（　　）

2. 单项选择题

清代每年正月十六日于奉三无私殿举行的宴席是（　　）。

A. 蒙古亲潘宴　　B. 九白宴　　　　C. 千叟宴　　　　D. 廷臣宴

3. 多项选择题

关于清代千叟宴叙述正确的选项是（　　）。

A. 始于康熙盛于乾隆时期　　　　B. 皇帝钦定大学士参加

C. 以敬老爱老为主题　　　　　　D. 文武百官以进寿献寿礼为荣

E. 属于满汉全席

4. 讨论题

仿膳在弘扬传统中华饮食文化的过程中是如何进行传承与创新的？

【参考文献】

［1］企业官网：http：//q.idfood.21food.cn/.

［2］王振宇.纺膳庄园［J］.商业文化，1997（2）.

［3］青青.纺膳：传承清宫盛宴文化打造京城餐饮皇冠明珠［J］.时代商贸，2010（9）.

单元⑫

其他菜系老字号餐饮文化案例

12.1 狗不理[*]

狗不理的来历

1840 年，清咸丰年间，河北武清县杨村，也就是现今天津市武清区，"狗子"出生了，这就是高贵友，因其父中年得子，为求平安，起个淳朴挚爱的小名——"狗子"，期望他能像小狗一样活泼可爱，受娇宠、好养活、能成人。

1854 年，清朝咸丰年间，14 岁的狗子进天津学艺，在南运河边上专卖肉包的刘家蒸食铺做小伙计。铺子的主顾大多是往来运河码头的船工、纤夫、小商贩。因为幼年性格很强，心灵手巧又勤学好问，加上师傅们的精心指点，他做包子的手艺长进很快，练就一手好活，很快就小有名气了，在包包子中，他懂得了"精诚所至，金石为开"的道理。

高贵友每天除了学做包子，还要到对面的"三德轩"茶楼吆喝叫卖一通。整天，一帮有钱的老少爷门在那里喝茶、听唱大鼓、遛鸟、斗鸡。每到晌午，周围的蒸食店都会派一些伙计上那里叫卖。伙计们打开蒸笼，

---

* 本主题图片来自企业官网：http://www.chinagoubuli.com/。

221

顿时肉香萦绕,惹得老爷们的家犬四处乱嗅。可是,狗儿们走到高贵友跟前,几乎都毫无反应地绕过去了。一位老爷见了大笑说:"小子,你看,连狗都不理你。"从此,狗子多了个"狗不理"的绰号。

1858年清朝,18岁的高贵友满师,已精通包子18褶神功,不甘心寄人篱下,独立开了专卖包子的无名包子铺。

1865年前后,高黄友在天津开办了"德聚号"包子铺,铺号名字讲究高雅、品位、融合:"高尚重德、贵聚诚信、友号天下。"高贵友手艺好,做事又十分认真,从不掺假,制作的包子口感柔软,鲜香不腻,形似菊花,色香味形都独具特色,引得十里百里的人,都来吃包子,生意兴隆,名声在外。来吃包子的人越来越多,高贵友包包子忙得顾不上跟顾客说话,少言寡语,不理不睬;卖包子的也不理人,包子卖得快,他想出了一个新点子:桌上放上一大箩筐干净筷子,放上个饭碗,顾客买包子,把零钱放进碗内,不闻、不问、不找钱,他只看碗里钱数给包子,顾客们吃完包子,放下碗筷走人,于是吃客们取笑他说:"狗子卖包子,概不理人。"久而久之,人们喊顺了嘴,都叫他"狗不理",把他所经营的包子也加上"狗不理"三字,他一生气,把铺名改成"狗不理","德聚号"渐渐被人们淡忘了。

【思考题】

公私合营前"狗不理"的发展情况。

一、狗不理企业历程

1. 企业简介

狗不理集团股份有限公司以餐饮业为主营,兼具速冻食品、特色定型包装食品开发、销售,旗下各酒店经营驰名中外的狗不理系列包子和正宗鲁菜、津菜已有150余年历史,并在长期的生产经营中创立了以"狗不理"商标为核心的独有"狗不理"体系。狗不理集团闻名遐迩、享誉世界的"狗不理"是中国百年金牌老字号，是中华饮食文化的典范之作。到天津不尝一尝狗不理包子，等于没来过天津。时至今日，历经一个半世纪的沧桑变迁，"狗不理"为继承和发展这一享誉世界的民族品牌，不断与时俱进，开拓创新，现已发展为企业文化厚重、组织架构科学、经济技术实力雄厚、信誉良好的多元化企业集团。2008 年，中国权威机构认定："狗不理"品牌价值 7.57 亿元，位居天津老字号之首，确立了天津市餐饮业龙头位置，中国十大餐饮品牌企业。目前，"狗不理"旗下拥有以高档酒楼为主业，经营领域涉及中式简餐、物流配送、速冻食品、养殖基地、新品开发、培训学校等多种业态，并采取"走出去"跨国经营的战略，收购海外连锁企业。

2. 发展历程

（1）公司合营前。狗不理第二代家族传承人高金铭，得父亲传，辛勤钻研，1915 年子承父业，使狗不理包子名声远扬。

第三代家族传承人高焕章，自青年时就得其父亲的悉心指教，酷爱包子工艺。1947 年，由于高焕章经营不善，天津几家分号关闭。新中国成立后，天津市人民政府决定恢复本地风味食品，把解放前夕在狗不理店的师傅找来，1956 年 1 月 18 日，在狗不理包子铺停业近十年之后，在天津市辽宁路高家原址重建，开了个"国营天津包子铺"，由第三代狗不理传人高焕章任经理，延续着狗不理文化血脉的独特味道，这是新中国成立之后的第一家狗不理风味包子铺。后高焕章因历史原因，于 20 世纪 50 年代末离开了包子铺，1958 年，狗不理包子诞生百年之际，国营包子铺走入一个平稳发展期。

（2）发展期。天津狗不理饮食公司的名称于 1980 年在国家工商局登记注册。20 世纪 80 年代以前，国营狗不理包子在天津也只一家，那时候买包子要凭号，所以早晨一大早就有人排很长时间的队等着领号买包子。另外，许多国家领导人也来狗不理店里吃包子，所以名气也越来越大。

20 世纪 80 年代初，天津狗不理饮食公司开始利用"狗不理"这一知名品牌开展特许连锁经营，1980 年第一家特许连锁店在北京开业。

（3）现状。天津狗不理集团于 1992 年正式组建，狗不理服务商标成为国家首批注册的服务商标。狗不理商品商标已在 11 项国际分类中注册，目前已拥有饭店、酒家、餐厅、快餐、早餐、早点、速冻食品生产、商品零售、物流商贸和烹饪学校以及在国内外设有 70 余家特许连锁企业的集团公司。在全国建立百家分店，同时"冲出国门，走向世界"建立特许连锁店。

狗不理集团遵循本土餐饮企业"走出去"战略，并购国际知名连锁咖啡企

业，借助收购企业在 40 多个国家的数百家连锁店，一举打入国际餐饮市场，2011 年，东京繁华街区，池袋西武百货公司美食街狗不理包子分店开业。这是中华老字号品牌狗不理走出国门在日本开的第一家分店。店内销售的狗不理包子有全素包、猪肉包、三鲜包和百年酱肉包 4 个品种。

3. 狗不理包子传统手工制作技艺传承人

（1）高金铭。第二代家族传承人，得父亲传，辛勤钻研，1915 年子承父业，使狗不理包子声名远扬。

（2）高焕章。第三代家族传承人，自青年时就得其父亲的悉心指教，酷爱包子工艺，1950 年，负责狗不理包子铺的业务。由于家道日趋败落，高焕章于 1952 年歇业，曾摆摊卖过包子，技术精益求精，热心传授下一代，全国各地收有徒弟 2000 多人，足迹踏遍大江南北，狗不理包子美誉传遍了五洲四海。

（3）高耀林和高耀珠。父亲高耀林为第四代家族传承人。作为高家的后人，其女高耀珠似乎与生俱来地有着"包子情结"，她想学做包子，但父亲一条"传男不传女"的规矩将她拒之门外。然而，她没放弃，为了偷学狗不理包子制作技艺，颇费了些心思，也挨了不少打。20 世纪 90 年代以来，她大部分时间都花在外出带徒上，每到一地，她都毫无保留地把技术传给徒弟，让她的包子走遍天下，捍卫家族的尊严。为弘扬和传承狗不理饮食文化，高耀珠毫无保留地将家传技术和祖传清宫御膳秘方传授给义子外姓人林耀忠。从第四代传承人高耀林到了第五代家族传人高渊。

（4）集团拥有一支高效、创新、极具协作精神的技术精英团队。拥有国际烹饪大师、国家级烹饪大师、服务大师数十人，国家等级厨师、面点师、服务师上百人。国家级非物质文化遗产"狗不理包子传统手工制作技艺"的传承人牛秀娟。

二、传承创新

1. 特色产品

（1）包子。历经百年，狗不理包子秉承传统的味道不变，演绎出百年酱包、鲜肉包、三鲜包、肉皮包、海鲜包、野菜包、全素包、蟹肉包等系列 100 多个品种的大家族。

1）鲜肉包。包子皮用的半发面，搓条、放剂、擀压成直径为 8.5 厘米左右、薄厚均匀的圆形皮。俗话说：包子好坏不在褶上，而在内容，馅料讲究时令、季节、鲜活。大肉按肥瘦 3∶7 配伍比例，加适量的水，再佐以排骨汤或肚汤，加上沧州的小磨香油、特制酱油、姜末、葱末、调味剂等，精心调拌成包子馅料，包入馅料，用手指精心捏褶，同时用力将褶捻开，薄皮大馅18个褶，包子褶花匀称，褶花疏密一致，如白菊花形，最后上炉一蒸，轻轻地掀开笼屉，刚出屉的包子，大小整齐，色白面柔，香而不腻。包子大小整齐，色白面柔，看上去如薄雾之中的含苞秋菊，冷却一下，咬一口，油水汪汪，浓香扑鼻，味道鲜美肥而不腻。

2）蟹肉包。选料为金秋十月正当时的大闸蟹，味鲜汁美。平时不供应。此包肉质鲜嫩，香味浓郁。

（2）天津菜。简称"津菜"，是具有天津风味的地方菜系。它起源于民间，凭借于天津地区的物产，特别是河海两鲜、飞禽野味和"喜尝鲜、好美食""俗尚奢华"的民风食俗，在明末清初逐渐形成，津菜借助天津的物产，历经几百年的发展，逐步完善成一个涵盖汉民菜、清真菜、素菜、家乡地方特色菜和民间风味小吃的体系。

1）炸熘罾蹦鲤鱼。相传此菜出自清光绪末年的"天一坊"饭庄。1900年，八国联军侵占天津，纵兵行抢。流氓地痞趁火打劫后，来至"天一坊"大吃大喝。叫茶时，误将"青虾炸蹦两吃"呼为"罾蹦鱼"。侍者为之纠正，叫菜人恼羞成怒，欲要闹事。照应人（主持饭庄服务的"堂头"）劝告说有此菜，说此侍者新来不识，责其入告灶上。人正惊讶，照应人急入，使择白洋淀的大活鲤，宰杀去脏，忘了去鳞，用旺火热油，使鱼脊背朝上下油勺，炸到腹黄刺老，翻个儿炸其脊背，防止把鱼鳞炸焦，炸到头骨发酥，捞出盛盘浇汁，全尾乍鳞，脆嫩香美，在餐桌上将汁浇在鱼身上，立即发出"吱啦"响声。从此乃有此菜至今。陆氏并有诗云："北箔南罛百世渔，东西淀说海神居，名传第一白洋鲤，烹做津沽罾蹦鱼"，以纪其事。

2）锅巴菜。相传乾隆年间，《水浒传》中菜园子张青后人张兰，在天津卫开了一家张记煎饼铺。一日，乾隆爷微服进店吃了一份煎饼卷大葱，忽然口渴难耐，便叫上汤。煎饼铺本不卖汤，店中人急中生智将煎饼撕碎加上调料用水一冲便端了上来。谁知客人一尝倍觉鲜美，遂问汤名。店家误以为问自己名字，便答道："郭八。"客人大笑说："汤怎能叫锅巴，应加一菜字才妥。"几日后，一位御前侍卫来到煎饼铺大嚷："掌柜，你大福来了！"放下皇上赏的纹银二百两。自此，"大福来锅巴菜"就出了名了。

3）八大碗。粗八大碗：熘鱼片、烩虾仁、全家福、桂花鱼骨、烩滑鱼、独面筋、川肉丝、川大丸子、烧肉、松肉等。细八大碗：炒青虾仁、烩鸡丝、全炖、蛋羹蟹黄、海参丸子、元宝肉、清汤鸡、拆烩鸡、家常烧鲤鱼等。

4）"四大扒"。四大扒是成桌酒席的配套饭菜，有扒整鸡、扒整鸭、扒肘子、扒方肉、扒海参、扒面筋、扒鱼等。

2. 企业文化

狗不理集团主打产品狗不理包子是中国灿烂饮食文化中的瑰宝，被公推为闻名遐迩的"天津三绝"之首。历经 150 多年的狗不理包子，经几代大师的不断创新和改良已形成秉承传统的猪肉包、三鲜包、酱肉包和创新品种海鲜包、野菜包、全蟹包六大系列 100 多个品种，百包百味，特色超群。先后摘取商业部优质产品金鼎奖、中国最佳名小吃、国际名小吃等多个国内外评选和大赛的金奖，被消费者誉为"中华老字号，天下第一包"。

狗不理商标 1980 年在国家刚刚恢复对商标的管理工作之初，狗不理即完成了商品商标注册，1992 年狗不理商标成为国家首批注册的服务商标。目前，狗不理商品商标已在十余项国际分类中注册，服务商标于 1999 年被国家工商行政管理总局商标局认定为中国驰名商标；于 2009 年被认定为最具市场潜力的服务商标，具有极高的商业价值和发展潜力。狗不理体系即有价值的专用商号、商标、企业文化、装修风格、食品配方、制作工艺、服务规范、质量标准、技术培训和财务管理等。

2011 年，"狗不理包子传统手工制作技艺"项目被列入第三批国家级非物质文化遗产名录。这是天津市餐饮业首家入选的项目。天津狗不理集团正在积极准备申报世界非物质文化遗产。

3. 品牌经营

狗不理始终追寻"诚信为本，品质经营"理念，牢记"让狗不理包子这一发酵、蒸制食品为人类的营养健康做贡献"的使命，积极倡导健康理念，推崇绿色消费，倡导亲情服务，积极探索和引进先进的餐饮经营管理理念，使集团综合水平和协调发展能力快速提高，深受各界认可和好评，获得国内外政府和餐饮业权威机构授予的数十项极高规格的荣誉称号和奖项。狗不理集团正在以加速发展的态势成长为国际化、综合化的大型企业集团，并将在未来取得更加迅猛的发展。为不断培育品牌、强化品牌、扩大品牌的影响力，增加市场发展空间，狗不理集团从 20 世纪 90 年代初开始介入商品经营领域。狗不理速冻食品经过近年的发展已具有相当的规模，产品包括包子、饺子、面点、酱制品四大系列 100 多个品种，行销全国 26 个省、直辖市、自治区的近百个城市，并远销日本、美国、英国、中国香港等国家和地区，成为消费者方便快捷的家庭食品。同时狗不理专用生产设备和专用原料系列的面粉、酱油、调味品已成为全国各加盟店的必备设备和原料，保障了产品质量的统一与规范，受到各加盟店的认可。狗不理商品系列的各式面点、月饼、元宵、粽子、面食大礼包等多种优质产品也相继研制成功并投入市场，极富特色的产品受到广大消费者的欢迎，市场份额不断扩大。

三、品牌故事

1. 狗不理的洋名

2008 年，在狗不理 150 岁的生日之时，得到了一个特殊的礼物，一个外国名字 "Go Believe" 铜招牌。狗不理用这个贴切的洋店名迎接了北京奥运会，迎接来自五湖四海的朋友。给外宾解释狗不理的名字寓意都很困难，狗不理包子美味可口、经济实惠、物美价廉，可是名字含义中国味儿太浓，那种质朴的感性难以用外国言语表达，"狗不理"三个字的字面意思，是根本无法直接翻译成外文的，否则就闹出了"狗都不理的包子"的大笑话。通过发起的"给咱好馆子起个洋名字"活动，狗不理有了这么一个直观的英文名片，不但大大方便了每天接待外宾，也提高了狗不理的国际知名度。Go Believe 为狗不理"快走"出国门发展奠定了坚实的基础，狗不理在国家工商"总局商标局"注册了"Go Believe"英文商标。

2. 慈禧与狗不理

据说，袁世凯任直隶总督在天津编练新军时，曾把狗不理包子作为贡品，进京献给了慈禧太后。慈禧太后尝后开心说道："山中走兽云中雁，陆地牛羊海底鲜，不及狗不理香矣，食之长寿也。"从此，狗不理包子名声大振。

3. 李鸿章杂烩的由来

据传这道菜还有这样的来历：相传公元 1896 年，李鸿章奉旨到俄国参加皇帝尼古拉二世的加冕典礼，顺道访问欧美。一路上吃了两个多月的西餐，胃口都吃倒了，所以一到美国就叫使馆的厨师用中国徽菜宴请美国宾客。因中  国菜可口美味，深受欢迎，连吃几小时洋人还不肯下席。李命厨师加菜，但正菜已上完，厨师只好将所剩山珍海味余料混合下入鸡汤锅中，烧好上桌，外宾尝后赞不绝口，并询问菜名，李用合肥话说："杂碎"（即杂烩谐音）。此后，"大杂烩"便在美国传开，合肥城乡也仿而效之，遂成名菜。还有另一说，热气腾腾的菜端上桌，洋人尝后连声叫好，便问菜名，李鸿章一时答不上来，只是说："好吃多吃！"岂料歪打正着，"好吃多吃"与英语杂烩（Hotchpotch）发音相近，后来此菜便被命名为"李鸿章杂烩"。

知识拓展

包打天下

一天，几位外埠客商专程来尝狗不理包子，一进门就问："老板，这儿是狗不理吗？"高贵友一听，立刻火冒三丈，犟着脖子，扯开嗓门喊道："咱这（结）儿挂有招牌，明明是德聚号，你们没长眼睛吗？狗不理在那边。"客商们抬头一看，果然不是狗不理，只得悻悻出门。找了一圈后，却又转了回来，冲着他又很不满意地说："你不就是狗不理吗，怎么能开这种玩笑呢！"他一听，哭笑不得，知道这个绰号已经是"湿手沾面粉——再甩也甩不掉"，现在连外埠人都知道了，没有办法，只好听之任之，让人家去叫，只要生意旺就行。就这样，"狗不理"的名号越传越广，"狗不理"包子也越来越被人们喜欢，由北到南，由东到西，最终成了中国著名的传统风味面点。

【作业】

1. 判断题

（1）天津狗不理包子，与耳朵眼炸糕、十八街大麻花构成为闻名遐迩的天津风味小吃"三绝"。 （ ）

（2）2005年，天津同仁堂买走天津狗不理集团有限公司国有资产产权，改名为天津狗不理包子饮食集团公司。 （ ）

（3）2008年，在狗不理100岁的生日之时，得到了一个特殊的礼物，一个外国名字"Go Believe"铜招牌。 （ ）

（4）津菜借助天津的物产，历经百年发展，成为一个涵盖汉民菜、清真菜、素菜、家乡地方特色菜和官府菜的体系。 （ ）

（5）狗不理包子演绎出百年酱包、鲜肉包、三鲜包、肉皮包、海鲜包、野菜包、全素包、蟹肉包8个品种。 （ ）

2. 单项选择题

（1）天津狗不理包子的创始人是（ ）。

A. 高焕章　　B. 高金铭　　C. 高耀林　　D. 高贵友

（2）属于天津天一坊饭庄的名菜是（　　）。

A. 李鸿章杂烩　　B. 锅巴菜　　C. 炸熘罾蹦鲤鱼　　D. 扒方肉

3. 多项选择题

（1）1992 年正式组建的天津狗不理集团目前已拥有（　　）。

A. 饭店、酒家　　B. 餐厅、快餐

C. 早餐、早点　　D. 速冻食品生产、商品零售

E. 物流商贸、烹饪学校

（2）天津狗不理集团有限公司的股东是（　　）。

A. 天津同仁堂　　B. 天津市森纳尔餐饮有限公司

C. 狗不理大饭店　　D. 北京同仁堂

E. 东方大酒店

4. 讨论题

狗不理的品牌文化是什么？

【参考文献】

［1］http://www.chinagoubuli.com/.

［2］狗不理包子的由来［EB/OL］.http：//www.gs5000.cn.

主题 12.2　功德林 *

导入案例

功德林的来历

上海功德林由杭州常寂寺讲经大和尚高维钧法师的弟子赵云韶于 1922 年创立，1921 年高维钧法师听说上海佛教寺院很多，信教者也日

* 本主题图片来自企业官网：http://www.shgodly.com/。

益增多，但市面上没有一家供应素食的饭馆，便叫弟子赵云韶到上海畴斋开设素食饭馆。开业日选定在1922年阴历四月初八，释迦牟尼生日那天。

功德林之名取自佛经中"积功德成林，普及大地"之语，喻意功德无量，造福百姓。恶尽言功，善满称德。修功所得，故名功德也。功德深广喻为海或林，称功德海、功德林等。功是指善行，德是指善心。自我修行是功，心行平直是德。饮食是生活哲学，吃什么、什么能吃、谁来吃。素食能够安全健康，素食可以净化心灵，素食是保护动物关爱人生。

【思考题】

功德林的素食文化是什么？

一、功德林企业历程

1. 企业简介

创始于1922年的功德林是一家具有近百年历史的著名老字号品牌企业，享有素食鼻祖之称。多年来功德林在企业的规模、经营的品种、菜肴的特色、素食的花色及营销与服务上都在不断地开拓创新。经过漫长的历史，功德林菜肴已形成了自己独特的风格，其选料精细、制作考究、花色繁多、口味多样、形态逼真。功德林推出的菜肴为传统与时尚相结合。

现在上海功德林旗舰店餐厅建筑面积达1000平方米；上海功德林工业有限公司拥有建筑面积10000平方米的绿色食品生产基地。

2006年2月22日，佛教协会会长一诚法师为功德林题词"百年诚信，功德无量"。如今，世界餐饮潮流向着绿色、环保、健康、有利于长寿的素食方向发展，食素有利于健康已成了人们的共识。上海功德林（GODLY）素食"独门加工技艺"被国务院批准为第二批国家级优秀非物质文化遗产项目。

2. 发展历程

清末的大上海，龙华、静安、豫园等古寺净土之外的霓虹灯下，渐渐涌现出了一道素食新天地。素食小馆有六露轩、乐意楼、春风松月楼，围绕而兴，深得佛门弟子及居士善男信女喜爱，甚至成为念经聚会进餐的生活和修行的一个清凉世界。

（1）上海功德林蔬食处。1922 年农历四月初八佛诞日这天，杭州海潮寺的微军和尚的弟子居士赵云韶，在上海二马路（今九江路）开办了第一家佛教素菜馆，取名为上海功德林蔬食处，在这里地处人世间繁华大道，濒临黄浦江，苦海无边，回头是岸的人世之间，广结善缘，弘扬佛法，给人们提供道德修养的清净天地。店名的意思是让素食者积功德成林，普及大地，缩短佛教与味道的距离，从生活开始，节制饮食，避免流血，戒杀护生，养成大慈悲的佛性。每逢四月初八这天，此处功德林都要买来麻雀、小鱼、乌龟等动物到黄浦江西岸外滩组织举行放生法会，唤起爱心，唤起重生的机会。

赵云韶特意聘请寺庙中的素斋高手来店主理厨房，把佛教思想请到餐桌上，把素斋高手请进来，如常州天宁寺的顾启泰、杭州招贤寺的居文林、钟贞香，扬州的林国盛等，以集各家素菜制作之长，创功德林佳肴之新，就是这些高手们创造出的荤名素食的独特风格，让素菜与宗教、与历史一样复杂而深奥。他们选取扬帮菜时精工细作，将青翠无味的蔬果笋和石筋豆制品做成鸡、鸭、鱼、虾，具有荤菜形状又有荤料口味清香，以此引发食客的食欲，王洪生师傅的"素火腿"融入杭帮菜的深厚韵味的经典，赵贤明师傅的寓意功德圆满的"菜心肉圆"在此落地生根。

（2）在历史迁徙中功德圆满。1932 年，小小的功德林素食处由于素食者众多而营业状况良好，很快成为餐馆的佼佼者，搬迁至黄河路的广阔天地，设佛堂、办佛事，举办团体做寿专案，把做寿人的名字写在红纸上，积至若干人，便团聚诵

经礼佛，祈福求寿，佛事完毕后，大家一起品尝素食。此举迎合了不少上海市民的心理，热闹隆重，一时间津者云集。

功德林素菜饭庄的店堂设计、菜肴品种都是佛教风格，环境优雅，素菜飘

香。饭菜的特点是以素仿荤、选料精细，原料以三菇六耳、新鲜蔬菜、食用菌类、豆类菜为主，菜质细腻，口味多样，虽素而又荤香，营养丰富，有益健康，易于身体吸收，深受国内外宾客欢迎。19 世纪 20 年代的鲁迅、柳亚子以及 30 年代的黄炎培等均经常出入此地；1930 年 8 月，鲁迅先生和志士同仁们在功德林举行"漫谈会"，并合影留念；在史良生前回忆录中曾有《怀念功德林》一节。抗日战争期间，著名的"七君子"——沈钧儒、李公朴、章乃器等常来此雅集，品尝素食，暗中从事革命活动。新中国成立后，中国佛教协会会长赵朴初为功德林题写店名。

1997 年，功德林又进行了一次搬迁，从黄河路迁址于南京西路 445 号。中国佛教协会副会长明旸法师为总店内供奉的佛像开光。新的功德林情调极为小资，一改人们印象中老牌素菜馆应有的红木桌椅青砖宫灯，竟有了几分新天地的时尚感觉。一进去就别有洞天，楼梯下是潺潺流水，水润的凉气沁过来，店堂里阴凉惬意，使人倍觉心旷神怡。二楼是另一番景象，大幅落地的窗，几株梧桐，绿得洋洋洒洒，簇在窗前，镜面的屋顶，让普通的大厅一下子空旷高远，依窗的几个小小桌子，是老牌咖啡厅的派头，本来爱喧哗的，到了这里，都会不禁低了声，不敢高声语，恐惊天下人。新功德林已经不仅是老年人的怀旧专场，年轻人也乐于来这里赶赶吃素的"食尚"风潮，雅致的环境也不怕在朋友面前失了面子，特别是一些追赶时尚的女孩子，在这样幽雅的环境里吃素，主要看重其减肥、美容、养颜、健身的作用，以及保护动物、爱惜生命、节制饮食理性追求。今天，人们享用素食的理由更多了，国际动物保护组织的影响，保护世界生物多样性；确保可再生自然资源的可持续利用；减少污染和浪费性消费的行动。

3. 上海功德林食品有限公司

1999 年功德林又成立了"上海功德林素食有限公司"。原址新桥路 28 号，建筑面积 600 平方米。主要生产净素卤味、中式点心、西式糕点和节令时令素食品，每逢中秋佳节，功德林的净素月饼更让市民欢迎，年销售额达 2000 万元人民币。功德林的素卤味荣获首届食品博览会银质奖、中国名点，素火腿荣获中华名小吃，素菜包荣获中国名点，功德林生产的净素月饼连续三年在中国月饼节上被评为优质月饼、知名月饼、金牌月饼，在上海市的月饼评比中也曾荣获上海名优月饼金奖、上海市优质月饼。功德林食品有限公司现移址松江九亭高科技园之内，于 2004 年 6 月全面启动。这座以国际食品标准建筑的食品工业园区拥有符合现代食品生产要求的恒温、恒湿、防尘和一系列国内外先进设备，生产国内一流的净素食品系列。工业园区内将开办教育与实践相结合的"功德林素食品学校"及"新产品研发中心"。

4. 企业荣誉与认证

功德林净素苏式月饼自 1982 年来连续被评为局优、市优、原中商部优质产品金鼎奖，首届食品博览会银质奖。1991 年至 2002 年在市区月饼评比中均荣获苏式月饼第一名。2000 年至 2004 年在中国月饼节、烹饪协会、焙烤协会的各项评比中多次荣获优质月饼、金牌月饼、质量信誉产品奖。2004年荣获第五届焙烤技术比赛团体金奖。2005 年中国焙烤月饼技术比赛团体赛金奖。2005 年荣获中国食品工业协会中国最佳特色月饼、中国名饼称号。2008 年上海功德林素食制作技艺被国务院公布为国家级非物质文化遗产保护项目。

二、传承创新

1. 特色产品

功德林著名的中点有素菜包、青团、粽子等；西点有芝麻薄饼、苔条酥饼、椒盐双酥等；素卤味系列有五香烤麸、卤汁豆腐干、素叉烧、素鸭、素火腿、素牛肉等。素菜是相对荤菜而言，"素"字本意是白色的生绢，饮食中被引申为"无酒肉之食"，荤字原意是指有特殊气味的葱、蒜、韭、薤、芫荽等，到唐朝引申为动物肉食，有了辛臭之意的五荤五辛。佛门净素菜讲究菜品原料以"三菇六耳"，（三菇：香菇、草菇、蘑菇；六耳：黑耳、白耳、云耳、地耳、石耳和银耳）及其他食用菌类，新鲜果蔬，薯类、豆制品、面筋品为主。"大五荤类"食物绝对禁用，同时在烹制过程中"小五荤"也是禁用的，葱、姜、蒜、葱头、韭菜等带有辛辣，且有壮阳作用的调味品和青菜，在功德林的菜肴中是不能使用的。

（1）仿真素料。由于吸收了各地菜系的精华，功德林形成自己独特的素菜特色风味，擅长用烧荤菜的方法制作荤名素菜，色、香、味、形俱全。

1）素火腿。不但形似火腿，而且味觉似火腿；是用豆腐皮包裹糯米，制成以利刃切为薄片，肉瘦色暗红，是佐酒下饭的上佳妙品；入口干爽，软中带韧，咸香味美，回味余香，肥糯甘美。

2）素灌汤虾球。将天然人造虾肉压成泥加入盐、味精、生姜拌和做成圆形，将鲜汤冷冻成形裹进虾肉球中，外面沾上生粉糊，拍上面包粒，油烧成3分温热，然后将该球放入油锅炸，炸到淡黄色捞出即可上台。其特点是：外形酷似虾球，口味也极像虾肉，中有一股鲜汤，给人一种惊喜，更增加了虾球的味美鲜香。

3）八宝全鸭。将去皮蒸熟的通心莲、笋肉、水发香菇、松子肉、核桃肉、蘑菇、青豆、胡萝卜等均切成绿豆般大小，用麻油加姜汁、料酒、味精、糖等在锅中炒匀，拌入糍饭，成为八宝陷心。再用豆腐衣卷包陷心成为鸭腿状，鸭身、鸭头、鸭颈等用豆腐衣捏成。成形后放入油锅炸至外脆内软，再用香菇汤、酱油、糖等佐料勾薄芡，淋麻油后即成。

4）黄油蟹粉。将熟土豆及熟胡萝卜分别剁成泥，胡萝卜用纱布挤干水分，胡萝卜、土豆和熟冬笋细粒拌在一起，加姜末便成蟹粉待用；待锅内加花生油烧至5~6成热时，倒入素蟹粉煸炒3分钟左右即可；拌以调料香醋、姜末、黄酒，浇上熟油，趁热端上食用。其特点是：外观红黄相映，酸醋姜葱味浓，入口即似蟹肉蟹黄，油而不腻，很引人食欲，是功德林传统特色菜之一。

黄油蟹粉、樟茶卤鸭被评为中国名菜，罗汉素面被评为中国名点，糖醋黄鱼、三丝鱼卷、西兰花素鲍鱼被认定为上海名菜，黄油蟹粉、香油鳝丝、翡翠鱼片、十八罗汉被评为素食名菜。

（2）偈语菜式。

1）普度众生。佛语众生：指一切有生命的动物及人。指普遍引渡所有的人，使他们脱离苦海，登上彼岸，汇集了什锦素菜的颜色、营养、口味。

2）十八罗汉。十八罗汉这道菜的主料有香菇、笋片、发菜、莲子、木耳、银耳、腐竹、炸豆腐、黄花、枸杞子、炸土豆等十八种原料。其制作流程是先将主料掉水，沥净，然后下底油，烧热，煸炒主料，再放酱油、料酒、汤、糖、味精，入味后勾芡，最后出勺。

这道菜鲜甜适中，口感醇厚，而且富含蛋白质、植物纤维、钙、磷、钾及多种氨基酸，营养丰富，易消化和吸收，能平衡生理机能、强身健体。

3）金刚火方。金刚火方是将素食文化与佛教文化紧

密融合而创制出来的招牌菜，是采用冬瓜制作成五花肉中的肥肉部分形状、猴头菇制作成五花肉中的瘦肉部分形状的一道仿荤菜素食。这道菜金黄翠绿、香鲜适口、强身健体。

（3）其他菜式。由于佛陀从小饮牛乳长大，于是功德林又请来西餐厨师帮助设计出奶油蛋糕、色拉、浓汤等西式风格素菜，引来外国侨民品尝。牛即代表神圣的母亲。因为它供给他们奶水的方式，象征着纯洁与宽容，而且供给奶水对孩子而言，亦属于营养的基本来源。此菜后经几代厨师改进，加上猴头菇、油面筋等，成了功德林特色菜。

2. 品牌经营

功德林素菜饭庄的店堂设计、菜肴品种都是仿照佛教风格，环境优雅，素菜飘香。功德林的素菜以淮扬风味为基础，兼容了释菜及民间素菜的精华，结合了北方人的口味，确立了自己的独特风格。功德林的素菜显著特点是以时鲜为主，选料精良，刀工精细，烹饪方法丰富，讲究原汁、原味、原汤，擅长素菜素烧，且品种繁多。

功德林素菜饭庄，且饭菜的特点是以素仿荤、选料精细，外观美观。"鸡、鸭、鱼、肉"，以素仿荤，形态逼真，鲜美可口，又是极美的艺术品，观之为享受，食之营养丰富，有益健康。功德林饭庄的月饼更具特色，月饼的主、辅料均产自没有污染的山区，采用传统手工操作，酥层均匀，色泽金黄，独具特色。

三、品牌故事

上海功德林素食是中国素食传统文化的一个重要组成部分。功德林经营近一个世纪以来，崇尚诚信为人、功德行事、弘扬以善为本的企业文化。

1. 金刚火方的由来

功德林非常有名的招牌菜——金刚火方，它是将素食文化与佛教文化紧密融合而创制出来的。说起这道菜，还有一番来历。2001 年 4 月 1 日功德林装修重张时，法源寺住持释能行法师主持法会，为功德林开光大吉。法事已毕，众人漫谈起佛家经典《金刚经》，谈起佛门素斋向时尚素菜的发展演变，夸说北京功德林坚持净素又面向大众的经营秉承了"积功德成林，普及大地"的初衷。《金刚经》是一部重要的佛经。所谓"金刚"，是由"金刚石"亦即"钻石"和佛教权杖"金刚

杆"演变引申而来的,意思是"坚硬""坚强",具有无坚不摧、无坚能摧的力量与智慧。

传说《金刚经》是由唐僧"西天取经"从印度请来的。当他带着《金刚经》等数万卷佛经返身来到天竺大河时,忽遇河水暴涨,船被打翻,他带领众人奋力打捞,仍然有 50 夹经卷被大水冲走。痛心中令唐玄奘欣喜心安的是,《金刚经》还在。历经千难万险,他终于把从"西天"取来的真经带回了祖国,传遍四方。泰山脚下,至今有个地方叫"经石峪",是"泰山三宝"之一。相传,西游记师徒四人曾经把取来的《金刚经》一页一页拆开,放在石坪上晾晒,结果等经文晒干收取时,发现经文早已入石三分了。从此,人们便把这里取名"经石峪",把唐僧师徒晒经的石坪称为"曝经石"。

现在,有人把身体特别强健的人说成是"金刚不败之身"。一贯将素食、营养、健康视为己任的功德林素菜饭庄将佛道、世理、人情相结合,精心创制出这道金黄翠绿、香鲜适口、强身健体的招牌菜——金刚火方。

2. 功德林"十八罗汉"的来历

十八罗汉这道菜,体现出十八位永住世间、护持正法的阿罗汉是由十六罗汉加二尊者而来。他们都是历史人物,均为释迦牟尼的弟子。十六罗汉主要流行于唐代,至唐末,开始出现十八罗汉,到宋代时,则盛行十八罗汉了。十八罗汉的出现,可能与中国文化中对十八的传统偏好有关。

相传某寺院的和尚下山化缘,回来每人化缘的食物都很少,不能独炒一盘菜。众和尚说:"合起来炒,就够了。"没想到,出锅后味道极佳,色形独特,众和尚连称:"好菜好菜。"但不知叫什么名字。有个聪明的和尚数了一下周围的人数,正好十八人,说:"就叫十八罗汉吧!"后来,这道菜传入了民间,随之又被引进餐馆。功德林的师傅们将原有菜肴的主料本着投料科学化、营养合理化的原则,重新调整搭配,使这道菜相互融合、营养丰富,强身健体。

知识拓展

素食文化

提到素食,人们可能大多数人都会联想到吃斋念佛,实际上,斋菜和素菜是有区别的。斋菜是专指在寺院内由寺内人员烹制的食品。而素菜是面向大众的，素菜馆开在闹市区，和佛门清静之地不同，所以只能称作"素菜"，而不是斋菜。素菜的显著特点是以时鲜为主，选料考究、技艺精湛，品种繁多，风味独特。通常以植物油、食用菌、新鲜果蔬、大豆类制品、面筋、竹笋、藻类和干鲜果品等植物性原料烹制而成。

中国素菜有三大流派，两大方向。三大流派是宫廷素菜、寺院素菜和民间素菜；所谓两大方向是指"全素派"和"以荤托素派"。全素派主要以寺院素菜为代表，不用鸡蛋和葱、蒜等"五荤"。以荤托素派主要以民间素菜为代表，不忌"五荤"和蛋类，甚至用海产品及动物油脂和肉汤等，佛教素菜自然有着佛教思想。功德林不仅是个餐厅，还是个佛学院。

佛教主张仁爱为本，慈悲为怀，和谐包容，不虐待动物，不杀生，按照六道轮回的理论，人与动物等会互相转生，因此动物也可看作暂时堕落的人，杀害了它们、吃了它们的肉就不慈悲。佛教《梵网经》中说："吃肉的人断大慈悲种子。"佛教还有永断五辛的说法，五辛是葱、蒜、洋葱、韭菜及兴蕖（阿魏：有臭味的香料），佛教认为去除五辛之后才是真正的素食，中国佛教可以食用奶制品，但不食蛋。藏区佛教可以吃肉，因为环境物产问题，倡导食用大型牛羊肉，忌讳食用小型禽类和鱼类，虽然酒由谷类或水果制成，但因为喝酒会乱性，故不可食用。

【作业】

1. 判断题

（1）1922年农历四月初八，杭州海潮寺的微军和尚，开办佛教素菜馆，取名上海功德林蔬食处。　　　　　　　　　　　　　　　　　　（　　）

（2）功德林素食在中国素食界享有素食鼻祖之称。　　　　　（　　）

（3）素食主义是一种饮食文化，是一种生活态度、生活方式，更是一种人生观、道德观、价值观、世界观。　　　　　　　　　　　　　　（　　）

（4）奶素食主义者禁食牛奶和其相关产品，像奶酪、奶油或酸奶。（　　）

（5）藏区佛教因为环境物产问题，忌讳食用牛肉，倡导食用羊肉。（　　）

2. 单项选择题

（1）上海功德林素菜馆中被评为中国名菜的是（　　　）。

A. 西兰花素鲍鱼　　B. 三丝鱼卷　　C. 黄油蟹粉　　　　D. 大煮干丝

（2）苦行式素食主义可以食用的食物是（　　　）。

A. 牛奶　　　　　B. 鸡蛋　　　　　C. 大豆　　　　　D. 薯类

3. 讨论题

功德林的饮食文化特点是什么？

【参考文献】

［1］http：//www.maigoo.com/brand/4649.html.

［2］上海黄浦.上海商业品牌文化魅力行/素食鼻祖——功德林［EB/OL］.搜狐网，2018-08-15.